国家文化产业资金支持媒体融合重大项目

职业教育教学改革融合创新型教材·会计类

Guanli Kuaiji

微课

管理会计

万颀钧 张逸 主编

杨淑慧 袁东霞 唐智昊 副主编

东北财经大学出版社 大连
Dongbei University of Finance & Economics Press

图书在版编目（CIP）数据

管理会计 / 万颀钧，张逸主编. —大连：东北财经大学出版社，2022.11
（职业教育教学改革融合创新型教材·会计类）
ISBN 978-7-5654-4653-5

Ⅰ.管… Ⅱ.①万… ②张… Ⅲ.管理会计-高等职业教育-教材 Ⅳ.F234.3

中国版本图书馆CIP数据核字（2022）第192715号

东北财经大学出版社出版
（大连市黑石礁尖山街217号 邮政编码 116025）
网 址：http://www.dufep.cn
读者信箱：dufep@dufe.edu.cn
大连日升彩色印刷有限公司印刷 东北财经大学出版社发行

幅面尺寸：185mm×260mm 字数：387千字 印张：17.5 插页：1
2022年11月第1版 2022年11月第1次印刷

责任编辑：张旭凤 赵宏洋 责任校对：赵 楠 那 欣
封面设计：冀贵收 版式设计：原 皓

定价：39.00元

教学支持 售后服务 联系电话：（0411）84710309

如有印装质量问题，请联系营销部：（0411）84710711

富媒体智能型教材出版说明

“财经高等职业教育富媒体智能型教材开发系统工程”入选国家新闻出版署新闻出版改革发展项目库，并获得文化产业专项资金支持，是“国家文化产业资金支持媒体融合重大项目”。项目以“融通”“融合”“共建”“共享”为特色，是东北财经大学出版社积极落实国家推动传统媒体与新媒体融合发展的重要举措之一。

“财济书院”智能教学互动平台是该工程项目建设成果之一。该平台通过系统、合理的架构设计，将教学资源与教学应用集成于一体，具有教学内容多元呈现、课堂教学实时交互、测试考评个性设置、用户学情高效分析等核心功能，是高校开展信息化教学的有力支撑和应用保障。

富媒体智能型教材是该工程项目建设成果之二。该类教材是我社供给侧结构性改革探索性策划的创新型产品，是一种新形态立体化教材。富媒体智能型教材秉持严谨的教学设计思想和先进的教材设计理念，为财经职业教育教与学、课程与教材的融通奠定了基础，较好地避免了传统教学模式和单一纸质教材容易出现的“两张皮”现象，有助于教学质量的提高和教学效果的提升。

从教材资源的呈现形式来说，富媒体智能型教材实现了传统纸质教材与数字技术的融合，通过二维码建立链接，将VR、微课、视频、动画、音频、图文和试题库等富媒体资源丰富呈现给用户；从教材内容的选取整合来说，其实现了职业教育与产业发展的融合，不仅注重专业教学内容与职业能力培养的有效对接，而且很好地解决了部分专业课程学与训、训与评的难题；从教材的教学使用过程来说，其实现了线下自主与线上互动的融合，学生可以在有网络支持的任何地方自主完成预习、巩固、复习等，教师可以在教学中灵活使用随堂点名、作业布置及批改、自测及组卷考试、成绩统计分析等平台辅助教学工具。

富媒体智能型教材设计新颖，一书一码，使用便捷。使用富媒体智能型教材的师生首先下载“财济书院”App或者进入“财济书院”（www.idufep.com）平台完成注册，然后登录“财济书院”输入教材封四学习卡中的激活码建立或找到班级和课程对应教材，就可以开启个性化教与学之旅。

“重塑教学空间，回归教学本源！”“财济书院”平台不仅是出版社提供教学资源和服务的平台，更是出版社为作者和广大院校创设的一个自主选择和自主探究的教与学的空间，作者和广大院校师生既是这个空间的使用者和消费者，也是这个空间的创造者和建设者，在这里，出版社、作者、院校共建资源，共享回报，共创未来。

最后，感谢各位作者为支持项目建设所付出的辛劳和智慧，也欢迎广大院校在教学中积极使用富媒体智能型教材和“财济书院”平台，东北财经大学出版社愿意也必将陪伴广大职业教育工作者走向更加光明而美好的职教发展新阶段。

东北财经大学出版社

前言

党的二十大报告提出，教育、科技、人才是全面建设社会主义现代化国家的基础性、战略性支撑。必须坚持科技是第一生产力、人才是第一资源、创新是第一动力，深入实施科教兴国战略、人才强国战略、创新驱动发展战略，开辟发展新领域新赛道，不断塑造发展新动力新优势。近年来，随着大数据、云计算、人工智能等新技术带来的商业新业态、管理新模式以及企业价值创造模式等方面的系列新变革，会计岗位对人才的需求，正发生着颠覆性的变革，会计行业正历经从传统的“核算服务型”向“管理支持型”的转变。

本教材正是在这样的大背景下编写而成，力求突出以下特色：

1. 落实立德树人根本任务，遵循“思政”“专业”相长原则，有机融入课程思政

教材9个项目皆以“思政引领”开篇，在引领中将项目的思政目标、具体工作流程与任务有机融合；同时，将课程思政元素贯穿于该项目的教学内容设计与学习评价设计中，实现专业知识传授与价值引领相统一，将知识教育与高素质技能人才、大国工匠培养目标有机统一。

2. 对接最新行业、职业标准和岗位规范，体现校企“双元”合作

本教材由校企“双元”合作完成。校企联合编写团队着眼管理会计岗位工作过程实际，深入企业广泛调研，对接最新行业、职业标准和岗位规范，按理论与实务兼顾的原则设置教材内容，内容涵盖管理会计基础认知、战略管理、营运管理、预算管理、绩效管理5个模块共9个项目。

3. 秉承“以学习者为中心”的设计理念，配套丰富资源，实现教材、学材、评材“三材”统一

教材遵循“以学习者为中心”，栏目形式丰富。先由“导入案例”导入情境，引入概念，引发思考，导出学习目标，唤起学习兴趣；再由“项目导图”提示学习主题；教材正文穿插大量多种形式的“同步任务”，包括“课堂问答”“写一写”“填一填”“练一练”等，提示学习方法，方便教材使用者学中做，做中学，达到学、思、用贯通。各项目后附“经典案例”及其解析、“项目自测”、“项目学习报告”等学习评价材料，为教师教学和学生更好地掌握知识，提供首尾呼应、层层递进的可操作性抓手，实现教材、学材与评材“三材”统一。

秉承“一书（教材）、一课（在线开放课）、一空间（云学习空间）”的教改新理念，教材依托在线开放课程编写而成，配套了“关键词解析”、“典型案例”、“项目自测”和综合实训等多种资源，力图提供从教材到课程的整体教学解决方案。

4. 体系完整，结构明晰，简明适用，具有实操性

依托《管理会计基本指引》和34项管理会计应用指引，教材以“必需、够用”为原则，设计内容框架，将管理会计庞杂内容进行系统呈现。教材选用图文并茂的形式阐述较为复杂的问题，在注重必要理论的同时，突出应用、实操技能，做到理论知识与实践教学并举。

5. 有机融入职业技能大赛、职业技能等级证书的有关内容

本书为满足“1+X证书”制度改革的需要和满足院校技能大赛需要，将职业技能大赛、职业技能等级证书的有关内容融入教材，推进课赛融通、书证融通、课证融通，为考取职业技能证书奠定基础。

本教材由山东外贸职业学院财会金融系万顾钧、张逸老师拟定提纲并担任主编，山东外贸职业学院财会金融系徐烨老师、青岛华夏职业学校教务处田甜老师担任编写指导，青岛海诺诚财务咨询公司财务经理杨淑慧、山东外贸职业学院财会金融系袁东霞、唐智昊老师担任副主编。具体来说，项目1、2、4、5、6由万顾钧执笔，项目3、9由张逸执笔，项目7由杨璐执笔，项目8由杨淑慧执笔。袁东霞、唐智昊老师负责教材配套电子资源的制作；山东外贸职业学院财会金融系王越、梁舒静、孙中平等老师，在教材的编写与试用过程中，提供了大量相关资料与宝贵建议，并参与部分内容的修改工作。

本教材在编写过程中参考了大量相关著作和文献资料等，在此一并向有关作者深表谢意！由于编者水平和时间有限，书中不足之处在所难免，恳请同行专家、学者和广大读者批评指正。

编　者

2022年11月

目　录

项目 1

认知管理会计——由核算型会计向管理型会计转型

思政引领

“会计当而已矣。”——《孟子·万章下》

解释：孔子一生从事过很多职业，但你也许不知道，他还做过会计。2 500年前，孔子在总结其库管小吏的职责时说过，“会计当而已矣”。“会计当而已矣”这句话，精辟概括出了会计的本质与内涵及应当遵循的原则。“当”就是“适当”的意思，作“真实”“明晰”“谨慎”“允当”等解释。适当的内容主要有三点：一是经济收支事项所遵循的会计制度得当；二是会计事项的计算与记录处理得当；三是使用会计人员得当，会计人员需要德才兼备。

今日之中国，随着社会经济与信息化程度的迅猛发展，会计行业正面临由传统核算型会计向管理型会计转型。管理会计的直接作用是管理控制系统，间接作用是信息支持系统，根本目标是价值创造与价值增值。管理会计参与价值创造的基本途径是提供制定和实施战略的信息，以及提供决策支持与经营管控信息。管理会计的效用如图1-1所示。

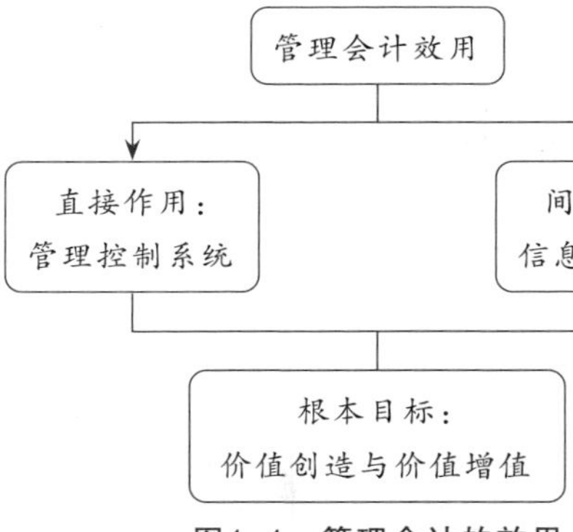

图1-1　管理会计的效用

管理会计作为企业价值创造系统，其提供的价值创造信息，由财务信息扩展到非财务信息。学习本门课程，应掌握管理会计师必须具备的专业知识和技能；遵守与专业知识技能有关的职业道德规范，这既是树立与时俱进的社会责任感的要求，也为自身的职业发展提供更广阔的前景。管理会计工作流程如图1–2所示。

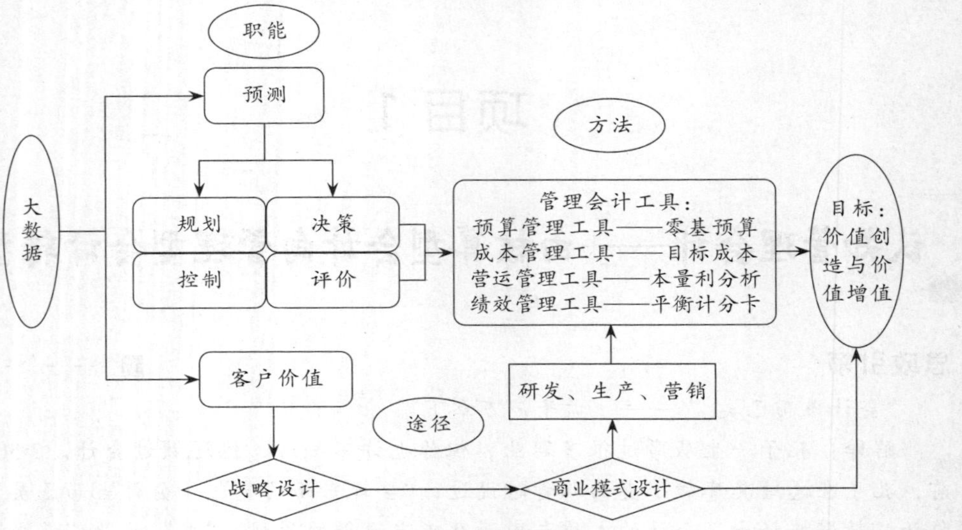

图1–2　管理会计工作流程

关键词

关键词解析　管理会计

关键词解析　管理会计指引体系

关键词解析　管理会计职业道德

重点与难点

1.掌握管理会计的定义、目标、原则、职能。
2.掌握管理会计、财务会计和成本会计之间的区别与联系。
3.掌握管理会计职业道德标准特征及管理会计职业道德体系建设途径。

项目导图

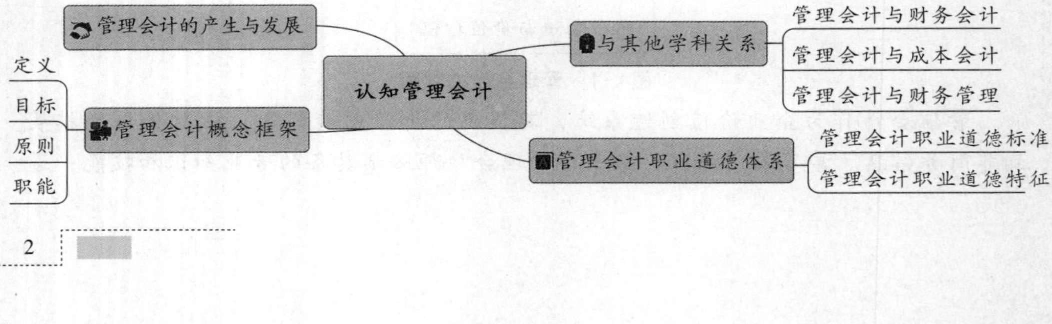

导入案例

作为一名普通投资者，假如朋友向你推荐一只股票，你会首先考虑寻求什么信息供决策参考？假如你在银行信贷部门工作，某企业为解决暂时的财务困难，要求提供一笔贷款以确保资金链的稳定，你会要求企业提供什么信息，从而帮助你进行决策？

作为一名销售经理，你今年将往年的积压产品销售一空，账面利润却降低了，如何找到原因？假如你是电信企业的战略企划部主管，面对当前电信行业的5G商用化趋势，你在制定本企业未来5年的投资发展规划时，需要参考哪些信息？作为一家分支机构遍布全国的大公司的总裁，你将如何衡量各分公司的业绩？

本案例中企业潜在的投资者、潜在的债权人等，是与企业存在潜在或现实的经济利益关系的利害关系人，他们进行相关的经济决策，必然要寻求关于企业目前财务状况及经营成果等方面的客观信息，以帮助他们进行经济决策。

销售经理、战略企划主管、总裁等企业内部各层次的经营管理人员，仅仅依靠企业当前财务状况与经营成果的信息，不足以帮助他们做出相关经济决策，向企业内部各级经营管理人员报告、分析与揭示企业业务流程和社会绩效相关的财务及非财务指标，是管理会计师的职责。

因此，会计作为一个信息系统，提供的信息可以分为两大类，即向企业外部信息使用者提供的财务会计信息，以及向企业内部经营管理者提供的管理会计信息。

财务会计是遵循统一会计规范下的对外报告会计，主要为企业外部利益集团（现有及潜在的投资人、债权人等），提供企业财务状况及经营成果的客观信息。“为创造价值提供有效信息”是管理会计师的信条，管理会计师向企业内部各级经营管理者报告并分析与企业业务流程和社会绩效相关的财务及非财务指标。管理会计师有很多职责，但创造价值是其首要任务。

财务会计与管理会计是现代会计学并立的两大分支，本项目将带你了解管理会计基本概念及基本框架。

任务1.1　了解管理会计的产生与发展

一、现代会计与管理会计的产生

管理会计，顾名思义，是“管理”与“会计”的结合，管理会计作为现代企业会计信息系统的一个子系统，是社会生产力发展的必然产物，也是会计学科发展的必然结果。会计学科经历了古代会计、近代会计和现代会计三个发展阶段。

（一）古代会计阶段

古代会计阶段自原始社会中后期至封建社会末期，以中国封建王朝的“官厅会计”和西欧奴隶主庄园的“庄园会计”为典型代表。这个时期的会计只是“生产职能的附带部分”。在这一时期，会计所运用的主要技术方法包括原始计量记录法、单式簿记法和初创形态的复式记账法等。

（二）近代会计阶段

近代会计阶段自15世纪末期到20世纪40年代末。地中海沿岸商业城市是资本主义的发源地，商品经济的发展逐渐使以交换、营利为目的的企业成为社会经济的基本组织单位，发达的经济要求不断改进和提高会计记账方法，意大利数学家卢卡·帕乔利于1494年出版的《算术、几何、比及比例概要》一书中，系统地介绍了借贷复式记账法，标志着近代会计的开始。在近代会计阶段，在会计的方法技术与内容上有两点重大发展，其一是复式记账法的形成与不断完善发展，形成了一套严密的账户体系；其二是成本会计的产生和迅速发展，继而成为会计学中管理会计分支的重要基础。

（三）现代会计阶段

现代会计阶段自20世纪50年代至今。现代会计由现代财务会计与现代管理会计两大并立的分支共同构成。一般认为，成本会计产生和不断完善，进而管理会计形成并与财务会计相分离而单独成科，是现代会计的开端。

19世纪末20世纪初，随着生产规模的扩大，企业的内部经营管理越来越重要，这就对会计提出了新的要求，会计不仅要进行事后记账、算账，更要做到事前计划和事中控制，从而产生了标准成本法，强调事前制定标准成本并进行预算控制，再通过差异分析寻找企业降低成本的途径，并对管理人员的业绩做出客观评价。标准成本法、预算控制、差异分析是管理会计的雏形，但当时管理会计还从属于财务会计的范畴。管理会计的独立是在第二次世界大战以后，资本主义经济的迅速发展对会计提出了新的要求——事前预测和决策。于是，管理会计逐渐从财务会计中分离出来，并于20世纪50年代成为一个独立的会计分支学科，其内容包括预测决策会计、计划控制会计、责任会计。

二、管理会计的形成与发展过程

管理会计的发展与西方管理科学的发展息息相关，综观西方管理科学的发展，管理会计的形成与发展可概括为三个阶段，即执行性管理会计阶段、决策性管理会计阶段、战略管理会计阶段。

（一）执行性管理会计阶段

所谓执行性管理会计，是以被西方誉为“科学管理之父”的泰罗（F.W.Taylor）的科学管理理论为基础形成的会计信息系统。这一阶段是从20世纪初到20世纪50年代。

泰罗于1911年出版了《科学管理原理》一书，泰罗科学管理理论的核心是强调提高生产和工作效率，要求企业把生产经营中一切可以避免的损失和浪费尽可能缩减到最低限度。为了实现这个目标，它在管理上要求确定最佳的标准工作方法；同时，对工时、机器、原料和作业环境等与任务有关的所有要素最终都实行标准化管理。这种标准在当时会计上的体现，就是以该标准化为依据，事前科学地制定“标准成本”，然后严格地进行“预算控制”，最后进行“差异分析”。标准成本把严密的事先计算引入会计体系中，实行事先计算、事中控制与事后分析相结合，是会计发展史上的一个重要里程碑，为会计直接服务于企业管理开创了一条新路。

在科学管理理论的影响下，1922年美国会计学者奎因斯坦撰写了《管理会计：财务管理入门》一书，这是第一本管理会计的著作，该书首次提出了“管理会计”这一术语。以标准成本、预算控制和差异分析为主要内容的管理会计，其基本点是在企业的战略、方向等重大问题已经确定的前提下，协助企业解决在执行过程中，如何提高生产效率和生产经济效果问题。这个时期的管理会计追求的是执行效率，强调把事情做好。

（二）决策性管理会计阶段

决策性管理会计是一种全局性的、以提高企业经济效益为核心的管理会计，它以“决策会计”和“执行会计”为主体，并把决策会计放在首位。这一阶段从20世纪50年代至20世纪80年代，在这个时期，资本主义经济出现了许多新的特点，主要表现为：企业的规模越来越大，企业外部市场情况瞬息万变，竞争更加激烈。这就对企业管理提出了新的要求：一方面要求企业内部管理更加合理化、科学化；另一方面要求企业具有灵活反应和高度的适应能力，否则就会在激烈的竞争中被淘汰。

决策性管理会计是建立在现代管理理论基础上的。这个时期，管理会计追求的是“效益”，它强调的是首先把事情做对，然后再把事情做好。至此，管理会计形成了以“决策会计”和“执行会计”为主体的管理会计结构体系。

（三）战略管理会计阶段

战略管理会计阶段从20世纪80年代末至今。1987年，致力于管理会计信息相关性研究的两位学者约翰逊与卡普兰，合作出版了一部轰动会计学界的专著《相关性消失：管理会计的兴衰》，指出如果过分地追求可靠性，则可能无法兼顾会计信息的相关性。企业往往花费了大量精力编制会计报告，但对于会计报告使用情况如何，报告是否为企业创造价值却不得而知。约翰逊与卡普兰认为，提升管理会计系统相关性的方法是重新设计成本管理与绩效考评系统，该书富有先见性与创造性地提出运用作业成本计算法进行成本管理与成本计算，运用平衡计分卡来进行绩效评估，由此管理会计开始借助“作业管理”，致力于为企业“价值链”优化服务，使得管理会计迎来了一个以“作业”为核心的“作业管理会计”时代。

纵观20世纪90年代以前管理会计发展历程，现代管理会计沿着“效率→效益→价值链优化”的轨迹发展。进入20世纪90年代，经济结构、产业结构、产品结构都发生了巨大的变化，变化成为世界经济环境的主要特征，因此战略管理理论应运而生。该理论认为，企业管理不仅要协调内部的各种关系，还应协调企业内部与外部环境的关系，使企业在变幻莫测的市场中生存下去并不断发展。这样，与战略管理理论相适应的战略管理会计，成为会计学者研究和探索的新课题。

战略管理会计是现代管理会计的进一步发展。一般认为，战略管理会计是以取得整体竞争优势为主要目标，以战略观念审视企业外部和内部信息，强调财务和非财务信息、数量与非数量信息并重，为企业战略与战术的制定、执行和考评提供依据，揭示企业在整个行业中的地位和发展前景，建立预警分析系统，提供全面、相关和多元化信息，是战略管理与管理会计融为一体的新型管理会计体系和方法。目前战略管理会计主要关注以下四个领域：战略成本分析（Strategic Cost Analysis）、目标成本法（Target Cost）、产品生命周期成本法（Life Cycle Costing）以及平衡计分卡（The Balanced Scorecard）。

任务1.2 认识管理会计概念框架

一、管理会计的定义

2014年发布的《财政部关于全面推进管理会计体系建设的指导意见》中对管理会计的定义是：管理会计是会计的重要分支，主要服务于单位（包括企业和行政事业单位）内部管理需要，是通过利用相关信息，有机融合财务与业务活动，在单位规划、决策、控制和评价等方面发挥重要作用的管理活动。

我国这一定义，揭示了管理会计信息系统与管理活动双重本质。一方面，将管理会计界定为内部报告会计，强调管理会计主要是满足内部管理需要的内部报告信息系统；另一方面，指出管理会计是利用相关信息在整个管理活动过程中发挥重要作用的管理活动，管理会计本身也属于管理活动的一个组成部分。

二、管理会计目标与原则

财政部2016年印发的《管理会计基本指引》（以下简称《基本指引》）明确了管理会计的目标：通过运用管理会计工具方法，参与单位规划、决策、控制、评价活动并为之提供有用信息，推动单位实现战略规划。《基本指引》同时指出，为了实现管理会计目标，单位应用管理会计必须遵循以下四个原则。

（一）战略导向原则

管理会计的应用应以战略规划为导向，以持续创造价值为核心，促进单位可持续发展。管理会计面向组织的未来，其根本目的是选择一个能更好地适应环境的发展战略，并为战略的运行提供更加全面的绩效评估。

（二）融合性原则

“业财融合”是管理会计永恒的主题。单位的经营和投资活动本身就是“业财融合”的，业务与财务互生共动，业务催生财务，财务推动业务。管理会计通过主动嵌入单位的业务流程，不断完善管理会计工具方法，使这种“业财融合”更加合理与有效。

（三）适应性原则

如果说财务会计是共性化的会计，那么管理会计则是个性化的会计。他山之石，未必可以攻玉，某单位的管理会计实践经验，不能简单地移植或复制到其他单位。因此，管理会计的应用须与单位的应用环境和自身特征相适应，因地制宜地选择管理会计工具方法。

（四）成本效益原则

单位应用管理会计可能产生预期效益，但也会产生实施成本。管理会计的应用必须权衡实施成本与预期效益，合理、有效地推进管理会计的应用。

三、管理会计的职能

会计是一个信息系统，由若干子系统构成，其中两个最重要的子系统是财务会计信息系统与管理会计信息系统。从职能上看，管理会计极大地丰富了财务会计“反映”和“监督”这两项基本职能，将财务会计单纯地核算和监督过去，扩展到将解析过去、控制现在、筹划未来进行有机结合。其具体职能可以概括为预测、决策、规划、控制、考核评价五个方面。

（一）预测

预测是根据历史资料，采用系统科学的方法推测事物未来发展状况的过程。管理会计的预测主要表现在销售预测、成本预测、利润预测、资金需要量预测等方面。

（二）决策

决策职能是管理会计的核心职能之一，管理会计主要以提供与决策相关的信息的方式参与企业内部管理决策，充分利用所掌握的资料，严密地进行定量分析，帮助企业管理当局做出科学决策。

（三）规划

管理会计的规划功能主要体现在管理会计提供的数据与信息可以帮助企业制订短期或长期计划，例如全面预算就是企业年度计划的数量说明。

（四）控制

管理会计根据事先编制的预算，实时控制企业的经济活动，及时将实际数据与预算数据进行对比，确定偏离程度，明确相关责任。通过控制职能，管理会计将有效发挥对生产经营活动的干预作用，确保各项计划目标的实现。

（五）考核评价

考核评价是对企业内部责任单位责任的落实和履行等进行考核和评价的过程。管理会计主要通过实施责任会计制度来进行责任考核。

管理会计的各职能构成一个完整的管理会计循环。预测是决策的前提，决策是规划的基础，而规划既是预测与决策的综合反映，又是经营目标的具体化，是进行控制、考核评价的依据。

四、管理会计指引体系

我国管理会计指引体系包括：管理会计基本指引、管理会计应用指引、管理会计案例库。管理会计基本指引是对管理会计应用指引的统领要求，它规划了管理会计应用指引的框架和原则；管理会计应用指引则为企业如何正确有效地选择管理会计工具方法提供重要借鉴与参考；管理会计案例库则是对如何运用管理会计应用指引的实例示范。管理会计指引体系构成如图 1-3 所示。

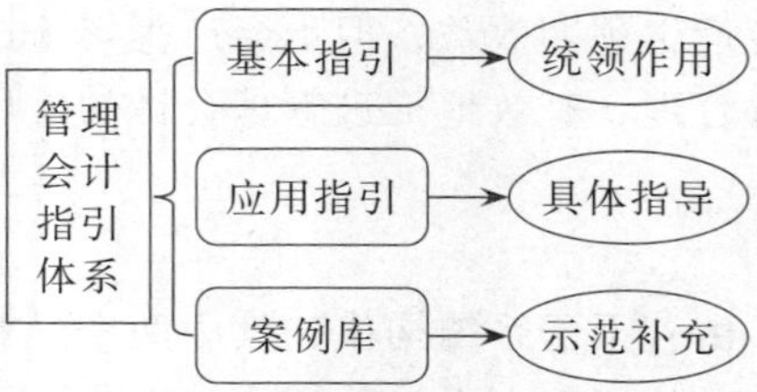

图1-3　管理会计指引体系

（一）管理会计基本指引

管理会计理论与方法具有普适性，而管理会计实践则具有特殊性。如何将具有普适性的理论与方法转化为具有特殊性的管理会计实践呢？这就需要一个纲领性的基本指引来指导管理会计实践。为此财政部颁发了《基本指引》。《基本指引》在管理会计体系中起统领作用，是制定应用指引和建设案例库的基础。《基本指引》最核心的思想是“两个四”，即“四个原则”与“四个要素”。《基本指引》共六章，第一章为总则，第六章为附则，其余四章分别为应用环境、管理会计活动、工具方法、信息与报告四个要素。

1. 应用环境

管理会计应用环境是企业应用管理会计的基础，包括内部环境和外部环境。内部环境主要包括与管理会计建设和实施相关的价值创造模式、组织架构、管理模式、资源保障、信息系统等因素；外部环境主要包括国内外经济、市场、法律、行业等因素。

2. 管理会计活动

管理会计活动是企业管理会计工作的具体开展，是企业利用管理会计信息，运用管理会计工具方法，在规划、决策、控制、评价等方面服务于企业管理需要的相关活动。

3. 工具方法

开展管理会计活动，必须借助管理会计工具方法。管理会计工具方法可应用于以下领域：战略管理、预算管理、成本管理、营运管理、投融资管理、绩效管理、风险管理等。常用的管理会计工具方法包括：战略地图、滚动预算管理、零基预算管理、目标成本管理、本量利分析、平衡计分卡等。需要注意的是，管理会计工具方法具有开放性，随着实践发展不断丰富完善。同时，各种管理会计工具方法有其适用性与针对性，各单位应结合自身情况，根据管理特点与实践需要，选择适当的管理会计工具方法。

4. 信息与报告

信息是管理会计提供的基本产品，管理会计信息包括管理会计应用过程中所使用和生成的财务信息与非财务信息。管理会计信息的基本特征是相关性、可靠性、及时性和可理解性。因此，企业生成的管理会计信息应该相关、可靠、及时、可理解。

管理会计报告是管理会计提供信息的重要载体，也是管理会计活动成果的重要表现形式。管理会计报告主要为报告使用者提供满足管理需要的信息。

以上四要素构成管理会计基本指引的有机体系，企业应在分析管理会计内外部环境的基础上，合理应用管理会计工具方法，全面开展管理会计活动，提供管理决策所需要的有用信息，生成管理会计报告，推动企业实现其战略规划。

（二）管理会计应用指引

管理会计应用指引在整个管理会计指引体系中居于主体地位，是对单位管理会计工作的具体指导，为单位如何正确、有效地选择和应用管理会计工具方法提供借鉴或参考。目前，财政部已经发布的34项应用指引内容涉及战略管理、预算管理、成本管理、营运管理、投融资管理、绩效管理、风险管理、信息与报告八个领域，管理会计应用指引体系如图1-4所示。

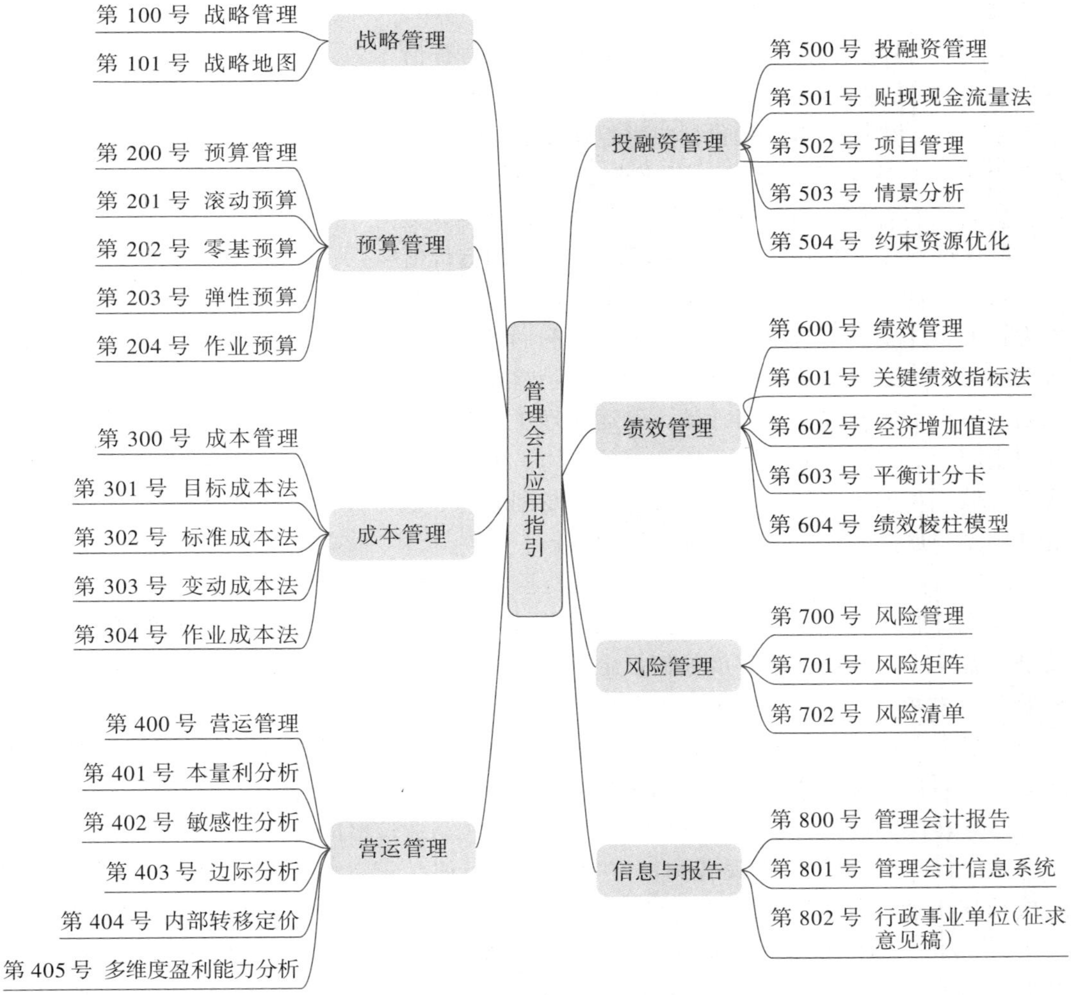

图1-4 管理会计应用指引体系

管理会计应用指引体系可以视为指引企业开展价值创造的孙子兵法。

1.战略管理：目标定位，往哪去创造价值

战略是企业从全局考虑做出的全局性和长远性的发展方向及资源配置的谋划。战略目标设定要有前瞻性、可实现性与适当的挑战性，要有短期目标与长期目标的有效衔接，要考虑资源的匹配度，要能将目标落实到责任中心及责任人，还要考虑不同的责任中心之间的协同管理。战略管理领域应用的管理会计工具方法包括战略地图、价值链管理等。

2.预算管理：排兵布阵，怎么配置资源以创造价值

预算管理是战略规划的具体化以及业务计划的数量化。预算管理领域应用的管理会计工具方法包括全面预算管理、滚动预算管理、作业预算管理、零基预算管理、弹性预算管理等。

3.成本管理：节流生利，怎么减少投入以创造价值

成本管理包括事前、事中、事后三个阶段，事前成本管理包括成本预测、决策和计划三个步骤；事中成本管理包括成本控制步骤；事后成本管理包括成本核算、分析和考核三个步骤。成本管理领域应用的管理会计工具方法包括目标成本管理、标准成本管理、变动成本管理、作业成本管理、生命周期成本管理等。

4.营运管理：开源来利，怎么增加产出以创造价值

营运管理是与产品生产和服务创造密切相关的各项管理工作的总称。营运管理以增值为目的，是在企业现有资源条件下，以利润最大化为目标而展开的各种经营活动，即对企业提供产品或服务的运营过程中，如物料供应、产品生产和销售等环节，所进行的计划、组织、实施和控制等活动。营运管理主要考虑对企业所拥有的生产经营能力的最佳利用问题，即如何利用企业所拥有的人力、物力、财力资源创造出最大的产出。营运管理领域应用的管理会计工具方法包括本量利分析、敏感性分析、边际分析、内部转移定价、多维度盈利能力分析、标杆管理等。

5.投融资管理：粮草先行，怎么取得与投放资金以创造价值

投融资管理是企业根据战略目标筹集资金以及将资金投放到运营过程的管理活动。投融资管理主要考虑企业应该如何投融资，形成怎样的未来生产经营能力的问题。它是根据企业战略目标所确定的未来经营领域，考虑应该进行什么项目的投资，以及如何筹集项目投资所需要的资金等问题。投融资管理领域应用的管理会计工具方法包括贴现现金流法、项目管理、情景分析、约束资源优化、资本成本分析等。

6.绩效管理：论功行赏，怎么评估部门与个人创造价值的情况

绩效管理是指各级管理者和员工为了达到组织目标，共同参与的绩效计划制订、绩效辅导沟通、绩效考核评价、绩效目标提升的持续循环过程。绩效管理的目的是持续提升个人、部门和组织的绩效，核心是业绩评价和激励管理。绩效管理领域应用的管理会计工具方法包括关键绩效指标法、经济增加值法、平衡计分卡、绩效棱柱模型等。

7.风险管理：暗度陈仓，怎么避开创造价值过程中可能发生的损失

风险管理是指在风险环境中把风险可能造成的不良影响降至最低的管理过程，包括对风险的量度、评估和应变策略。风险管理领域应用的管理会计工具方法包括风险矩阵模型、风险清单等。

由于管理会计的应用领域具有开放性，不仅仅局限于上述七大管理领域，随着管理会计实践的发展，其应用领域也将不断拓展；同时，每个管理领域的工具方法也并非一成不变，而是随着实践的发展不断丰富完善。

（三）管理会计案例库

管理会计案例库是对国内外管理会计经验的总结提炼，是对如何运用管理会计应用指引的实例示范。国外管理会计发展过程中，历来强调案例的示范作用。例如，美国管理会计师协会发布的管理会计公告就包含系列案例，为企业应用该公告提供重要的借鉴。

在我国，将企业的成功经验上升为案例并嵌入指引体系，能够帮助企业更好地理解与掌握应用指引，增强管理会计体系的应用效果，达到提升企业价值创造能力的目标。我国将争取在5～10年内，总结、提炼一批覆盖多领域、多行业、多种工具方法的案例，构建内容丰富、示范性强的管理会计案例库。

任务1.3　认识管理会计与其他会计学科的区别与联系

自15世纪末帕乔利复式记账法产生以来，财务会计至今已经有500多年的发展历史。而成本会计、管理会计均产生于20世纪20年代。1952年，国际会计师联合会（IFAC）年会上，正式采用了“管理会计”这一专业词汇，标志着管理会计作为一门相对独立的学科正式形成。一般认为，管理会计从传统会计中分离出来后单独成科，并与财务会计一起成为现代会计学的两大分支，标志着现代会计的开端。

一、管理会计与财务会计的关系

（一）管理会计与财务会计的区别

财务会计和管理会计作为现代会计学的两个分支，两者的区别见表1-1。

表1-1　管理会计与财务会计的区别

项目	财务会计	管理会计
核算目的	主要为企业外界有经济利害关系的团体或个人服务	主要为企业内部各级管理人员服务
核算依据	必须遵循公认的会计准则或统一的会计制度	服务于管理人员的需要，不必遵循公认的准则或统一的制度

续表

项目	财务会计	管理会计
核算重点	着重反映过去，提供信息	着重规划未来与控制现在
核算方法	会计方法	会计方法、统计方法、其他方法
核算程序	比较固定，凭证、账表等都有规定	不固定，各种书面报告可以根据管理需要自行设计
核算要求	力求精确	不要求绝对精确
提供信息的形式	统一的财务报告	提供方式是多样的，如报表、统计图表、数字分析、文字报告
法律效力	外部报告，具有法律效力	内部报告，不具有法律效力

（二）管理会计与财务会计的联系

管理会计与财务会计的工作对象从总的方面来看基本相同，都是企业的资金运动，它们统一服从于现代企业会计的总体要求，共同为实现企业价值创造服务。

管理会计为企业创造价值的全过程提供信息，其提供的信息包括财务信息与非财务信息两类，但两类信息不是相互孤立和排斥的，只有那些影响财务信息的非财务信息，才属于管理会计信息。换言之，非财务信息是解释变量，财务信息是被解释变量，也就是说，管理会计反映企业价值创造的过程和动因，财务会计反映企业价值创造的结果和分配状况。简言之，管理会计创造价值，财务会计分配价值。

管理会计创造价值的途径有3个：作为决策支持系统、作为管理控制系统，以及作为员工行为调节系统。

二、成本会计与管理会计和财务会计的关系

对成本会计的理解有狭义与广义两种范畴：狭义的成本会计主要包括成本资料的归集、记录、汇总、分配和最终确定产品的单位成本，侧重产品的成本计算。广义的成本会计除成本计算外，还包括成本的计划和控制。成本会计的有关内容，实际上是作为财务会计和管理会计的有机组成部分而存在的。狭义的成本会计应看作财务会计的一个组成部分；广义的成本会计中成本的计划和控制部分则是管理会计的一个组成部分。但现代管理会计无论从广度和深度，同传统的成本会计已不可同日而语了。

成本会计主要处理企业获取和消耗资源的成本和相关信息，它需要向财务会计和管理会计提供必要的数据。财务会计要依据成本会计所提供的有关资料进行资产计价和收益确定，而成本的形成、归集和结转程序也要纳入以复式记账为基础的财务会计框架中。因此，成本计算被公认为财务会计核算的七种方法之一。而根据成本数据所进行的成本预测、成本决策、成本控制、成本考核等内容，显然属于管理会计的范畴。财务会计与管理会计均以提高经济效益为目标，以成本控制为手段，成本会计同时为财务会计

与管理会计提供资料，因而，成本会计分属于财务会计和管理会计两大系统。它们的关系可以用图1-5来表示。

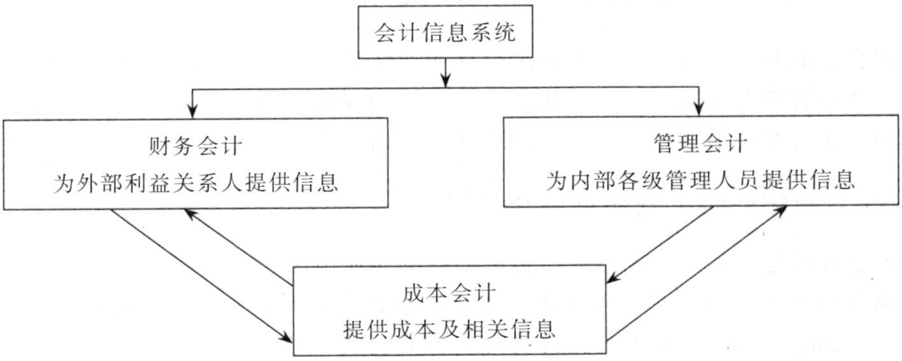

图1-5 财务会计、管理会计与成本会计之间的关系

从学科发展的角度看，随着经济的发展和科学的进步，不同学科之间的横向交融与沟通日趋增多，新兴的边缘科学、复合科学不断涌现。这种知识综合化的趋势将会使会计学向更纵深的方向发展。

三、管理会计与财务管理的关系

财务管理是对企业资金运动及其所体现的财务关系而进行的直接管理，具体工作内容包括对资金的筹集、投放、运营、分配等，其目的是优化财务状况，增加财务成果；管理会计是为提高企业经济效益，通过一系列专门方法提供信息，使得企业各层次的管理人员能对企业各项经济活动进行规划与控制，帮助决策者做出各种专门决策的会计分支。

管理会计与财务管理，二者具有相同的管理属性，其基本作用都是为企业管理服务。从管理理论、方法体系以及管理过程看，二者都是按照计划、决策、执行与控制这一顺序进行的。管理会计与财务管理二者的主要区别包括：

1.研究的内容不同

财务管理是对企业资金运动及其所体现的财务关系所行使的直接管理，主要内容包括筹资管理、投资管理、资产管理、收入管理、分配管理；管理会计是对企业的经济活动进行管理，主要内容包括规划决策、控制与业绩评价。

2.研究的对象不同

财务管理是对资金本身的核定、筹集、运用、收回、分配；管理会计是对资金运动的预测、决策、规划、控制、评价。

3.目的不同

财务管理的目的是优化财务状况和增加财务成果；管理会计属于会计信息系统，它不会直接和具体地参与到企业资金运动的管理中去，其目的是向各方提供用以决策的信息，这种信息要考虑到企业管理和财务管理的需要。

任务1.4 构建管理会计职业道德体系

管理会计职业道德体系是指在管理会计职业活动中应当遵循的、体现管理会计职业特征的、调整管理会计职业关系的执业行为准则和规范。管理会计职业道德体系主要从职业认知、能力及价值观维度，对管理会计师提出要求。

一、管理会计职业组织与职业资格认证

管理会计师是一种专门的职业，拥有专门的职业组织和职业资格认证考试。全球规模与影响力较大的管理会计师职业组织有美国管理会计师协会（The Institute of Management Accountants，IMA）和英国特许管理会计师公会（The Chartered Institute of Management Accountants，CIMA）。美国管理会计师协会是美国注册管理会计师（CMA）的考试、管理与认证机构；英国特许管理会计师公会是英国管理会计师的考试、管理与认证机构。

2015年6月，中国总会计师协会管理会计分会成立，其成立宗旨是：为建立中国特色管理会计体系提供有效建议，促进管理升级，增加效益和价值创造力。2017年，中国总会计师协会开始举办中国管理会计师（Professional Competence of Management Accounting，PCMA）考试，考试分初级、中级和高级三个级别，中国管理会计师证书由中国总会计师协会认证颁发。

二、管理会计师职业道德标准

管理会计师在对其服务机构、专业团体、公众及其本身履行职责时，必须遵循职业道德标准。这一道德标准由技能、保密、廉正、客观性四个部分组成。

（一）技能（Competence）

管理会计师的责任：

（1）通过不断丰富提高自身的知识和技能，保持适应职业要求的专业技术能力水平；

（2）严格遵守有关法律法规、规章制度和专业标准完成其职责；

（3）对相关和可靠的信息进行适当分析之后，能编制完整清晰的报告，并提出建议。

（二）保密（Confidentiality）

管理会计师的责任：

（1）不得泄露工作过程中获得的机密信息，除非得到同意或法律上要求这么做；

（2）通知下级对工作中获得的机密性文件应予以保密，并监督其行为以确保无泄露；

（3）不得将工作中获得的机密信息，经由个人或第三者用于获取不道德或非法

利益。

（三）廉正（Integrity）

管理会计师的责任：

（1）避免介入实际的或明显的利害冲突，并向任何可能发生利害冲突的各方提出忠告；

（2）避免介入任何对公正履行职责有妨碍的活动；

（3）拒绝接受影响其行动的任何馈赠、赠品或宴请；

（4）严禁主动或被动地破坏企业坚持其合法和道德的目标；

（5）对妨碍取得可靠判断或成功执行任务的一些职业上或其他的限制，要予以确认和传达；

（6）不利与有利的信息、职业判断和意见都要予以报告；

（7）避免介入或支持那些有损职业信誉的行为。

（四）客观性（Objectivity）

管理会计师的责任：

（1）公允而客观地沟通信息；

（2）充分披露信息，帮助使用者对各项报告、评论和建议获得正确的理解。

三、管理会计职业道德的特征

管理会计作为社会经济活动中的特殊职业，其职业道德体系本身具有两个特点。

（一）具有职业性和实践性

管理会计职业道德是在管理会计职业过程和工作实践中表现出来的。

（二）具有公众利益的符合性

管理会计师在实践其职能过程中，必然涉及各种管理关系，涉及各方的利益关系，这就要求管理会计师有能力做出客观的、符合道德规范的且满足公众利益的决策。

四、管理会计职业道德体系建设

（一）树立正确的职业认知和价值观

首先，端正职业认知和树立正确的价值观，具体包括以下五个方面：

（1）爱岗敬业。要求正确认识管理会计职业，认识管理会计职业特点；热爱管理会计职业，通过做好管理会计工作创造价值。

（2）诚信从业。要求实事求是，无隐瞒，不为利益或其他目的而弄虚作假，不为谋取私利或其他目的人为选择信息或选择性工作。

（3）客观公正。要求遵守国家法律法规，包括财税方面的法律法规及相关准则等，推动单位向政策和法律法规所鼓励和引导的方向发展；顶住各种不正当压力，客观公正推进工作。

（4）保密。做到保守工作中的秘密，不利用工作中所获得的相关信息为自己或者相关人员谋利。

(5) 廉洁自律。做到不行贿，不利用职务之便谋取私利或受贿；不帮助他人行贿受贿或谋取私利；推动单位的监控体系建设；践行积极正面的价值观。

(二) 能力准备与自我提高

管理会计师作为管理的参与者，具备相应能力的同时，更要不断提高自己的能力，包括专业能力、职业技能、创新意识，以及对业务、行业和宏观政策的把握能力四个方面的能力。

(1) 充足的专业能力准备，熟悉相关法律法规，具备管理能力，能够利用财务工具与管理会计的工具与思维参与企业管理、战略决策支持，投融资支持与管理。

(2) 充足的职业技能准备，包括领导力、计划总结能力、沟通能力、监督检查执行能力。

(3) 熟悉业务、行业、宏观政策，包括对业务的深度认知、对行业的深度认知、对宏观环境政策的深度认知。

(4) 不断提高开拓创新意识和行动，具有不断学习提高技能的意识和愿望，掌握科学的学习提升方法，有将创新意识付诸行动的执行力。

(三) 努力工作与恪尽职守

管理活动都具有比较高的难度和挑战性，因此仅仅具备前两个方面还不够，必须做到恪尽职守、努力奋斗。

(1) 克服困难，努力工作，恪尽职守。能克服职业与专业上的困难、管理冲突带来的困难、显性或隐性利益冲突带来的困难，协调各方利益冲突，为企业的利益最大化而努力。

(2) 用专业的方法和工具为企业工作，提供深入有效的管理支持。管理会计师应最大程度利用管理会计的工具和方法、结合管理会计的工作特点，在不同工作上做好相应角色，使管理支持深入有效。

(3) 敢于承担责任，敢于坚持正确的观点。参与管理和决策，要敢于承担责任且敢于坚持自己认为正确的观点。

(4) 综合企业的各种情况，分析内部和外部环境，设计和推进管理会计，不能过于超前或拖后。

五、管理会计职业道德冲突的解决办法

在应用各项道德行为准则时，管理会计师如遇到严重的职业道德冲突问题，应遵循职业组织制定的有关这种问题的各种政策。如果这些政策不能解决职业道德冲突问题，管理会计师可采取如下行动：

(1) 除涉及有关上级外，与直接上级商讨这些问题。在此情况下，应在一开始就把问题提交高一层主管。如果问题得不到解决，上述问题应提交更高一层的主管人员。

(2) 如果直接上级是总经理或相当于总经理，那么复议当局可能是审计委员会、执

行委员会、董事会、理事会或业主。如果上级与问题无关，应在上级知情下，越级上报。

(3) 如果通过各层次内部的彻底检查，依然存在不符合道德准则问题，无法解决此重要问题，则管理会计师应向组织提出辞职，并向组织的适当代表提交其信息备忘录。

典型案例1-1 管理会计观点辨析

明远公司有一个新近从财务会计工作转入管理会计工作的会计人员张某，他对于管理会计知识不甚了解，以下是他对管理会计的一些观点：

(1) 管理会计和财务会计是截然分开的，无任何联系。

(2) 管理会计报告要在会计期末以报表的形式上报。

(3) 管理会计受会计法规的制约。

(4) 管理会计的职能主要是满足企业各项管理职能的需要。

(5) 管理会计报告不具有法律效力，因此管理会计师可以将手中掌握的信息资料随意提供给他人。

(6) 与财务会计相比，管理会计不能算是一个独立的职业，它的职业化发展受到限制。

要求：对以上观点加以分析，指出正确与否。

典型案例1-2 提交可能导致误解的报告，是否违背职业道德标准？

Y电子公司开发了一种高速度、低成本的复印机。这种复印机的初始市场定位是供家庭使用，然而由于该复印机简单且便宜，一些企业开始大量订购，该复印机销量猛增。但是，企业的高频率使用，使得机器的某些组件容易损坏，复印机的保修期是2年，不论使用量的多少。由于要更换损坏的组件，Y公司承担高额的成本。很难准确预测这件事的后果，但显然，增加的维修成本将显著影响企业的获利能力。与此同时，由于组件问题，很多企业开始转向竞争对手提供的更为昂贵的复印机。

随着Y公司季度例会的召开，副总会计师玛丽被要求编制一份情况报告，玛丽已经尽己所能向董事会准备了报告。Y公司的总会计师瑞恩十分关注董事会对这份报告的看法。他并非不同意玛丽的分析，但他认为该报告会给董事会造成管理不力的印象，甚至可能使董事会决定停止该产品的生产。通过与工程负责人会谈，瑞恩相信，经过轻微的设计改动，复印机就可以满足大使用量用户的需要。因此，瑞恩要求玛丽删除报告中关于组件失灵的部分。他说这一点只需要口头向董事会报告就可以了，同时要说明工程上即将解决这个问题。但玛丽却意识到，如果这样修改她的报告，将会在这一对公司盈利有重大影响的问题上误导董事会。

要求：分析瑞恩的要求是否违背管理会计师职业道德标准要求？玛丽应该如何解决这个问题。

典型案例 1-1

参考答案

典型案例 1-2

参考答案

巩固与练习

一、判断题

1.现代企业会计的两个分支是财务会计和管理会计。（　　）

2.管理会计的主要职能是反映和监督。（　　）

3.管理会计产生于19世纪初。（　　）

4.20世纪30年代至现在属于现代管理会计阶段。（　　）

5.财务会计和管理会计都必须遵循企业会计准则。（　　）

6.控制会计处于现代管理会计的核心地位，又是现代管理会计形成的关键标志之一。（　　）

7.管理会计的作用时效横跨过去、现在和未来，其中面向未来的作用时效是摆在第一位的。（　　）

8.与财务会计不同，管理会计的信息载体多为没有统一格式的内部报告，对这些报告的种类也没有统一的规定。（　　）

9.管理会计面向未来，因而管理会计信息的形成不以过去的资料为基础。（　　）

10.管理会计职业道德是指在管理会计职业活动中应当遵循的、体现管理会计职业特征的、调整管理会计职业关系的执业行为准则和规范。（　　）

二、单项选择题

1.管理会计以强化企业内部管理、（　　）为最终目的。

A.降低成本　　B.降低保本点

C.实现最佳经济效益　　D.增加销售量

2.现代管理会计的核心内容是（　　）。

A.预测决策会计　　B.规划控制会计

C.本量利分析　　D.责任会计

3."管理会计"这一术语第一次提出是在（　　）。

A.1922年　　B.1900年　　C.1952年　　D.1972年

4.管理会计的服务对象主要是（　　）。

A.企业的投资人　　B.企业的债权人

C.税务部门　　D.企业的经营管理者

5.管理会计的信息载体主要是（　　）。

A.利润表　　B.资产负债表

C.财务状况变动表　　D.内部报告

6.下列项目中，不属于管理会计系统能够提供的信息是（　　）。

A.不发生法律效用的信息　　B.全面精确的信息

C.非价值量的信息　　D.定性信息

7.现代管理会计产生的关键标志是（　　）。

A.全面预算的产生　　B.成本控制的产生

C.本量利分析的产生　　D.预测决策会计的产生

8.管理会计应用的基础是（　　）。

A.管理会计工具方法　　B.管理会计应用环境

C.管理会计信息与报告　　D.管理会计活动

9.明确我国管理会计概念框架的法规是（　　）。

A.《企业会计准则——基本准则》　　B.《企业内部控制基本规范》

C.《管理会计基本指引》　　D.《管理会计应用指引》

10.单位应用管理会计，应准确分析和把握价值创造模式，推动（　　）等的有机融合，及时、充分地提供和利用相关信息，支持单位各层级根据战略规划做出决策。

A.财务与业务　　B.经营与管理　　C.生产与销售　　D.核算与监督

三、多项选择题

1.管理会计的职能包括（　　）。

A.预测　　B.决策　　C.规划　　D.控制　　E.考评

2.管理会计工作的核算方法，可以是（　　）。

A.会计　　B.统计　　C.数学　　D.其他

3.管理会计与财务会计的区别有（　　）不同。

A.资料来源　　B.核算目的　　C.核算方法　　D.核算依据

4.下列项目中，属于管理会计人员工作的有（　　）。

A.预测决策　　B.编制年度财务报告

C.根据凭证记账　　D.编制预算

5.管理会计提供的信息应满足（　　）。

A.精确性　　B.及时性　　C.相关性　　D.统一性　　E.规范性

6.我国《管理会计基本指引》规定的管理会计原则有（　　）。

A.战略导向原则　　B.适应性原则　　C.成本效益原则

D.融合性原则　　E.导向性原则

7.我国《管理会计基本指引》明确的管理会计要素有（　　）。

A.管理会计应用环境　　B.管理会计活动

C.管理会计工具方法　　D.管理会计信息与报告

E.应用程序

8.管理会计职业道德的特点包括（　　）。

A. 实践性　　　　B. 公众利益符合性　　　　C. 动态性

D. 合作性　　　　E. 职业性

项目自测

项目1

自测

请扫码完成项目1自测，并填写项目自测表，自行评价成绩，见表1-2。

表1-2　　项目自测表

题型	分值	自测成绩	错题编号
一、判断题（10题）	30		
二、单选题（10题）	30		
三、多选题（8题）	40		

项目1学习报告

班级：　　　　　　姓名：　　　　　　学号：　　　　　　成绩：

学习目标	学习要点	
知识目标	学完本项目后，你应该掌握以下几点： 1.说明会计信息使用者的类型 2.说明管理会计的直接目标与根本目标 3.列出管理会计四项原则 4.列出管理会计五项职能 5.列出管理会计四项职业道德标准	知识点列示： 1. 2. 3. 4. 5.
技能目标	请用文字或图表形式，简要阐明管理会计、财务会计、成本会计、财务管理等几门学科之间的区别与联系。	
素养目标	请阐述本项目学习收获与体会，学习过程中碰到的疑点与难点，以及对疑点与难点所采取的解决方案。	

项目 2

成本计算系统——追本溯源，层层分解

思政引领

“百工居肆以成其事，君子学以致其道。”——《论语》

解释：各行业的工匠要整天在作坊里完成自己分内的工作，君子要终身学习实现道的目的。

管理者依靠会计师来核算产品和服务的成本，成本核算是企业会计核算与企业管理中最重要、最复杂的问题之一。典型的成本计算系统，包括两个过程：一是费用的归集，即归集原材料、人工、设备等各类资源的消耗；二是费用的分配，即将费用追溯到成本计算对象，包括追溯到中间计算对象，例如先追溯到各生产部门，再追溯到最终产品上。成本计算工作流程如图2-1所示。

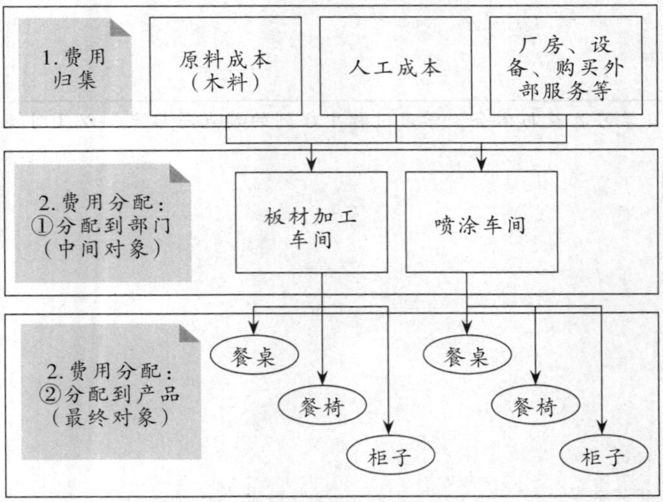

图2-1　成本计算流程图

成本计算具有双重目的：一是要满足财务会计计量产品成本的需要；二是要满足管理会计成本控制的需要。上图中，将费用对象化到喷涂车间，一方面可以满足财务会计计算最终产品的成本核算需要；另一方面可以满足管理会计考察各

责任部门成本控制水平的需要，例如将耗费先追溯归集到板材加工车间、喷涂车间，可以考核这些部门的成本管理控制水平。

尽管存在这样的可能性，即同时拥有两个成本计算系统，一个用于管理当局决策、计划与控制，另一个用于财务会计的对外报告，但是通常采用两个系统的收益小于成本。因此，财务会计中存货计价、编制财务报告目标的需要，以及管理会计中的决策、计划与控制目标的需要，均影响企业成本计算系统的设计。

成本的归集分配过程既是对企业生产经营过程中的各项耗费如实反映的过程，也是企业实施成本管理与控制信息的反馈过程，提供的成本信息的客观与否、与管理控制决策相关与否，直接对企业的价值形成与价值创造过程产生巨大影响。因此，管理会计师必须与时俱进，及时关注制造环境与生产技术的最新变革及其对成本计算准确性、相关性的影响；必须培养终身学习观，不断学习成本管理新理念与成本计算新方法；必须养成耐心细心、客观公正的职业素养，在今后的职业生涯中，能根据企业对外报告、价格决策、成本控制、业绩评价等各种不同目的，提供既客观翔实又相关可靠的成本信息。

关键词

关键词解析　成本概念与分类

关键词解析　成本性态

关键词解析　变动成本计算法

重点与难点

1. 掌握成本计算的基本概念与基本程序。

2. 掌握成本按性态分类及各类成本的概念、性态模型、特征。

3. 掌握变动成本计算法、完全成本计算法、作业成本计算法的基本原理及其核算程序。

4. 掌握变动成本计算法和完全成本计算法编制利润表的方法，理解损益差额产生的原因，并掌握损益差额验证公式。

项目导图

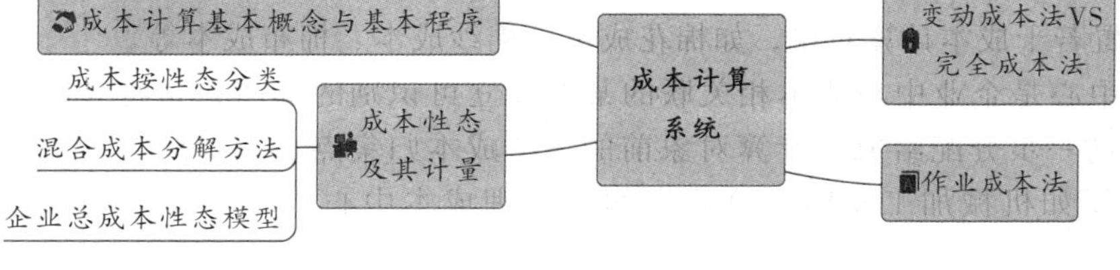

导入案例

在一次对1 000名成年人的调查中，调查者要求人们选出两家他们认为“真正经营良好的公司”，结果M公司被选次数最多。拥有100年历史的M公司能保持竞争力的原因，不仅仅是M公司拥有的员工、技术、品牌、知名度和财务资源，实际上，上至M公司首席执行官下至地方办事处经理，都十分清楚他们的客户和成本。

成本计算的目的是确定企业所提供的特定产品或特定服务的单位成本。比如汽车厂要计算出本月完工的各种型号的汽车的总成本与单位成本，大型超市要确定所出售的各种商品的总成本和单位成本。相对而言，商业企业可以很容易地通过购进发票确定商品成本，而制造业企业的产品成本计算，则相对比较复杂。

成本计算是财务会计和管理会计的重要组成部分。财务会计有两大任务，即成本计算和编制报表，比较这两大任务，成本计算相对而言更重要，因为存货计价、利润数额、现金流量等都是成本计算的结果。管理会计则直接起源于成本会计，管理会计决策、规划与控制信息的提供，都建立在成本计算的基础上。本项目将介绍财务会计中传统的完全成本计算法，以及出于企业内部管理控制需要而产生的两种新的成本计算方法——变动成本计算法和作业成本计算法。

任务2.1　成本计算的基本概念与基本程序

一、成本、成本计算对象与成本中心

成本可以从广义和狭义两个角度来理解。狭义的成本仅指对象化的费用，如特定产品的生产成本、特定商品的进价成本、特定劳务的劳务成本等。广义的成本泛指企业的经济耗费，包括狭义的成本以及为管理生产和经营活动而发生的费用。

在财务成本会计核算系统中，企业进行成本计算的主要目的，就是计量成本计算对象的总成本与单位成本，以确定利润表中的销货成本和资产负债表中的产成品存货价值。成本计算对象是指需要对成本进行单独测定、计量的一项活动。一件产品、一项服务、一项设计、一个客户、一项作业等都可以作为一个成本计算对象。成本计算对象可分为中间成本计算对象与最终成本计算对象，企业对外提供的各种产品或劳务服务就是企业的最终成本计算对象，而设计中间成本计算对象通常是为了计算出最终成本计算对象的成本。例如，棉布厂的最终成本计算对象是棉布，棉花是生产棉布的主要原材料，棉布的生产过程是先将棉花纺成棉纱，再将棉纱织成棉布。在核算最终产品棉布的过程中，须设置若干成本计算对象，如棉花成本、棉纱成本、棉布成本等。

成本中心是企业中与成本相关联的某个独立可识别的部门，是将共同成本按某种分配基础进一步分配给成本计算对象前的一个成本归集点。成本中心可能是：生产性成本中心，如机械加工车间、维修车间；管理成本中心，如会计部门；销售成本中心，如地区销售部门。成本中心实际上是与间接费用相联系的一个概念。所谓间接费用是指不能直接归属到某个成本计算对象的共同耗费。对于不能直接确认到成本计算对象上的生产性间接费用，比较容易确认它属于哪个成本中心，因此对生产性间接费用，一般的处理方法是先按成本中心确认，再按一定的分配标准分配到各成本计算对象上。

同步任务2-1——写一写

1.在下列企业里最终成本计算对象是什么？

（1）汽车制造厂________________

（2）汽车修理厂________________

（3）生猪养殖场________________

（4）管理咨询公司________________

2.把企业所耗费的成本直接分配给最终成本对象似乎效率更高，为什么还要设置中间成本计算对象？

____

____

____

二、成本的分类

进行成本计算，首先须认识成本的特征，掌握成本的分类。成本可以从不同的角度分类。

（一）直接成本与间接成本

产品成本按其计入成本计算对象的方式，分为直接成本和间接成本。这种分类的目的是经济合理地把成本归属到不同的成本计算对象。

直接成本，是指能直接归属到某个成本计算对象的耗费。例如，产品生产过程中构成产品实体的材料、直接从事该产品生产的生产工人的工资等，能够比较容易地认定其是为哪个成本计算对象而发生的，我们分别称为直接材料和直接人工。

间接成本，是指与成本计算对象相关的成本中不能用经济合理的方式直接追溯到成本计算对象的那一部分耗费。例如，多品种生产的企业，其厂房、设备的折旧损耗，车间辅助工人的工资，不容易直接认定到某一品种的产品上，而与企业所有产品相联系，属于间接成本。再如，企业会计部门的成本也是一项间接成本，它与企业某时期所有产品有关。间接成本分为两类，在生产过程中发生的间接成本称为生产间接成本（通常称为制造费用）；非生产过程中发生的间接成本称为非生产间接成本。为简化核算，通常的核算原则是：对生产间接成本先计入成本中心，月末再将各生产性成本中心的生产间接成本设法分摊计入各个成本计算对象，对非生产间接成本则不予以计算分摊，作为期间费用直接计入当期损益。

所谓“不能用经济合理的方式追溯”，有两种情况：一种是不能合理地追溯到成本计算对象，如车间管理人员的工资很难分辨出每种产品应分担的数额；另一种是不能经济地追溯到成本计算对象，如润滑油的成本可以通过单独计量追溯到产品，但单独计量成本较高，而且其本身数额不大，更准确的分配实际意义有限，不如将其先按成本中心归集，统一进行分配更有意义。

一项成本可能是直接成本，也可能是间接成本，根据成本计算对象的选择而定，如多产品生产的某车间的设备折旧费用，对于该车间而言是直接成本，对于某种产品而言则是间接成本。

（二）生产费用与期间费用

工业企业的生产经营费用，按经济用途不同，分为计入产品成本的生产费用和不计入产品成本的期间费用。这种分类的目的是划清产品成本与期间费用的界限。

计入产品成本的生产费用包括直接材料、直接人工和制造费用三个成本项目。

（1）直接材料，是指直接用于产品生产、构成产品实体的原料及主要材料、外购半成品、有助于产品形成的辅助材料及其他直接材料。

（2）直接人工，是指参加产品生产的工人工资及按生产工人工资总额和一定比例计算提取的职工福利费等。

（3）制造费用，是指为生产产品和提供劳务所发生的各项生产性间接费用。

不计入产品成本的期间费用包括销售费用、管理费用和财务费用。

（1）销售费用，是指企业在销售商品、提供劳务等日常经营过程中发生的费用，包括营销成本、配送成本和客户服务成本等。

（2）管理费用，是指企业行政管理部门为组织和管理生产经营活动而发生的各项费用，包括行政管理成本、研究与开发成本和设计成本等。

（3）财务费用，是指企业为筹集资金发生的各项费用，包括企业生产经营期间发生的利息净支出、汇兑损益、金融机构手续费等。

（三）固定成本与变动成本

按成本总额与业务量总数的依存关系，可将成本分为固定成本与变动成本两大类。这种分类的目的是了解成本的性态特征，研究费用与产量的依存关系，寻求降低成本的途径。

固定成本是指在一定时期和一定业务量范围内，成本总额不随业务量的变动而变动，即无论业务旺衰，该类成本总额都保持为一定常数的成本。例如，企业一定时期计提的固定资产折旧费、经理人员薪金、已在年度预算中确定的年度广告费等，这些成本的支出总额不会随当期业务量（产销量）的变动而变动。

变动成本是在一定时期和一定业务量范围内，成本总额随企业业务量变化成正比例变动的成本，业务量上升则成本总额随之正比例上升，业务量下降则成本总额随之正比例下降，如产品的直接材料成本、直接人工成本。

一般情况下，固定成本往往是间接成本，变动成本往往是直接成本，但该规律并不绝对。例如，某一项产品的广告成本，属于固定成本，由于其能直接归属于某一成本计算对象，属于直接成本。

同步任务 2-2——填一填

分别根据上述三种分类方式，判断企业以下成本耗费的分类归属。

（1）原材料耗费	________	________	________
（2）直接人工	________	________	________
（3）某项产品的广告成本	________	________	________
（4）一般的研究和开发支出	________	________	________
（5）某车间消耗的水电费用	________	________	________
（6）企业常务董事薪金	________	________	________
（7）生产车间固定资产折旧费	________	________	________
（8）企业财会部门的耗费	________	________	________

三、财务会计系统中成本计算的基本步骤

我们已经知道，成本计算就是将生产经营过程中的耗费归集到某一成本计算对象上，计算成本计算对象的总成本和单位成本的过程。企业应根据本企业生产经营的特点和企业成本管理要求选择成本计算对象和成本计算方法。无论企业选用何种成本计算方法，就工业企业的产品成本而言，成本计算的一般步骤如下：

（一）确定成本计算对象

成本计算对象是生产费用归属的对象，即通常所说的计算什么的成本。在财务成本会计核算系统中，成本计算对象的确定，体现为按成本计算对象设置产品成本明细账（或称成本计算单）。

（二）收集成本信息

在财务会计核算系统中，为确定各种产品的生产成本，首先需要收集成本信息，即归集生产所耗费的材料成本、人工成本和生产间接费用，并进行相应的账务处理。

（三）按成本对象归集直接成本

鉴于生产过程中构成产品实体的材料耗费、直接从事产品生产的生产工人的工资比较容易直接确认到某个成本计算对象上，我们分别称为直接材料、直接人工。对这类耗费的账务处理原则是于发生时直接记入所属的生产成本明细账，即直接费用直接计入各成本计算对象。

（四）按成本中心归集生产间接成本

对于产品生产过程中耗费的间接材料、间接人工、厂房和机器设备的折旧费用、车间办公费等制造费用，不容易直接归属到某成本计算对象上。在日常账务处理中，若对平时发生的每笔间接费用都通过计算、分配记入所属的生产成本明细账，势必使计算和

账务处理非常烦琐。由于我们比较容易确认各项间接费用属于哪个车间（即成本中心），因此，为简化账务处理，对生产间接费用的日常账务处理原则是按生产车间设置制造费用明细账。

（五）各生产性成本中心的生产间接费用在各成本计算对象之间分配

为计算各成本计算对象的成本，月末，需要将归集的各生产性成本中心的生产间接费用，采用一定的分配标准在各成本计算对象之间分配，即将制造费用经分配后记入所属的各生产成本明细账。

（六）计算完工产品的总成本与单位成本

经过上述计算与账务处理过程，生产过程的一切耗费已记入按成本计算对象设置的生产成本明细账。由于会计是按期（一般按月度）进行成本核算，如果月末某种产品全部完工，该种产品成本明细账所归集的费用总额，就是该种完工产品的总成本；如果月末某种产品全部未完工，该种产品成本明细账所归集的费用总额，就是该在产品的总成本；如果月末某种产品一部分完工一部分未完工，这时，归集在产品成本明细账中的费用总额，需要采用适当的方法在完工产品和在产品之间进行分配，然后才能计算出完工产品的总成本和单位成本。

【例2-1】某工业企业只有一个生产车间，生产A、B两种产品，2022年1月31日"生产成本"总分类账户和明细账户的余额如下：

"生产成本"账户余额18 148元

"生产成本——A产品"账户余额18 148元，其中：原材料10 800元；工资及福利费4 200元；制造费用3 148元。该企业2月份发生如下业务：

1.根据本月的"耗用材料汇总、分配表"，本月共耗用材料65 080元，其用途如下：

A产品耗用	21 280元
B产品耗用	35 680元
车间一般耗用	820元
厂部一般消耗	7 300元
合计	65 080元

2.根据本月的"工资、福利费结算汇总表"，本月应付职工工资总额21 600元，福利费3 024元，其中：

生产A产品工人工资	5 600	福利费	784
生产B产品工人工资	8 400	福利费	1 176
车间管理人员工资	4 400	福利费	616
厂部管理人员工资	3 200	福利费	448
合计	21 600		3 024

3.用现金支付车间购买办公用品552元，厂部办公费1 228元。

4.本月发生车间设备折旧费3 412元。

该企业选用的制造费用分配标准是按生产工人的工资比例在A、B产品之间分配。本月A、B两种产品全部完工，A产品8件，B产品16件。要求按步骤列示A、B完工产品的总成本与单位成本的计算过程。

【解析】

A、B完工产品的总成本与单位成本的计算过程如下：

（1）首先，确认成本计算对象为A产品与B产品，为生产这两种产品发生的耗费应分别记入“生产成本——A产品”与“生产成本——B产品”明细账。

（2）收集成本信息，与生产A、B产品有关的直接材料、直接人工和生产间接费用信息列示在上述资料中。

（3）按成本计算对象归集直接成本，根据上述资料，应直接记入“生产成本——A产品”明细账的直接材料费用为21 280元，直接人工费用为6 384元；应直接记入“生产成本——B产品”明细账的直接材料费用为35 680元，直接人工费用为9 576元。

（4）按成本中心归集生产间接费用，由于该企业只有一个生产车间，该生产性成本中心归集的生产间接费用为820+4 400+616+552+3 412=9 800（元）。

（5）各生产性成本中心的生产间接费用在各成本计算对象归集、分配。按该企业的间接费用分配标准：

制造费用分配率=9 800÷（5 600+8 400）=0.7

A产品应负担制造费用=5 600×0.7=3 920（元）

B产品应负担制造费用=8 400×0.7=5 880（元）

（6）计算完工产品的总成本与单位成本。由于月末上述A、B产品全部完工，A、B产品生产成本明细账归集的完工产品生产总成本和单位成本见表2-1、表2-2。

表2-1　**成本计算单**

产品名称：A产品　单位：元

项目	直接材料	直接人工	制造费用	合计
月初在产品成本	10 800	4 200	3 148	18 148
据材料费用分配表	21 280			21 280
据工资费用分配表		6 384		6 384
据制造费用分配表			3 920	3 920
合计	32 080	10 584	7 068	49 732
结转产成品成本（8件）	（32 080）	（10 584）	（7 068）	（49 732）
单位成本	4 010	1 323	883.5	6 216.5
月末在产品成本	0	0	0	0

表 2-2　　成本计算单

产品名称：B 产品　　单位：元

项目	直接材料	直接人工	制造费用	合计
月初在产品成本	0	0	0	0
据材料费用分配表	35 680			35 680
据工资费用分配表		9 576		9 576
据制造费用分配表			5 880	5 880
合计	35 680	9 576	5 880	51 136
结转产成品成本（16件）	（35 680）	（9 576）	（5 880）	（51 136）
单位成本	2 230	598.5	367.5	3 196
月末在产品成本	0	0	0	0

同步任务 2-3——写一写

在【例 2-1】中，成本计算对象是什么？哪些耗费是直接成本；哪些耗费是间接成本？哪个部门是生产性成本中心？哪个部门是非生产性成本中心？

任务 2.2　成本性态及其计量

一、成本按性态分类

成本性态，亦称成本习性，是指成本总额对业务量总数的依存关系。这里，业务量可以是产量、销量，也可以是直接人工工时、机器工作小时等。从成本性态分类的角度来研究分析成本，目的是揭示成本与产量、销量等业务量之间的内在联系，从而从数量上具体把握产品成本与生产能力之间的规律。

对成本按性态分类可以说是管理会计学科的基石之一。成本按性态可以划分为三类：变动成本、固定成本和混合成本。

（一）变动成本

变动成本，是指在一定时期和一定业务量范围内总额随业务量的变动而成正比例变动的成本。企业生产过程中发生的直接材料、直接人工、制造费用中的产品包装费、按工作量计算的固定资产折旧费、按销量支付的推销佣金等都属于变动成本，这些成本的总额将随产量或销量的变动而成正比例变动。但从单位业务量来看，单位产品的直接材料、直接人工却是相等的，即单位变动成本不受业务量变动的影响而保持不变。

【例2-2】某玩具厂生产某种型号玩具遥控车，每辆车需要用一组电瓶，耗用电瓶成本构成遥控车生产的一项变动成本，每组电瓶成本为10元。该厂玩具遥控车生产量与电瓶成本之间的关系见表2-3。

表2-3　产量与电瓶成本关系表

生产量（辆）	总成本（元）	单位成本（元）
100	1 000	10
200	2 000	10
300	3 000	10
400	4 000	10

用数学模型对变动成本的性态进行分析：

假设x代表产量，b代表单位变动成本。则有：

变动成本总额=b×x=10x，单位变动成本=b=10

将表2-3中的数据在坐标图中表示，便可以看出变动成本的特性。

变动成本总额与产量之间的关系如图2-2所示，它是一条通过原点的直线。单位变动成本和产量之间的关系如图2-3所示，它是一条平行于横轴的直线。

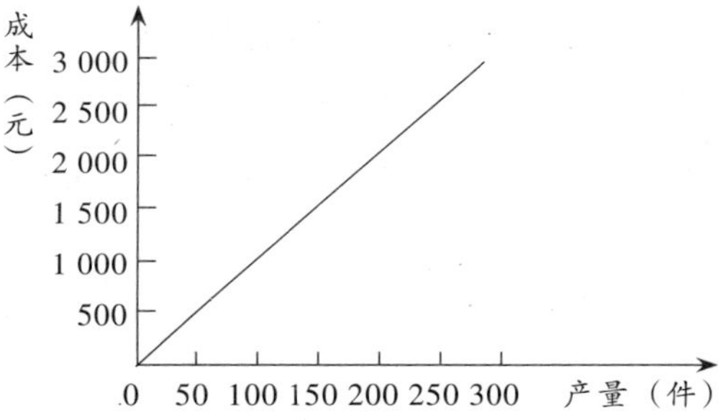

图2-2　变动成本总额与产量的关系

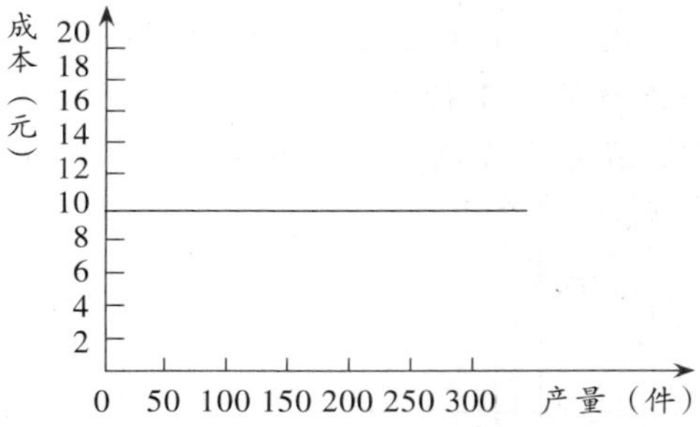

图2-3　单位变动成本和产量的关系

显然，从成本性态模型图中可以看出变动成本具有以下两个特点：

（1）变动成本总额随业务量变动而成正比例变动。

（2）单位变动成本固定不变，在数字上是一个常数。

变动成本也可进一步区分为：技术性变动成本与酌量性变动成本。技术性变动成本是指与产量有明确的技术或实物关系的变动成本。如一台电脑要用一块主板，一个硬盘，一个显示器等。这类成本的实质是利用生产能力进行生产所必然发生的成本。若企业不生产产品，则从理论上讲，其技术性变动成本为零。酌量性变动成本是可以通过管理决策行动而改变的变动成本，如按销售收入的一定百分比支出的销售佣金、技术转让费等。这类成本的显著特点是其单位变动成本可由企业管理层决定，如销售佣金计提的百分比即由经理决定。

（二）固定成本

固定成本，是指在一定时期和一定业务量范围内，成本总额不随业务量的变动而变动，即无论业务旺衰，该类成本总额都保持为一定常数的成本，如企业一定时期按直线法计提的固定资产折旧费、经理人员薪金、已在年度预算中确定的年度广告费等。由于固定成本总额不受业务量变动影响而保持不变，因此，单位固定成本随业务量的增加或减少而呈反方向增减变动。

【例 2-3】 某厂生产用的一部机床年最高生产能力为500件产品，按直线法计提折旧，每年折旧费为500元。生产量与折旧费之间的关系见表2-4。

表2-4　**生产量与折旧费用关系表**

生产量（件）	固定成本（元）	单位成本（元）
100	500	5
200	500	2.5
400	500	1.25
500	500	1

用数学模型对固定成本的性态进行分析：

假设x代表产量，a代表固定成本总额。则有，固定成本a=500，单位固定成本=a/x=500/x，将表2-4中的数据在坐标图中表示，便可以看出固定成本的特性。

图2-4反映了固定成本总额不受产量变动的影响而保持不变的特性，在图中表现为一条与横轴平行的直线。图2-5则显示了单位固定成本与产量成反比例变动的基本特征，在图中表现为一条随着产量的增加而递减的曲线。

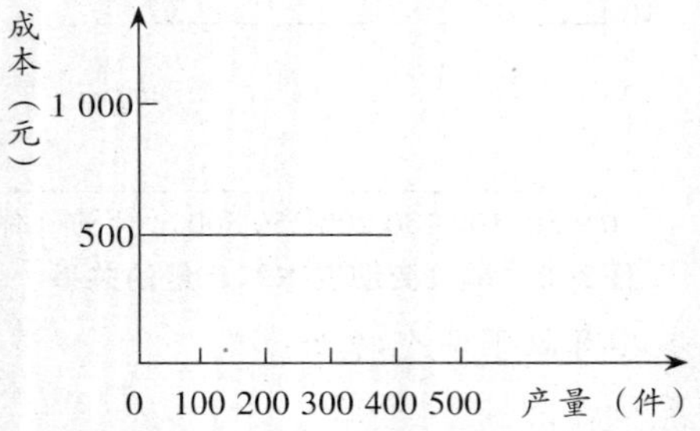

图2-4　固定成本总额与产量的关系

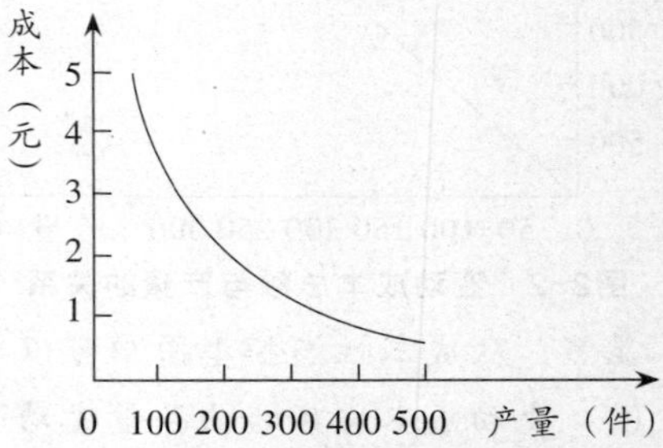

图2-5　单位固定成本与产量的关系

显然，从成本性态模型图中可以看出固定成本具有以下两个特点：

（1）固定成本总额不随业务量变动而变动，在数字上是一个常数。

（2）单位固定成本随业务量的变动而呈反方向变动。

符合固定成本概念的支出在“固定性”的强弱上还是有差别的。人们将企业在一定时期发生的固定成本按其支出数额大小和是否受管理当局短期决策的影响进一步分为“约束性固定成本”与“酌量性固定成本”两大类。

约束性固定成本，是指支出数额不受管理当局的决策行动影响的固定成本。它是维持企业的生产经营能力必须负担的最低成本，其发生及数额的多少直接受企业已形成的生产、销售能力和已经建立的基本组织结构的制约，在较短时间内不能轻易改变，即使经营暂时中断，该项成本仍将维持不变，具有较大程度的约束性，亦称“经营能力成本”，如固定资产折旧费、保险费、财产税、管理人员的工资等。

酌量性固定成本，是指通过管理当局的决策行动能够改变其数额的固定成本。它是为改善企业的生产经营条件、提高企业竞争能力，由企业管理当局按经营方针的要求，通过确定未来某一会计期间的有关预算而形成的，如企业的开发研究费、广告费、职工培训费等。这类成本支出的数额随每一个会计期间生产经营的实际需要和财务状况的改变而改变，一经确定，只能在某一特定的会计期间存在和发挥作用。酌量性固定成本并非可有可无，从性质来讲它仍属于企业的“存在成本”，其支出直接关系到企业竞争能力。企业管理当局应仔细权衡预期未来竞争能力的大小和为取得这种未来竞争能力所付出的现时成本，以对酌量性固定成本做出合理决策。

从成本控制的角度，降低固定成本的可行途径是通过财务决策绝对降低酌量性固定成本；通过更为经济合理地利用企业的生产经营能力相对降低约束性固定成本。

酌量性固定成本与约束性固定成本均与企业特定时期的业务量水平无直接关系，站在短期决策的角度，这一点更为突出。

（三）混合成本

在一定时期和一定业务量范围内，有一些成本项目随业务量的变动而变动，但非成正比例变动，这类成本称为混合成本。混合成本与业务量的关系比较复杂，按其随业务量的变动而变动的形态不同，又分为半变动成本、半固定成本、延期变动成本等。

1.半变动成本

半变动成本又称标准式混合成本，是指在一定初始基数的基础上随着产量的变动而成正比例变动的成本。这些成本的特点是：它通常有一个初始量（即基数），一般不变，类似固定成本。在这个基础上，产量增加，成本也会成正比例增长，这一部分成本类似变动成本。以一定的初始量为基础的变动成本是半变动成本中较为普遍存在的一种类型。

【例2-4】某企业在生产中租用一台设备，合同规定租金的计算分为两部分：按月支付固定租金200元；在此基础上，机器每运转1小时支付租金0.60元。假定该设备本月累计运转500小时，共付租金500元。这项支出所包含的固定成本与变动成本因素如图2-6所示：

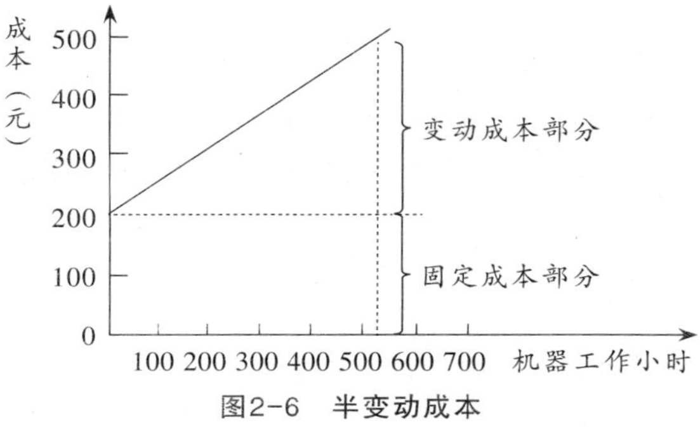

图2-6　半变动成本

若用数学模型表示，设y代表成本总额，a代表其中的固定成本部分，b代表单位变动成本，x代表业务量。则有：

$$y=a+bx=200+0.6x$$

2.半固定成本

半固定成本又称阶梯式混合成本，其成本总额会随产量呈阶梯式变动。其主要特点是：产量在一定范围内增长，其发生额保持不变，具有固定成本的特征；当产量增长超过一定限度时，其发生额会突然地跃升到一个新的水平，然后在产量增长的一定限度内又保持不变，直到下一个新的跃升为止。所以，对于此类成本而言，关键在于判断在相关产量范围内其成本性态如何。

若用数学模型表示，设y代表成本总额，a代表其中的固定成本部分，x代表业务量。则有：

$$\begin{cases} y=a_1 & x\leqslant m_1 \\ y=a_2 & m_1<x\leqslant m_2 \\ y=a_3 & m_2<x\leqslant m_3 \end{cases}$$

【例2-5】假设某企业生产需要的质量检验员数量同产品产量有着直接的联系，根据实践经验，一个检验员最多只能检验2 000件产品。这样每增加2 000件产量，就需要增加一名检验员。假定每个检验员的月工资为400元。则检验员的工资支出在不同生产水平下呈阶梯式增长如图2-7所示：

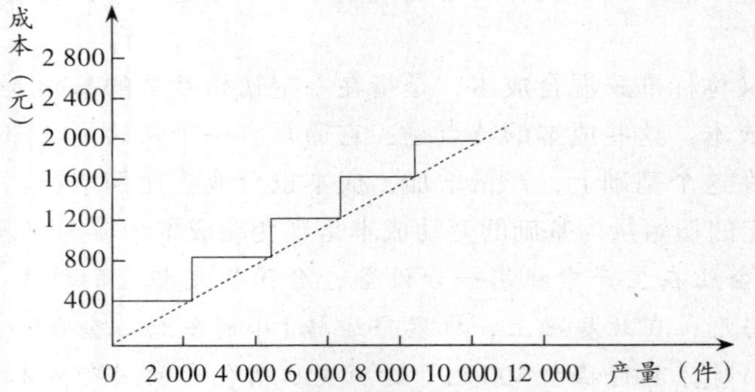

图2-7 半固定成本

3.延期变动成本

延期变动成本又称低坡式混合成本。其特征是成本总额在一定产量范围内固定不变，超过这一特定产量范围后，成本总额便会随产量成比例增长。

若用数学模型表示，设y代表初始量变动成本总额，a代表其中的固定成本部分，x代表业务量。则有：

$$\begin{cases} y=a_1 & x\leqslant m\ ; \\ y=a_1+b\,(x-m) & x>m \end{cases}$$

【例2-6】设某企业有固定搬运工人15名，工资总额4 500元；当产量超过4 500件时，就需要雇用临时工。临时工采用计件工资制，单位工资为每件1元，则该企业搬运工资的成本性态模式如图2-8所示。

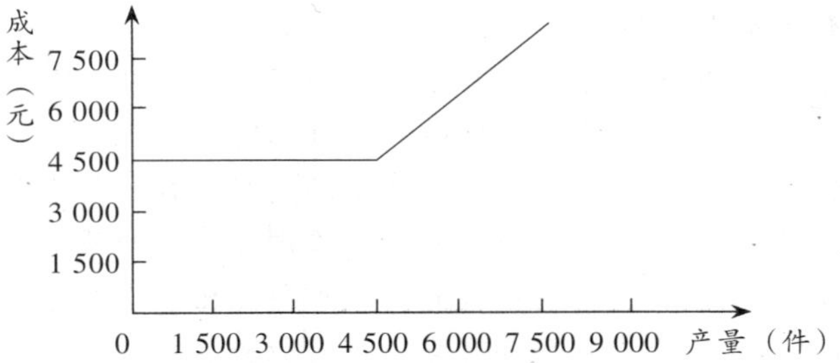

图2-8　延期变动成本

4.曲线式混合成本

曲线式混合成本是指成本总额与产量之间表现为非线性联系的成本。这类成本的主要特点是通常有一个初始量，相当于固定成本，但在这个初始量的基础上，随着产量的增长，成本也逐步增加（或减少），但二者的增减幅度并不一致，因而呈现抛物线上升或下降的趋势，分别称为递增曲线成本和递减曲线成本，如各种违约罚金、累进计件工资等。这种成本随产量增加而增加，而且比产量增加得还要快，其变化率是递增的，如图2-9所示。又如热处理的电炉设备，每班均需预热，其预热成本（初始量）属固定成本性质，但预热后进行热处理的耗电成本虽然也随处理量的增加而逐步呈抛物线上升，但上升越来越慢，其变化率是递减的，如图2-10所示。

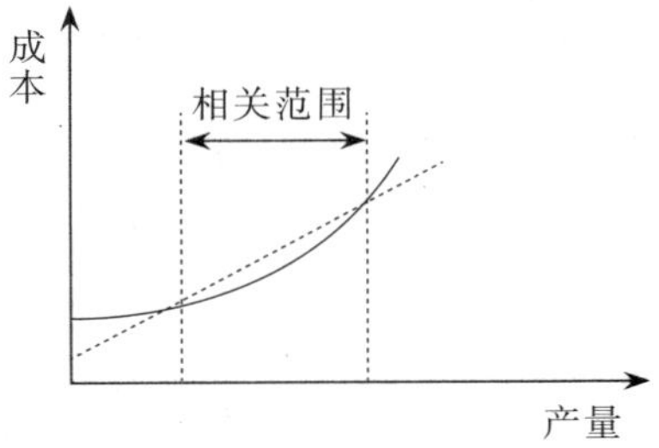

图2-9　递增曲线成本

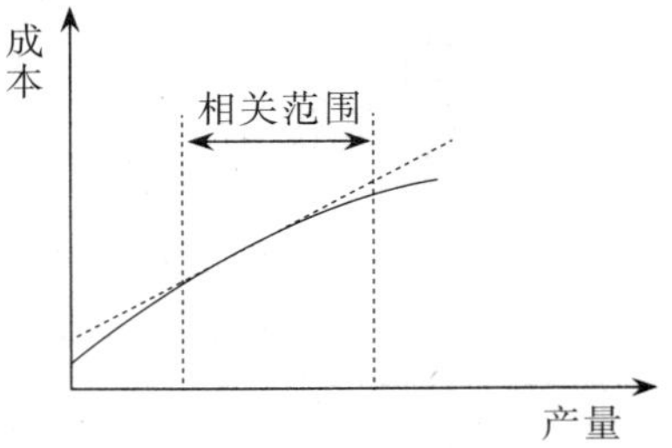

图2-10　递减曲线成本

可以看出，对于各种曲线成本，仍可在相关范围内近似地把它们看作变动成本或半变动成本。在这个相关范围内，尽管其实际性态并非直线，但与直线的差别有限，我们可以通过线性方程来近似描述复杂的曲线成本，从而大大简化计算过程。

需要说明的是，现实经济生活中，成本的种类繁杂，形态各异，上面所讲的变动成本、固定成本和各种混合成本不能囊括成本的全部内容，但我们至少可以将某一种成本近似地描述为某一种性态。

二、成本性态的相关范围

前面在定义固定成本与变动成本时曾经冠以“一定时期和一定业务量范围”这一定语，也就是说固定成本的“固定性”与变动成本的“正比例变动”不是绝对的，是有一定限定条件的，这个限定条件就是成本性态的相关范围。

（一）固定成本的相关范围

就时间范围而言，固定成本表现为在某一期间具有固定性。因为从长时期看，所有成本都具有变动性，即使“约束性”很强的约束性固定成本也会随着时间的拉长而越来越具有变动性。随着时间的推移，一个正常成长的企业，其经营成本无论从规模上或质量上都会发生变化，厂房的扩建、设备的更新、管理人员的增减都将改变折旧费、大修理费、工资及其他的支出额，使得约束性固定成本总额相应地发生变化。

就空间范围而言，固定成本表现为在某一特定业务量水平内具有固定性。因为产量一旦超过这一水平以后，势必要扩建厂房、增添设备、扩充必要的机构和增加相应的人员，从而使原属于固定成本的折旧费、修理费、管理人员工资等也必须相应增加，甚至在广告宣传方面也可能为此而要追加支出，以便扩大生产能力而使增产的产品得以顺利销售出去。很显然，即使在有限期间内具有固定特征的成本，其固定性也是针对某一特定产量范围而言的。如果脱离了一定的“相关范围”，固定成本的“固定性”就不复存在。

例如，假设某企业生产一种产品，其所需的加工设备按月计提的折旧费为5 000元，该设备的最大生产能力为6 000件。若该企业要将该产品的产量增加到12 000件，则此时该企业就需要再添置一台同类设备，以满足生产的需要。因此相应的固定成本（折旧费）就将增加到10 000元。图2-11中反映了固定成本相关范围的含义。

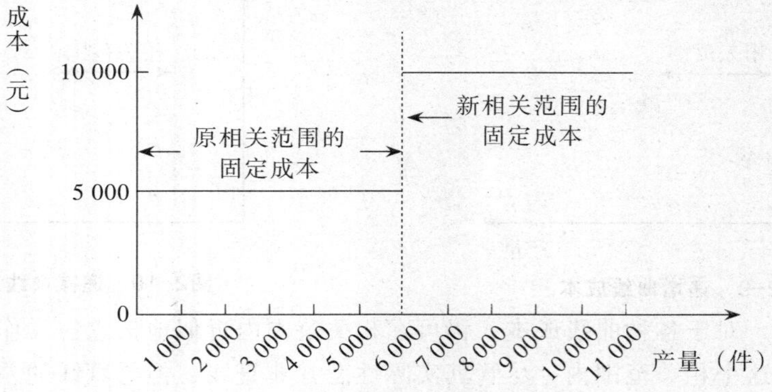

图2-11 固定成本的相关范围

（二）变动成本的相关范围

与固定成本相似，变动成本的基本特性也是有条件的。其条件表现在变动成本与产量之间成正比例变动的关系（即完全的线性关系），通常也只在一定产量范围内存在。超过这一产量范围，两者之间就不一定存在正比例关系（即表现为非线性关系）。比如在物价变动不定的情况下，单位产品的材料成本或人工成本不可能在较长时期内保持稳定，需要随物价变动作相应的调整。即使在物价稳定的情况下，在产品的投产初期也可能因为生产工艺的不成熟和生产技术的不熟练等原因而使单位产品的材料消耗加大。以后随着产量的增加，生产工艺逐渐成熟，生产技术逐渐提高，使单位产品的直接材料消耗等相对趋于稳定，单位变动成本相应不变。在这一阶段，有关指标可能趋于平稳，成本与产量之间呈完全的线性关系，变动成本的“相关范围”就是指这一阶段。当产量的增长超过一定的限度时，可能会由于生产“疲劳”，废品增多，或因需要加班加点生产而提高计件工资的计件单价等原因，致使产品的单位变动成本上升。

相关范围的存在说明成本性态并非成本自身固有的特性，其受时间和空间的限制。第一，成本性态具有暂时性，它只在一定的时期内保持不变；第二，成本性态具有相对性，它取决于每个企业的会计政策和会计方法；第三，成本性态具有可转化性，当业务量标准发生变化时，固定成本和变动成本可能互相转化。

三、混合成本的分解

对于混合成本，由于它同时兼有变动成本和固定成本两种不同的成本性质，一般采用一定的方法将其分解为变动成本和固定成本。分解混合成本的前提是假定混合成本可以用直线方程 $y=a+bx$ 模拟。分解混合成本的方法一般有历史成本分析法、工程研究法、账户分类法和合同认定法。这几种成本分解方法，各有其优缺点及适应性，在实际应用中常常互相补充和印证。

（一）历史成本分析法

该方法通过对历史成本数据的分析，依据以前各期实际成本与产量间的依存关系，来推算一定期间固定成本和单位变动成本的平均值，并以此来确定未来成本。历史成本分析法可具体分为高低点法、散布图法和回归分析法三种，该类成本分析法只适用于有历史成本数据的情况。

1.高低点法

高低点法是利用数学上两点确定一条直线的原理，通过分别选用企业历史成本数据中业务量的高低点以及其相应的总成本数据，来推断企业的总成本线性模型的方法。

高低点法的基本步骤是：

（1）确定高低点。根据企业的历史资料，找出正常经营条件下业务量的高点和低点。

（2）计算单位变动成本（b）和固定成本（a）。根据总成本的线性模型假设，可列出下列二元一次方程组：

$$\begin{cases} y_{高}=a+bx_{高} \\ y_{低}=a+bx_{低} \end{cases}$$

解方程组可得：

$$b=（y_{高}-y_{低}）/（x_{高}-x_{低}）$$

$$a=y_{高}-bx_{高}$$

或　$=y_{低}-bx_{低}$

【例2-7】某企业1—6月份的有关产量和总成本资料见表2-5。

表2-5 **产量与总成本表**

月份	1月	2月	3月	4月	5月	6月
产量（千件）	4 000	4 200	5 000	4 100	3 900	4 100
总成本（千元）	550	565	650	555	540	560

要求：用高低点法将总成本划分为固定成本和变动成本。

【解析】

首先，确定高低点为3月份及5月份的数据。

其次，依据高低点数据代入求解：

$b=(y_{高}-y_{低})\div(x_{高}-x_{低})=(650-540)\div(5\ 000-3\ 900)=0.10$

$a=y_{高}-b\,x_{高}=650-0.10\times5\ 000=150$

因此，企业的总成本线性模型为：

$y=150+0.10x$

需要注意的是，利用高低点法，由于只选用了业务量的高点和低点两个历史数据来分解混合成本，因此要保证所选用的高点和低点的成本数据能代表业务量正常范围内的成本水平。如果不同期间的业务量及成本波动较大，那么计算结果的误差就较大。

2.散布图法

散布图法是将观察的历史成本数据，在以产量为横轴、成本为纵轴的平面直角坐标系中，一一绘出各期成本点，形成散布图，然后根据目测，在各成本点之间画出一条反映成本变动趋势的直线，其与纵轴的交点即为固定成本，其斜率即为单位变动成本。

散步图法的基本步骤是：

（1）在以产量为横轴、成本为纵轴的平面直角坐标系中，根据历史成本的数据绘制散布图。

（2）通过目测画出一条反映成本平均变动趋势的直线。注意应尽量使画出的这条直线两边的散布点个数相同，而且使各点到直线的距离之和最小。

（3）确定固定成本。所画的直线与纵轴的交点即为固定成本。

（4）在所画的直线上任取一点，查出对应的产量和成本值，再通过$b=(y-a)/x$这一公式求得单位变动成本。

【例2-8】某企业2021年1—12月份的维修费资料见表2-6。运用散步图法对维修费的分解如下。

表2-6 **机器工时与维修费用表**

月份	机器工作小时	维修费（元）
1	1 200	900
2	1 300	910

续表

月份	机器工作小时	维修费（元）
3	1 150	840
4	1 050	850
5	900	820
6	800	730
7	700	730
8	800	780
9	950	750
10	1 100	891
11	1 250	920
12	1 400	930

根据所给的数据，绘制散布图如图 2-12 所示。

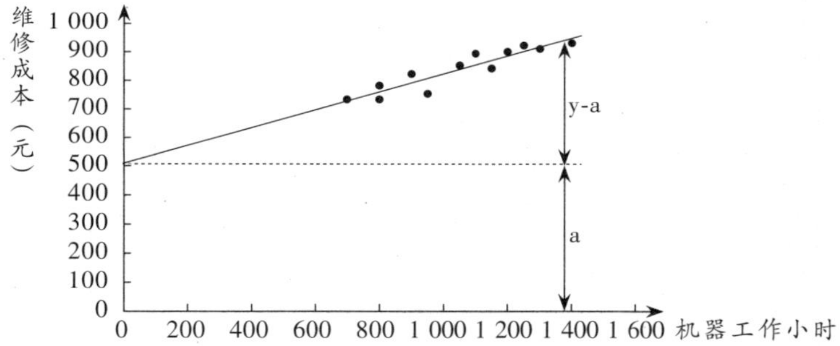

图2-12　维修成本散布图

在图 2-12 中，目测画出的成本趋势线同 y 轴的交点为 500，表示固定成本 a=500；则成本趋势直线的斜率即为单位变动成本 b，其计算方法为：

在直线上任取一点，令 x=1 400，此时 y=930，则 b=（930-500）÷1 400=0.31

据此可得：y=500+0.31x

散布图法的优点在于全面考虑已知的所有历史成本数据，排除了高低点法带来的偶然性，因而计算结果较高低点法精确。同时，以图示方法反映成本性态更为直观和易于掌握。但由于目测画出的成本趋势线带有一定程度的主观随意性，不是一种严密、精确的方法。

3. 回归直线法

在散步图法下，在各离散点之间通过目测可以画出多条反映成本平均变动趋势的直线，假设其中有一条 y=a+bx 直线，该直线与各实际成本点的误差值之和比其他直线都要小，则这条直线就被称为离散各点的回归直线。这一直线方程也被称为回归方程。回归直线法就是根据一系列历史成本资料，运用数学上的最小平方法原理，计算能代表平均成本水平的直线的截距（a）和斜率（b），以其作为固定成本和单位变动成本。

回归方程的计算公式：

$b=(n\sum xy-\sum x\cdot\sum y)\div[n\sum x^2-(\sum x)^2]$

$a=(\sum y-b\sum x)\div n$

【例 2-9】 以表 2-6 的资料说明回归直线法的应用。根据表 2-6 的资料计算得到表 2-7。

表 2-7 **机器工作小时与维修费计算表**

月份	机器工作小时	维修费（元）	x_iy_i	x_i^2
1	1 200	900	1 080 000	1 440 000
2	1 300	910	1 183 000	1 690 000
3	1 150	840	966 000	1 322 500
4	1 050	850	892 500	1 102 500
5	900	820	738 000	810 000
6	800	730	584 000	640 000
7	700	730	504 000	490 000
8	800	780	624 000	640 000
9	950	750	712 500	902 500
10	1 100	891	979 000	1 210 000
11	1 250	920	1 150 000	1 562 500
12	1 400	930	1 302 000	1 960 000
Σ	12 600	10 040	10 715 000	13 770 000

【解析】

将表 2-7 中的有关数字代入上述计算公式，得：

$b=(n\sum x_iy_i-\sum x_i\cdot\sum y_i)\div[n\sum x_i^2-(\sum x_i)^2]$

$=(12\times10\,715\,000-12\,600\times10\,040)\div[12\times13\,770\,000-(12\,600)^2]$

$=0.32$

$a=(\sum x_i^2\sum y_i-\sum x_i\cdot\sum x_iy_i)\div[n\sum x_i^2-(\sum x_i)^2]$

$=(13\,770\,000\times10\,040-12\,600\times10\,715\,000)\div[12\times13\,770\,000-(12\,600)^2]$

$=500.28$

因此得：$y=500.28+0.32x$

对比前两种方法，回归直线法使混合成本的分解建立在科学分析和精确计算的基础之上，可以得到较为精确的结果，但是计算量较大。

同步任务2-4——练一练

根据表2-7的资料，请用高低点法分解该企业2021年1—12月份维修费混合成本模型，并比较高低点法、散布图法、回归直线法三种方法分解出的维修费混合成本模型的精确度。

____

____

____

（二）工程研究法

工程研究法是由工程技术人员通过测定正常生产流程中投入的成本与产出的数量之间有规律性联系的各种消耗量标准，并在此基础上直接估算出固定成本和单位变动成本，所以又称技术测定法。工程研究法的优点在于能确定理想的投入产出关系，使企业能够建立具有较强科学性和先进性的标准成本和预算控制系统。同时，它既是在缺乏历史成本数据条件下可用的、最有效的方法，也是用于检验历史成本分析结论的最佳方法。其不足之处是进行技术测定分析通常要耗用较多的人力、物力。由于工程研究法所依赖的投入产出关系只存在于生产过程中的直接消耗部分，因而对于不能归属于特定的投入产出关系的直接成本，或者不能单独进行观察的联合过程，如各种间接成本，不能使用这种方法。

（三）账户分类法

账户分类法是根据各有关成本账户（包括明细账）的内容，结合其与产量的依存关系，判断其比较接近哪一类成本，就视其为哪一类成本。例如，直接材料归属于变动成本，按直线法计提的设备折旧为固定成本。该方法虽具有简便易行的优点，但它在确定账户的成本性态时，由于依赖的是无法反映成本随产量变动的特定产量水平的观测值，所以需要分析人员做出一定的主观判断，容易产生误差。

（四）合同认定法

合同认定法是根据企业与供应单位签订的各种合同、契约，以及企业内部既定的各种管理和核算制度中所明确规定的计费方法，分别确认哪些费用属于固定成本，哪些费用属于变动成本。该方法特别适用于有明确计算方法的各种初始量变动成本，如电费、水费、煤气费、电话费等各项公用事业费。其账单上的基数即为固定成本，而按耗用量计价部分则属于变动成本。该方法对成本性态分析比较准确，但应用范围较小，只限于签有合同的生产经营项目的成本性态分析。

四、企业总成本性态模型及其应用

混合成本分解后，可以将所有的成本划分为固定成本和变动成本两大类。本量利分析的基本假定就是：企业的所有成本可以划分为固定成本和变动成本两大类，并且呈线性模型。假设y代表企业总成本，a代表企业固定成本总额，b代表企业的单位变动成本，x代表企业的业务量水平，则企业的总成本性态模型也可以用下式表达：

$y=a+bx$

将企业全部成本划分为两部分并且建立企业总成本性态模型，对于企业内部营运管理具有十分重要的意义。

（一）用于经营预测

只要正确测定企业计划期的经营业务量（x），代入企业总成本性态模型，就能直接测定计划期的成本预计发生额，从而为企业确定正确的经营目标提供有用的资料。

（二）用于营运决策

做出正确的短期营运决策必须区分相关成本和非相关成本。在“相关范围”内，固定成本不随产量的变动而变动，在短期营运决策中大多属于非相关成本；而变动成本在大多数情况下属于相关成本。所以，正确进行短期营运决策的关键是将成本按其性态划分为固定成本与变动成本。利用总成本性态模型，可以测定不同决策方案的成本水平，综合考虑其他相关因素，通过分析、比较，做出最优决策。

（三）用于内部控制

变动成本与固定成本具有不同的成本性态，在一般情况下，变动成本的高低，可反映出生产部门和供应部门的工作业绩，而固定成本的高低一般不是基层生产单位所能控制的，通常应由管理部门负责，可以通过制定费用预算加以控制。因此，运用成本性态模型不仅能为制定未来发展的总体经营目标提供科学依据，为企业降低消耗指明方向，而且能够据以划分成本中心，根据不同中心的业务量水平确定成本指标，落实责任成本，采用科学的成本分析方法和正确的成本控制方法，以正确评价各部门的工作业绩。

任务 2.3　变动成本计算法

一、变动成本计算法与完全成本计算法

所谓变动成本计算法（也称变动成本法），是指在产品成本计算过程中，以成本性态分析为前提，只将变动生产成本作为产品成本的构成内容，而将固定生产成本及非生产成本作为期间成本，并按贡献式损益确定程序计量损益的一种成本计算模式。变动成本法下产品成本的构成内容为直接材料、直接人工和变动制造费用。

变动成本计算法产生后，相对应地，传统财务会计中计算产品成本的方法称为完全成本计算法，也称完全成本法或制造成本法。完全成本计算法是指在成本计算过程中，以成本按其经济用途分类为前提条件，将全部生产成本作为产品成本的构成内容，只将非生产成本作为期间成本，并按传统式损益确定程序计量损益的一种成本计算模式。完全成本计算法下产品成本的构成内容为直接材料、直接人工和全部制造费用（包括变动制造费用与固定制造费用）。

变动成本计算法的概念由美国学者哈里斯在1936年率先提出，到20世纪50年代，随着会计信息使用者对于管理会计的要求逐渐提高到预测分析、决策分析、预算控制的层面，变动成本计算法被广泛推广应用，成为管理会计的一项重要内容。

变动成本计算法的理论依据是：固定制造费用是在一定会计期间为提供一定的生产经营条件，以保持生产能力，并使其处于准备状态而发生的费用，该生产能力一经形成，有关的费用就已经确定，它的发生总额是固定的，其数额与本期业务量的多少没有直接的联系，既不会因业务量的提高而增加，也不会因业务量的下降而减少。固定制造费用实际上是与会计期间相联系的支出，随着时间的消逝而逐渐丧失，因此把这部分费用视为期间成本，在费用发生的当期全额列入利润表，作为本期收入的减项，而不是像完全成本计算法那样把固定制造费用分摊计入产品成本，改变了完全成本计算法将固定制造费用在本期销售成本与期末存货成本之间分配的传统，直接由当期销售的商品负担当期发生的全部固定制造费用。

二、变动成本计算法与完全成本计算法的差异比较分析

（一）应用的前提条件不同

变动成本计算法以成本按成本性态分类为基础，把全部成本分为变动成本与固定成本两大类；完全成本计算法以成本按经济用途分类为基础，把全部成本分为生产成本与非生产成本两大类。

（二）利润表的编制依据不同

按变动成本计算法编制的贡献式利润表，将成本按成本性态分类作为报表编制的依据，先将销售收入减去变动成本总额（变动生产成本和变动销售管理费用），得到边际贡献总额，再减去固定成本（固定制造费用与固定销售管理费用），得到息税前利润。

按完全成本计算法编制的职能式利润表，将成本按经济用途分类作为报表编制的依据，它把所有成本按生产、销售、管理等经济职能排列，销售收入减去已销售产品的生产成本，得出销售毛利，再减去期间费用，得到息税前利润。

应注意的是由于有关的会计准则仍要求企业按完全成本计算法提供的成本资料编制对外的财务报表，所以变动成本计算法与贡献式利润表的编制，主要用于企业内部的经营管理。

（三）产品成本的构成内容不同

两种成本计算方法下产品成本包括的内容见表2-8。

表2-8　产品成本构成对比表

完全成本计算法下的产品成本	变动成本计算法下的产品成本
直接材料	直接材料
直接人工	直接人工
变动制造费用	变动制造费用
固定制造费用	

【例2-10】假定某企业只生产一种产品，有关资料见表2-9，要求分别用两种成本计算方法确定产品的单位成本。

表2-9　产品成本资料表

年生产量	15 000（件）
单位直接材料	5（元）
单位直接人工	4（元）
变动制造费用	3（元）
年固定制造费用	45 000（元）

【解析】分别采用两种成本计算方法所得出的单位产品成本见表2-10。

表2-10　单位产品成本表

项目	完全成本计算法	变动成本计算法
直接材料	5（元）	5（元）
直接人工	4（元）	4（元）
变动制造费用	3（元）	3（元）
年固定制造费用	3（元）（45 000÷15 000）	—
单位成本	15（元）	12（元）

表2-10说明，在计算产品成本时，完全成本计算法之所以较变动成本计算法的单位成本多了3元，是由于前者的每件产品“吸收”了固定制造费用3元。按完全成本计算法，除变动生产成本外，已销产品、库存产成品、在产品均“吸收”了一定份额的固定制造费用；而按变动成本计算法，无论是在产品、库存产成品还是已销产品，其成本都只包含变动成本。因此，完全成本计算法下产品对固定制造费用的“吸收”，使得完全成本计算法的存货成本必然高于变动成本计算法的存货成本。

（四）本期产品销售成本、期末存货成本的数量不同

由于产品成本的构成内容不同，必然导致两种方法下结转的本期销售成本与期末存货成本也不同。

【例2-11】 接上例2-10，假定该企业当年生产的15 000件产品中，已销售13 000件，尚有2 000件作为期末存货。请分别用两种成本计算方法计算本期销售成本与期末存货成本。

【解析】 在采用完全成本计算法时，产品存货每件均按15元计价，因此本期产品销售成本总计价195 000元（15×13 000），存货总计价30 000元（15×2 000）；而在采用变动成本计算法时，产品存货每件均按12元计价，本期产品销售成本总计价156 000元（12×13 000），资产负债表中2 000件产成品存货也按每件12元计价，期末存货总计价24 000元（12×2 000）。

变动成本计算法下，本期发生的45 000元固定制造费用，作为期间成本，全额从利润表的当期销售收入中扣减。而完全成本计算法在计算本期损益时，只有属于已销产品的固定制造费用39 000元（3×13 000）转为本期销售成本同本期销售收入配比，另外2 000件期末存货所包含的固定制造费用6 000元（3×2 000），则体现在资产负债表的期末存货成本中，在未来销售时才能体现为销售期间的销售成本与未来销售期间的销售收入配比。

（五）计算出的分期损益不同

两种方法对固定制造费用的处理不同。变动成本计算法中产品成本中只包括变动成本，而把固定制造费用当作期间成本，全额列入利润表；完全成本计算法下，则把固定制造费用计入产品成本，当产销不平衡时，这个差异对分期损益计算有重大影响。具体有以下几种情况：

1.当期末存货成本等于期初存货成本（本期产量等于本期销量），两种计算方法所得利润相等。

2.当期末存货成本大于期初存货成本（本期产量大于本期销量），以完全成本计算法为基础所确定的净利润大于以变动成本计算法为基础所确定的净利润。

3.当期末存货成本小于期初存货成本（本期产量小于本期销量），以完全成本计算法为基础所确定的净利润小于以变动成本计算法为基础所确定的净利润。

4.两种成本计算方法只影响分期损益，如果从较长的会计期间看，只要总产量等于总销量，其他情况不变，则两种方法计算出来的利润总额相同。

两种成本计算方法计算出来的分期损益差额验证公式：

$$\text{分期损益差额}=\text{期末存货所含固定制造费用}-\text{期初存货所含固定制造费用}$$

$$=\begin{matrix}\text{期末}\\\text{存货量}\end{matrix}\times\begin{matrix}\text{期末单位存货所}\\\text{分摊的固定制造费用}\end{matrix}-\begin{matrix}\text{期初}\\\text{存货量}\end{matrix}\times\begin{matrix}\text{期初单位存货所}\\\text{分摊的固定制造费用}\end{matrix}$$

分别举例如下：

1.单期计算

【例2-12】 假设某厂只生产单一产品，有关资料如下：全年生产8 000件，销售

5 000件，无期初产成品库存；生产成本：每件变动成本（包括直接材料、直接人工和变动制造费用）5元，固定制造费用共16 000元，固定性销售与行政管理费共4 000元，变动性销售与行政管理费5 000元（5 000×1）。每件产品的售价为15元。

【解析】根据上述资料，分别采用上述两种成本计算法，据以确定的产品的单位成本和全年的息税前利润见表2-11与表2-12。

表2-11　产品单位成本表　单位：元

项　目	完全成本计算法	变动成本计算法
变动成本	5	5
固定成本（固定制造费用）	2（16 000÷8 000）	—
单位成本	7	5

表2-12　利润表　单位：元

项　目	变动成本计算法	项　目	完全成本计算法
销售收入（5 000×15）	75 000	销售收入（5 000×15）	75 000
销售产品的制造成本：		销售产品的制造成本：	
期初存货	0	期初存货	0
本期产品生产成本（8 000×5）	40 000	本期产品生产成本（8 000×7）	56 000
期末存货（3 000×5）	15 000	期末存货（3 000×7）	21 000
合计	25 000	合计	35 000
边际贡献（制造部分）	50 000	销售毛利	40 000
销售与行政管理费：		销售与行政管理费：	
变动性销售与行政管理费	5 000	变动性销售与行政管理费	5 000
边际贡献（最终）	45 000	固定性销售与行政管理费	4 000
固定成本：		合计	9 000
固定制造成本	16 000		
固定性销售与行政管理费	4 000		
合计	20 000		
息税前利润	25 000	息税前利润	31 000

同步任务2-5——练一练

【例2-12】中，假设全年生产5 000件，销售5 000件。其他资料不变。请用两种方法编制利润表，填制表2-13，并分析与比较计算出来的分期损益差别及其原因，同时用公式验证差异。

表2-13　　两种方法利润表编制比较　　单位：元

项　目	变动成本计算法	项　目	完全成本计算法
销售收入		销售收入	
销售产品的制造成本：		销售产品的制造成本：	
期初存货		期初存货	
本期产品生产成本		本期产品生产成本	
期末存货		期末存货	
合计		合计	
边际贡献（制造部分）		销售毛利	
销售与行政管理费：		销售与行政管理费：	
变动性销售与行政管理费		变动性销售与行政管理费	
边际贡献（最终）		固定性销售与行政管理费	
固定成本：		合计	
固定制造成本			
固定性销售与行政管理费			
合计			
息税前利润		息税前利润	

损益差异及原因，验证：____

____

____

2.连续多期生产量相等而销售量不等的情况下，两种方法对分期损益的影响

【例2-13】某企业只生产一种产品，第一、第二、第三年的生产量（基于其正常生产能力）都是4 000件；而销售量则分别为4 000件、3 500件和4 500件。产品的单价为12元。生产成本：每件变动成本（包括直接材料、直接人工和变动制造费用）5元，固定制造费用基于正常生产能力4 000件，共计12 000元。销售与行政管理费假定全部都是固定成本，每年发生额为12 500元。

【解析】根据上述资料，分别采用两种成本计算方法，据以确定的各年的息税前利润，见表2-14、表2-15。

表2-14　　贡献式利润表（变动成本计算法）　　单位：元

项目	第一年	第二年	第三年
销售收入	48 000	42 000	54 000
销售产品的制造成本：			
期初存货	0	0	2 500
本期产品生产成本	20 000	20 000	20 000
期末存货	0	2 500	0
合计	20 000	17 500	22 500
边际贡献（制造部分）	28 000	24 500	31 500
固定成本：			
固定制造费用	12 000	12 000	12 000
固定性销售与行政管理费	12 500	12 500	12 500
合计	24 500	24 500	24 500
息税前利润	3 500	0	7 000

表2-15　　职能式利润表（完全成本计算法）　　单位：元

项目	第一年	第二年	第三年
销售收入	48 000	42 000	54 000
销售产品的制造成本：			
期初存货	0	0	4 000
本期产品生产成本	32 000	32 000	32 000
期末存货	0	4 000	0
合计	32 000	28 000	36 000
毛利	16 000	14 000	18 000
销售与行政管理费	12 500	12 500	12 500
息税前利润	3 500	1 500	5 500

从表2-14与表2-15可以看出，第一年产品的生产量（4 000件），等于产品的销售量，采用两种成本计算方法据以确定的全年息税前利润都是3 500元。第二年产品的生产量仍是4 000件，大于销售量（3 500件），采用完全成本计算法所确定的息税前利润

（1 500元）就大于按变动成本计算法所确定的息税前利润（0）。第三年的情况同第二年刚好相反，产量（4 000件）小于销量（4 500件），采用完全成本计算法所确定的息税前利润（5 500元）就小于按变动成本计算法所确定的息税前利润（7 000元）。差异的发生是由于采用完全成本计算法，第二年末的库存产成品“吸收”了固定成本1 500元（500×3），使第二年的产品销售成本减少了1 500元，息税前利润增加1 500元。到第三年，由于第二年末结转的产成品盘存成本也成为其产品销售成本的一个组成部分，其中包括的固定成本1 500元，使其产品销售成本增加1 500元，息税前利润减少1 500元。所以，如一定期间内产品的生产量和销售量不相等，采取两种成本计算方法据以确定的息税前利润必然会有差异。但从较长期间看，这些差异又可以相互抵消。

3.连续多期销售量相等而生产量不相等的情况下，两种方法对分期损益的影响

【例2-14】假设某企业只生产一种产品，第一、第二、第三年各年的销售量都是3 000件，而产量分别为3 000件、4 000件和2 000件。产品的单价为10元。生产成本：每件变动成本为4元，固定制造费用每年的发生额为12 000元。采用完全成本计算法，单位产品分摊的固定制造费用，第一年为4元（12 000÷3 000），第二年为3元（12 000÷4 000），第三年为6元（12 000÷2 000）。销售与行政管理费用假定全部都是固定性费用，每年发生额为2 500元。

【解析】根据上述资料，分别采用两种成本计算方法据以确定的各年的息税前利润见表2-16、表2-17。

表2-16 贡献式利润表（变动成本计算法） 单位：元

项目	第一年	第二年	第三年
销售收入	30 000	30 000	30 000
销售产品的制造成本：			
期初存货	0	0	4 000
本期产品生产成本	12 000	16 000	8 000
期末存货	0	4 000	0
合计	12 000	12 000	12 000
边际贡献（制造部分）	18 000	18 000	18 000
固定成本：			
固定制造费用	12 000	12 000	12 000
固定性销售与行政管理费	2 500	2 500	2 500
合计	14 500	14 500	14 500
息税前利润	3 500	3 500	3 500

表 2-17　　　　职能式利润表（完全成本计算法）　　　　单位：元

项目	第一年	第二年	第三年
销售收入	30 000	30 000	30 000
销售产品的制造成本：			
期初存货	0	0	7 000
本期产品生产成本	24 000	28 000	20 000
期末存货	0	7 000	0
合计	24 000	21 000	27 000
毛利	6 000	9 000	3 000
销售与行政管理费	2 500	2 500	2 500
息税前利润	3 500	6 500	500

从表2-16与表2-17可以看出，采用变动成本计算法据以确定的各年的息税前利润相等，都是3 500元。这是因为，采用这种成本计算法，各年的固定成本都作为当年的"期间成本"从产品的销售收入中扣减。而上例中，因各年的销量相等，其产品销售收入也相同；包括单位产品的变动成本和全年的固定成本的总成本也没有变动，因而据以确定的各年的息税前利润也完全一致。采用完全成本计算法，情况就有所不同，据以确定的息税前利润，第二年最多（6 500元），第三年最少（500元）。这是因为，第二年生产量（4 000件）大于销售量（3 000件），期末库存产成品"吸收"了固定成本3 000元（1 000×3），因而使第二年的产品销售成本减少了3 000元，息税前利润增加3 000元；第三年刚好相反，产品的生产量（2 000件）小于其销售量（3 000件），期初库存产成品中包括的第二年发生的固定成本（3 000元）转作第三年的销售成本，从而使该年的产品销售成本增加了3 000元，息税前利润也就减少了3 000元。

三、对变动成本计算法和完全成本计算法的评价

（一）变动成本计算法的优缺点

1.优点

（1）有利于企业正确地进行短期决策和加强经营控制。企业的短期决策不同于长期决策，这种决策一般不考虑生产经营能力因素，在比较各种方案时，企业最关心的是成本、产量、利润之间的依存和消长关系，而变动成本计算法正好可提供这些信息。

（2）使管理当局重视销售，防止盲目生产。采用完全成本计算法，很容易出现销量不升、利润上涨的反常情况。这容易助长只重视生产、忽视销售这种不良倾向。反之，采用变动成本计算法，利润与销售成正比，这就促使管理当局必须扩展销路，才能增加

利润。

（3）便于正确进行不同期间和不同部门的业绩评价。这里包含两层含义：一是指期间业绩评价。当采用完全成本计算法时，如果本期的生产能力得不到充分利用，单位成本就将随产量的下降而上升。当其中部分产品转入下期销售时，这种损失还会部分地转嫁到下期，从而减少下期的利润。反之，则会猛增下期的利润，使盈亏不能正确反映当期的工作成绩。而采用变动成本计算法时，就不会出现这种反常情况。二是指不同部门的业绩评价。一般情况下，变动成本的高低，可反映出生产部门和供应部门的工作业绩，有助于明确各部门的经济责任。

（4）有利于简化成本计算，避免固定成本分摊中的主观随意性。变动成本计算法把固定成本列为期间成本，从边际贡献总额中一次扣减，这样就可以省掉许多间接费用的分摊，大大简化计算手续，同时也避免了分摊中的主观随意性。

2.缺点

（1）不符合传统成本观念。传统成本观念认为，既然变动生产成本与固定生产成本都是产品生产时所必须支付的费用，就都应计入产品成本中去。变动成本计算法只将变动生产成本计入产品成本，而将固定生产成本作为期间成本从当期收入中扣减。

（2）不能完全适应长期决策的需要。长期决策不同于短期决策，它所要解决的是增加或减少生产能力，扩大或缩小经营规模等方面的问题，需要能提供若干年后也相对准确的数据作为预测决策依据。但由于受到技术进步和通货膨胀等因素的影响，单位变动成本和固定成本总额可能发生很大的变化。在这种情况下变动成本计算法就难以胜任了。

（3）改变成本计算法会影响有关方面的利益。一旦由以完全成本计算法为基础改为以变动成本计算法为基础编制对外财务报告，在存在期末存货的前提下，一般都会降低期末存货的成本，减少企业的当期利润，进而影响到征税机关的所得税收入和投资者的股利收益。

（二）完全成本计算法的优缺点

1.优点

（1）刺激企业加速发展生产的积极性。按照完全成本计算法，产量越大，则单位固定成本就越低，从而单位产品成本也随之降低，超额利润也越大。这在客观上会刺激管理当局充分利用生产经营能力，从而促进生产的发展。

（2）有利于企业编制对外财务报告。由于完全成本计算法得到公认会计原则的认可和支持，所以企业必须以完全成本计算法为基础编制对外财务报告。

2.缺点

（1）确定的分期损益难以适应企业内部管理的需要。

（2）固定成本分配具有一定的主观随意性。

任务 2.4 作业成本计算法

一、作业成本计算法的产生

随着高新技术得到广泛的应用，一种以作业量为成本分配基础，以作业为成本计算的基本对象，旨在为企业管理者提供更相关、准确的成本信息的完全成本计算方法——作业成本计算法应运而生。

二、什么是作业成本计算法

（一）作业成本计算法的概念

作业成本计算法，是指以“产品消耗作业，作业消耗资源”为原则，按照资源动因将资源费用追溯或分配至各项作业，计算出作业成本；然后再根据作业动因，将作业成本追溯或分配至各成本对象，最终完成产品成本计算的成本计算方法。

1.作业、作业链与价值链

作业（Active）：是指企业在生产经营过程中基于特定目的重复执行的各项独立并相互联系的活动。

作业链（Active Chain）：从产品设计到产品销售过程的整个生产经营过程，都是由一系列前后有序的作业构成的，这些作业由此及彼、由内到外相互连接，就形成了一条“作业链”。

价值链（Value Chain）：是企业作业链的价值表现。每一项作业的完成都需要消耗一定的资源，同时又有一定的价值量和产出转移到下一个作业。价值沿作业链在各作业之间转移，就构成了一条“价值链”。

2.资源

企业作业活动所耗费的人力、物力、财力都属于资源。企业执行任何一项作业，都要耗费一定的人力、物力或财力资源。

3.成本动因

成本动因（Cost Driver），是引起成本发生和变化的因素，也就是成本的驱动因素。成本动因是成本对象、作业、资源之间的关联中介。例如，直接材料成本随着产量的增加而增加，产量就是直接材料成本的成本动因；检验成本随着检验次数的增加而增加，检验次数就是检验成本的成本动因。

成本动因表现为资源动因与作业动因。资源动因，是指引起某项作业耗费资源数额的因素，是将资源分配给各项作业的基础。作业动因，是指引起某种产品所耗费作业数量的因素，是将作业成本分配到产品或产出的基础，反映作业耗用与最终产出的因果关系。

（二）作业的分类

1.按是否增加客户的价值，分为增值作业与非增值作业

增值作业（Value Added Activities）是指能带来用途或价值的改变的作业，是从客户角度来看能增加产品价值的作业。例如，服装加工厂的裁剪作业与缝纫作业，裁剪作业使布料转为裁片，缝纫作业使裁片转为服装，这两项作业都导致产品用途及价值的改变，属于增值作业。

非增值作业（Non-Value Added Activities）是指不能增加产品价值、即便消除也不会影响产品对顾客服务的潜能的作业，如检验作业，就属于无法直接带来经济效益的非增值作业。非增值作业又分为必要作业（如检验作业）和非必要作业（如仓储作业）。必要的非增值作业是企业生产经营不可缺少的环节，因此，从控制成本与优化生产流程的角度，企业应设法消除非必要的非增值作业。

2.按消耗对象，分为主要作业与次要作业

主要作业，是指被产品、服务或客户等最终成本对象消耗的作业。

次要作业，是指被原材料、主要作业等介于中间地位的成本对象消耗的作业。

3.按受益对象、层次与重要性，分为单位层级作业、批别层级作业、品种层级作业、设施层级作业

单位层级作业（Unit-Level Activity）是指使单个产品受益的作业。这类作业所耗用的成本随产品产量成正比例变动，如加工作业，其耗用的直接人工、直接材料、机器运转有关的动力成本等。

批别层级作业（Batch-Level Activity）是指使某一批产品（或服务）受益的作业。这类作业所耗用的成本随生产批次成正比例变动，如生产调度、机器准备、订单处理、原料准备、质量检验的成本等。

品种层级作业（Product-Level Activity）是指使某种产品（或服务）的每个单位都受益的作业。该类作业与品种的数量成正比例变动，如新产品设计、产品广告等。

设施层级作业（Facility-Level Activity）是指为提供生产产品（或服务）的基本能力而实施的作业。该类作业所耗用的成本与产品的种类和数量无关，是开展业务的基本条件，使所有产品（或服务）都受益，如针对企业整体的广告活动、行政人员工资、财产保险、通风、取暖、照明、厂房维修、人事管理的成本等。

（三）作业成本计算法与传统完全成本计算法的区别

作业成本计算法属于完全成本计算方法，该方法除了在最终成本计算对象上分配间接成本与完全成本计算法有所区别外，其他计算归集成本信息的过程与完全成本计算法相同。在传统成本计算中，对按成本中心归集的生产间接费用，为简化成本核算，一般选择一个主要的分配基础进行分配；而在作业成本计算法中，各作业中心归集的生产间接费用，分别根据各费用明细项目产生的原因（“成本动因”）逐一分配给各成本计算对象。即传统成本计算法对某成本中心的生产间接费用采用一个主要的分配基础分配到各成本计算对象，而作业成本计算法下，对某成本中心的生产间接费用采用多个分配基

础分配到各成本计算对象上。两者的分配流程分别如图2-13、图2-14所示。

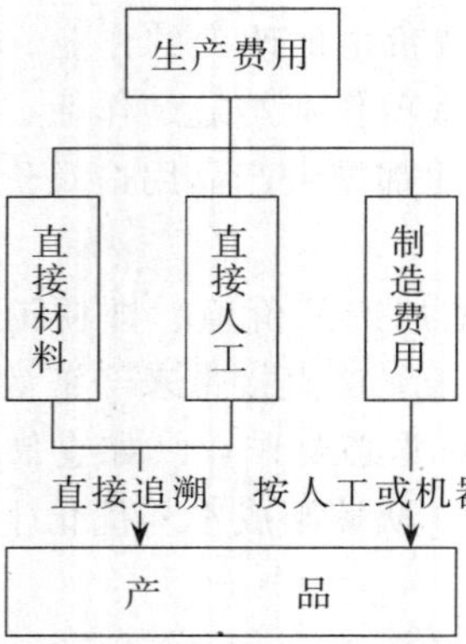

图2-13　传统成本计算法成本分配

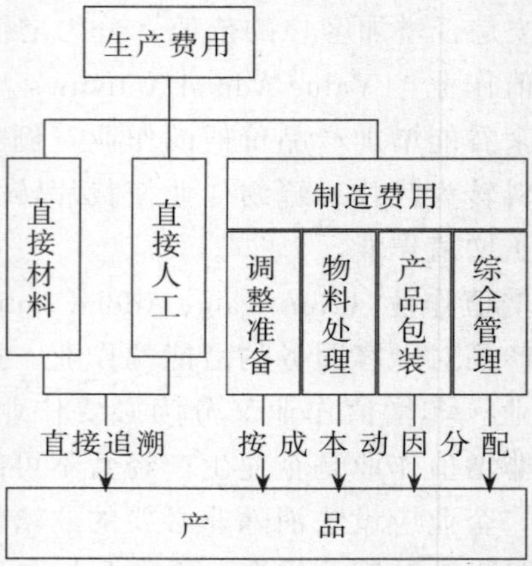

图2-14　作业成本计算法成本分配

作业成本计算法的特点表现在两个方面：一是缩小了制造费用的分配范围，由全厂（或车间）统一分配改为由若干个“成本库”分别进行分配；二是增加了分配标准，由单标准（直接人工工时或机器小时）分配改为多标准分配，即按引起制造费用发生的多种“成本动因”进行分配。

三、作业成本计算法的程序

（一）资源识别和资源耗费的确认与计量

识别出由企业所拥有和控制的全部资源，确认和计量全部资源费用，编制资源费用清单，为资源费用的追溯或分配奠定基础。资源费用清单通常应该分部门列示当期发生的所有资源费用，其内容要素一般包括发生部门、费用性质、所属类别、受益对象等。

（二）确认主要作业

作业的确认非常简单，仅仅需要询问经理人员或基层员工“你做的是什么工作”便可获知。一个企业作业的种类很多，如果将所有的作业都放入作业成本管理系统，肯定不符合成本效益原则，作业成本管理系统中最终作业的确定，需要管理会计师的专业判断，国外成功运行的作业成本管理系统，其确定的作业主要包括采购、客户订单处理、质量控制、生产控制、生产准备、加工制造、材料处理、维修等。

（三）将资源费用按资源动因分配给作业

资源费用可以通过直接分配或估计的方法分配给作业。直接分配即按客观、真实的尺度来对资源进行计量，测算作业所消耗的资源的实际数额。例如，机器运转所耗用的电费可以通过查电表，将其耗费直接分配到机器运转作业中。在缺乏或很难获取直接分配基准的情况下，往往采用调查和询问的方式来估计作业所消耗的经营资源成本。

资源动因分配率=资源费用÷各作业消耗的资源动因数量

分配到某作业成本库中的该项资源费用=该作业成本库各作业消耗的资源动因数量×资源动因分配率

某作业成本库耗用的资源费用=∑(该作业成本库各作业消耗的资源动因数量 × 资源动因分配率)

【例2-15】某公司8月份人工费支出为120 000元，其主要作业可以划分为采购、材料处理、加工和质检，从事上述4项作业的人数分别为3人、9人、5人、3人。

要求：计算每项作业的人工成本。

【解析】

上述的资源消耗为120 000元，资源动因为作业人数，则：

资源动因（人工费）分配率=120 000÷（3+9+5+3）=6 000

采购作业分配的人工费用=3×6 000=18 000（元）

材料处理作业分配的人工费用=9×6 000=54 000（元）

加工作业分配的人工费用=5×6 000=30 000（元）

质检作业分配的人工费用=3×6 000=18 000（元）

（四）按作业动因将作业成本分配给最终产品

作业动因是各项作业被最终产品消耗的方式和主要原因。例如，调整准备作业的作业动因是调整准备次数，质量检验作业的作业动因是检验小时。

作业动因分配率=作业成本÷该作业动因总量

分配到某产品的作业成本=该产品耗用的作业动因量×作业动因分配率

某产品耗用的作业成本=∑(该产品耗用的作业动因量 × 作业动因分配率)

【例2-16】某公司8月份采购作业中心支出为30 000元，该公司生产甲、乙、丙三种产品，采购次数分别为1次、2次、3次。

要求：计算甲、乙、丙三种产品分配的采购作业成本。

【解析】

作业动因为采购次数，成本计算对象为甲、乙、丙三种产品，则：

作业动因分配率=30 000÷（1+2+3）=5 000

甲产品分配的采购作业成本=1×5 000=5 000（元）

乙产品分配的采购作业成本=2×5 000=10 000（元）

丙产品分配的采购作业成本=3×5 000=15 000（元）

（五）计算产品成本

作业成本计算法的目标是计算最终产品的成本。将直接材料成本、直接人工成本与分配给某产品的各作业成本库分摊的制造费用加总，计算出最终产品成本。

同步任务2-6——练一练

1.某公司2021年12月作业A与作业B有两项资源耗费，人工工时总消耗为2 000小时（其中作业A消耗800小时，作业B消耗1 200小时），人工费用支出为14 000元；材料的耗费为500千克（其中作业A耗费300千克，作业B耗费200千克），材料耗费的总成本为10 000元。

要求：计算作业A和作业B的成本。

2.某公司生产甲、乙两种产品，有材料整理、质量检验、机器调试、使用机器4项作业，与制造费用相关的作业、成本及其他资料见表2-18。

表2-18 作业、成本资料表

产品	材料整理（批数）	质量检验（次数）	机器测试（次数）	机器使用（小时数）
甲	15	10	50	30
乙	35	20	70	50
制造费用（元）	15 000	3 000	24 000	16 000

要求：

（1）确认每一项作业的成本动因并计算各项作业的费用分配率。

（2）将制造费用分配给甲、乙产品。

四、作业成本计算法案例

【例2-17】 宏达公司生产A、B、C三种电子产品，产品B工艺最简单，产品C工艺最复杂。公司设有一个生产车间，主要工序包括零部件排序准备、自动插件、手工插件、压焊、技术冲洗及烘干、质量检测与包装，原材料与零部件均外购。该企业当月制造费用总额为3 714 000元。宏达公司一直采用传统成本计算法计算产品成本。有关产品生产基本数据见表2-19。

表2-19 产品生产基本数据表

项目	产品A	产品B	产品C
产　量（件）	40 000	20 000	8 000
班　次（个）	4	1	10
直接材料（元/件）	90	50	20
直接人工工时（小时/件）	4	3	2
每变换一个班次准备时间（小时）	10	10	10
装配工时（小时/件）	1.25	1	2
直接人工工资率（元/小时）	20	20	20
准备人工工时成本（元/小时）	20	20	20

根据上述资料，用传统成本计算法计算A、B、C三种产品的单位成本，计算步骤如下：

1.计算综合性的预计制造费用分配率。

各产品预计的直接人工小时：

产品A：40 000×4=160 000（小时）

产品B：20 000×3=60 000（小时）

产品C：8 000×2=16 000（小时）

直接人工小时合计：236 000小时

综合性的预计制造费用分配率=3 714 000÷236 000=15.74

2.各产品单位成本的计算见表2-20。

表2-20　**单位成本计算表**　单位：元

项目	产品A	产品B	产品C
直接材料	90	50	20
直接人工	80（20×4）	60（20×3）	40（20×2）
制造费用	62.96（15.74×4）	47.22（15.74×3）	31.48（15.74×2）
合　　计	232.96	157.22	91.48

现假设该公司采用成本加成定价法作为企业的定价策略，并按成本的25%加成作为目标售价，则各产品的实际售价将分别定为：291.2元、196.525元、114.35元。但这样的计算结果令企业管理当局十分困惑，产品A按目标售价正常出售；市场上与产品B相类似的产品单位售价仅为180元，若宏达公司也按此价格出售，将无法弥补各项销售管理费用而产生亏损；产品C的订单特别多，即便将价格提高到200元，现有生产能力也仍然不能满足市场需求。因此宏达公司决定采用更为精确的作业成本计算法。

【例2-18】继续使用上例中的数据，公司在对制造费用做出详细分析后，将生产过程中的作业分为7个作业中心，各作业中心全年的作业成本见表2-21。

表2-21　**各作业中心作业成本表**

制造费用	金额（元）	制造费用	金额（元）
装配	1 212 600	产品包装	250 000
调整准备	3 000	工程处理	700 000
物料处理	620 000	综合管理	507 400
质量保证	421 000	合计	3 714 000

将以上制造费用按作业的成本动因归属于各层次的成本库，其结果是：

（1）单位层级的成本库："装配"1 212 600元。

（2）批别层级的成本库："调整准备"3 000元；"物料处理"620 000元；"质量保证"421 000元；"产品包装"25 0000元。

（3）品种层级的成本库："工程处理"700 000元。

（4）设施层级的成本库："综合管理"507 400元。

各作业成本库的成本动因见表2-22。

表2-22　　成本动因分配表

制造费用	成本动因	作业量			
		产品A	产品B	产品C	合计
装配	机器小时（小时）	50 000	20 000	16 000	86 000
调整准备	准备次数（批次）	4	1	10	15
物料处理	材料移动（次数）	30	7	63	100
质量保证	检验小时（小时）	2 000	1 000	2 000	5 000
产品包装	包装次数（次）	600	80	1 320	2 000
工程处理	工程处理时间（小时）	900	500	600	2 000
综合管理	直接人工（小时）	160 000	60 000	16 000	236 000

单位产品各项间接费用的分配见表2-23。

表2-23　　产品间接费用分配表

"装配"成本：

产品A：1 212 600÷86 000×1.25=17.625（元/件）

产品B：1 212 600÷86 000×1=14.1（元/件）

产品C：1 212 600÷86 000×2=28.2（元/件）

"调整准备"成本：

产品A：3 000×4÷15÷40 000=0.02（元/件）

产品B：3 000×1÷15÷20 000=0.01（元/件）

产品C：3 000×10÷15÷8 000=0.25（元/件）

"物料处理"成本：

产品A：620 000×30÷100÷40 000=4.65（元/件）

产品B：620 000×7÷100÷20 000=2.17（元/件）

产品C：620 000×63÷100÷8 000=48.825（元/件）

"质量保证"成本：

产品A：421 000×2 000÷5 000÷40 000=4.21（元/件）

产品B：421 000×1 000÷5 000÷20 000=4.21（元/件）

产品C：421 000×2 000÷5 000÷8 000=21.05（元/件）

续表

“产品包装”成本：
产品A：250 000×600÷2 000÷40 000=1.875（元/件） 产品B：250 000×80÷2 000÷20 000=0.5（元/件） 产品C：250 000×1 320÷2 000÷8 000=20.625（元/件）
“工程处理”成本：
产品A：700 000×900÷2 000÷40 000=7.875（元/件） 产品B：700 000×500÷2 000÷20 000=8.75（元/件） 产品C：700 000×600÷2 000÷8 000=26.25（元/件）
“综合管理”成本：
产品A：507 400÷236 000×4=8.6（元/件） 产品B：507 400÷236 000×3=6.45（元/件） 产品C：507 400÷236 000×2=4.3（元/件）

综合上述有关资料，可得出用作业成本计算法计算的产品A、B、C的单位成本，见表2-24。

表2-24 **产品单位成本计算表**

项目	产品A	产品B	产品C
直接材料（元）	90	50	20
直接人工（元）	80 （20×4）	60 （20×3）	40 （20×2）
制造费用（元）			
单位层级：			
装配	17.625	14.1	28.2
批别层级：			
调整准备	0.02	0.01	0.25
物料处理	4.65	2.17	48.825
质量保证	4.21	4.21	21.05
产品包装	1.875	0.5	20.625
品种层级：			
工程处理	7.875	8.75	26.25
设施层级：			
综合管理	8.6	6.45	4.3
合计	214.855	146.19	209.50

比较传统成本计算法与作业成本计算法两种成本计算法所得到的单位成本，可以看出，在作业成本计算法下，产品A、B的单位成本均有所降低，产品C的单位成本大大提高。其原因在于，传统成本法下全部制造费用均按直接人工小时分摊；但事实上并非所有产品的成本动因都是人工小时，少量生产的工序复杂的C产品，在物料处理、工程处理等方面的成本更高，而传统成本计算将企业发生的总成本中产品C应负担的部分转嫁给产品A、B负担，造成了成本指标的严重歪曲，对企业以成本为基础所进行的各项营运决策（特别是产品定价决策）会产生严重的误导。

五、作业成本计算法的优点与缺点

作业成本计算法的基本思路，是在资源消耗和产品生产之间引入一个中介——作业。作业成本计算法与传统成本计算的具体方法如品种法、分批法、分步法并不冲突，作业成本计算法可与上述具体方法配合使用。只是在制造费用的分配方面，作业成本计算法将归集对象由生产部门，改为更细的作业活动，并按各类作业活动分别选择适当的分摊基础。另外，非制造成本分摊至产品是品种法、分批法、分步法没有考虑的因素，而作业成本计算法的作业，也可以是非制造作业，如各种销售作业活动、管理作业活动等，因此，作业成本计算法甚至能够提供将企业全部成本耗费对象化到产品的完全成本信息。作业成本计算法的具体优缺点分析如下。

（一）优点

1.成本计算的精确性、完整性

（1）成本计算的精确性。在作业成本计算法下，将间接成本按作业活动分为各种成本库，各自选择适当的成本动因作为分摊作业成本的基础，计算产品成本，这样能够反映生产所耗用的资源，从而使产品的成本计算更为精确。

（2）成本计算的完整性。企业的作业活动不限于生产，按作业活动分摊及归集的产品成本，涵盖企业的全部耗费，包括生产耗费与非生产耗费，使成本信息更为完整，与定价、生产、销售等决策的相关性更强，有利于企业做出最优决策。

2.更有利于成本的规划与控制

（1）有利于资源规划。通过分析作业成本及相关成本，管理人员可以了解公司资源运用的情况，以及各项作业成本的高低，有助于进行妥善的资源规划，并尽量选择成本较低的作业以满足顾客的需求。

（2）有利于成本控制。在作业成本计算法下，成本动因是引发作业成本的主要原因，因此人们可以通过对成本动因的管理而有效地控制成本。并且，通过各项作业成本的归集，管理人员可以找出无附加价值的非增值活动，并尽可能减少或消除此类活动。例如，工厂中由于厂区、设备规划不当而造成的原材料、零部件或半成品等在各工序之间的搬运而发生的成本，无助于产品价值的增加，此类活动或作业就应当减少或消除。

（3）有利于责任成本划分。作业成本计算法的实施还可以使责任成本归属更加明确，使管理上的问题更易发现而得到及时改进。例如，由相关人员协商制定各项作业成本的预计分摊率，以各项作业成本的实际成本和预计成本比较，就可以发现发生问题的作业及其责任人或责任单位。

（二）缺点

1.不易划分作业活动

一个企业作业的种类很多，将公司整体的经营活动都仔细划分为不同的作业往往需要花费巨大的费用和人力。因此，如何适当地将企业活动划分为适量的作业中心，需要管理者仔细衡量。

2.不易确认成本的动因

有一些作业活动的成本动因不容易确认，必须依赖人为的主观判断。

3.实施的效益未必高于成本

对作业项目繁杂或产品种类多样的公司来说，实施作业成本计算法所耗费的作业度量成本、账务处理成本等，很可能超过其效益，这就需要评估实施作业成本计算法的可行性。

典型案例2-1　解析明远公司下属工厂的利润差异

明远公司于2022年1月1日开业。公司旗下有两个生产厂，一个在A市，一个在B市。两家工厂按固定售价将它们的产品转移到位于A市的中央仓库。A市工厂的经理小心谨慎地执行公司指令，而B市工厂的经理则喜欢自行其是。

2022年1月1日至2022年12月31日，两家工厂的有关资料见表2-25。

表2-25　**A、B市工厂产销情况表**

项目	A市工厂	B市工厂
生产量（件）	10 000	30 000
销售量（件）	10 000	10 000
单价（元）	12	12
产品制造成本		
直接材料（每件4元）	40 000	120 000
直接人工（每件3元）	30 000	90 000
变动制造费用（每件2元）	20 000	60 000
固定制造费用（元）	50 000	50 000
制造成本合计（元）	140 000	320 000
利润表		
销售收入（元）	120 000	120 000
销售成本（元）	140 000	106 667
利润（亏损）	（20 000）	13 333

公司的总经理对这两家工厂的不同经营成果非常关心，因为这两家工厂的销售量相同。他希望你能够通过上述数据，解释两家工厂利润不同的原因。

假定两家工厂期初存货均为0。

要求：

1.试确定两家工厂计算固定制造费用分配率的产量基础。

2.确认包含在利润表中的存货价值。

3.以10 000件产量为基础，重新确定B市工厂固定制造费用分配率，并重新编制该利润表，表中要清晰地反映产成品期末存货价值，以及多（或少）分配固定制造费用的调整数。

4.采用变动成本计算法重新编制两家工厂的利润表。

5.解释为什么会出现与资料不同的计算结果，并根据结果，提出适当的建议。

典型案例2-2　解析星海公司A产品两个型号的利润差异

星海公司制造的产品A有两个型号——标准型号与豪华型号。该两个型号的详细资料见表2-26。

表2-26　**标准型号与豪华型号相关资料表**

项目	标准型号	豪华型号
年销售量（件）	12 000	12 000
每件售价（元）	130	174
每批件数（件）	1 000	50
每件所需工时（小时）	2	2.5
每小时工资率（元）	16	16
每件所需材料成本（元）	44	64
每件所需特别零件数量（个）	1	4
每批所需设置次数（次）	1	3
每批所需发出材料次数（次）	1	1
每年发出的销售发票数目（张）	50	240

近年来，星海公司一直尝试说服购买标准型号的客户转为购买豪华型号。星海公司所编制的表2-27间接制造费用分析表提供了以下资料。

要求：

1.使用下列方法，计算标准与豪华两个型号的每件利润和销售利润率。

（1）传统的以人工工时为分配标准的间接制造费用分配法；

（2）作业成本计算法。

2.根据1的计算结果，提出对管理部门的建议。

表2-27 **间接制造费用分析表** 单位：元

作业活动	间接制造费用	成本动因
设置成本	146 400	设置次数
特别零部件处理成本	120 000	特别零部件数量
出具发票成本	58 000	发票数量
材料处理成本	126 000	材料发出次数
其他间接费用	216 000	工时
合计	666 400	

3.简单描述一家公司在什么情况下采用作业成本计算法会有好处，并简述其可能产生的问题。

典型案例2-1

参考答案

典型案例2-2

参考答案

巩固与练习

一、判断题

1.成本性态是指成本总额与特定业务量之间的依存关系。 (　　)

2.在相关范围内，固定成本总额与单位变动成本都具有不变性。 (　　)

3.不论业务量如何变化，固定成本总额固定不变，而变动成本总额则总是随业务量变动成正比例变动。 (　　)

4.管理当局的短期决策可以影响当期的酌量性固定成本，但不能影响当期的约束性固定成本。 (　　)

5.在一定的条件下，混合成本可以用一元直线方程来模拟。 (　　)

6.在成本水平波动频繁的企业，运用高低点法分解混合成本没有实际意义。 (　　)

7.成本性态分析是变动成本计算法运用的前提条件。 (　　)

8.固定生产成本在相关范围内，它的发生与各期业务量的多少无关，它只是定期创造可供利用的生产能力，因而与期间的关系更为密切，应当作为期间成本处理。 (　　)

9.只要有固定生产成本存在，按完全成本法计算的本期销货成本及期末存货成本就一定大于按变动成本计算法计算的本期销货成本及期末存货成本。 (　　)

10.息税前利润的变动趋势应该直接与销售量的变动趋势相联系，而这一规律只有在变动成本计算法下才能得到充分体现。 (　　)

11.在完全成本计算法下，销售量和生产量对利润的计算均有影响。 (　　)

12.在变动成本计算法下，固定生产成本要在存货和销货之间分配，使一部分固定生产成本被期末存货吸收递延到下期，另一部分固定生产成本作为当期销货成本计入当

期损益。 ( )

13.当期末存货量为零，而期初存货量不为零时，完全成本计算法确定的息税前利润小于变动成本计算法确定的息税前利润。 ( )

14.新制造环境下，成本构成发生重大变化，变动成本计算法将由于不能反映产品生产耗费的基本面貌而失去其存在的实际意义。 ( )

15.作业成本计算法也属于完全成本计算法，但它比传统的完全成本计算法更精确，更有利于成本的规划与控制。 ( )

16.作业成本计算法的基本思路是产品消耗资源，资源消耗作业。 ( )

17.作业成本计算法比传统方法具有更大的优越性，因而，企业所有的间接费用都应当采用作业成本计算法计算归集。 ( )

18.成本动因与作业之间并非一对一的关系，同一个作业的成本动因往往不止一个，而一个成本动因也可以支持多个作业。 ( )

二、单项选择题

1.在相关范围内，当业务量发生变化时，单位变动成本将（ ）。

A.成正比例变化　　B.成反比例变化

C.固定不变　　D.降低

2.将全部成本分为固定成本、变动成本和混合成本所采用的分类标志是（ ）。

A.成本的目标　　B.成本的可辨认性

C.成本的经济用途　　D.成本的性态

3.下列成本项目中不属于固定成本的是（ ）。

A.广告费　　B.管理人员工资

C.计件工资形式下生产工人的工资　　D.房屋租赁费

4.下列成本项目中不属于约束性固定成本的是（ ）。

A.折旧费用　　B.管理人员工资

C.经营性租赁费　　D.融资租赁费

5.企业的电话费及水、电、煤气等费用属于（ ）。

A.半固定成本　　B.半变动成本

C.延期变动成本　　D.曲线式混合成本

6.企业的某项人工费用由正常工作日的固定薪酬和计时的加班浮动薪酬构成，则该人工耗费属于（ ）。

A.半固定成本　　B.半变动成本

C.延期变动成本　　D.曲线式混合成本

7.甲企业每月产量在1 000件以内时，需要化验员两名，在此基础上，每增加产量400件，需增加一名化验员。此种情况下，化验员的工资属于（ ）。

A.半固定成本　　B.半变动成本

C.延期变动成本　　D.曲线式混合成本

8.同一时期内同一成本项目在不同企业之间具有不同的性态，这是因为由于相关范围的存在而使得成本具有（　　）。

A.暂时性　　B.相对性

C.可转化性　　D.变动性

9.变动成本计算法中的产品成本是指（　　）。

A.固定生产成本　　B.变动生产成本

C.固定非生产成本　　D.变动非生产成本

10.某企业一年中产量最高月份的产量为50件，混合成本800元，产量最低月份的产量为35件，混合成本500元，则以高低点法计算的混合成本中的单位变动成本为（　　）。

A.50元　　B.35元

C.20元　　D.15元

11.变动成本计算法提供信息的主要特点是（　　）。

A.能满足对外提供报表的需要

B.更符合传统的成本概念

C.更符合配比原则，更易于被管理部门理解与掌握

D.使得销货成本及存货成本的计算更为合理

12.变动成本计算法下的本期销货成本计算公式是（　　）。

A.本期单位完全生产成本×本期销量

B.本期单位变动生产成本×本期销量

C.期初存货成本+本期生产成本-期末存货成本

D.本期单位变动生产成本×（期初存货量+本期生产量-期末存货量）

13.贡献式利润表的中间指标是边际贡献，传统式利润表的中间指标是（　　）。

A.营业利润　　B.营业净利润

C.营业毛利　　D.营业成本

14.完全成本计算法与变动成本计算法在计算产品生产成本时主要差异在（　　）。

A .变动制造费用　　B.变动推销及管理费用

C .固定制造费用　　D.固定推销及管理费用

15.用变动成本计算法计算产品成本时，对固定制造费用的处理是（　　）。

A.不将其作为费用

B.将其作为期间费用，全额列入利润表

C.将其作为期间费用，部分列入利润表

D.在单位产品间分摊

16.在售价和成本水平不变的前提下，本期销售量比上期减少时，如果按变动成本计算法确定息税前利润，本期与上期相比将（　　）。

A.增加　　B.减少

C.可能增加也可能减少　　D.没有变化

17.不论是作业成本计算法还是传统成本计算法，其成本计算的目的是确定（　　）。

A.直接费用（成本）　　B.间接费用（成本）

C.产品成本　　D.作业成本

18.作业成本计算法的理论核心和主要创新在于对（　　）的确认与应用，这是实施该方法最重要的一步，也是最困难的一步。

A.作业　　B.成本动因　　C.作业链　　D.间接费用

三、多项选择题

1.下列成本项目中属于变动成本的有（　　）。

A.原材料费　　B.外部加工费

C.动力费　　D.计时工资形式下的生产工人工资

2.变动成本的特点是（　　）。

A.总额的不变性　　B.总额的正比例变动性

C.单位变动成本的不变性　　D.单位变动成本的反比例变动性

3.（　　）可以用一个直线方程 $y=a+bx$ 来模拟。

A.固定成本　　B.半变动成本

C.低坡式混合成本　　D.递减型混合成本

4.由于相关范围的存在，使得固定成本和变动成本都具有（　　）。

A.暂时性　　B.相对性

C.可转化性　　D.变动性

5.成本性态分析的历史资料法包括（　　）。

A.高低点法　　B.散布图法

C.直接分析法　　D.回归直线法

6.变动成本计算法是按贡献式损益确定程序计量损益的一种成本计算模式，它基于的理由有（　　）。

A.产品成本只包括变动生产成本

B.产品成本包括变动生产成本和固定生产成本

C.固定生产成本应当作为期间成本处理

D.变动生产成本与固定生产成本均应当作为期间成本处理

7.降低固定成本的可行途径有（　　）。

A.通过增加产量相对降低约束性固定成本

B.通过增加产量相对降低酌量性固定成本

C.通过财务决策绝对降低约束性固定成本

D.通过财务决策绝对降低酌量性固定成本

8.在完全成本计算法下，影响计入当期损益固定制造费用数额的有（　　）。

A.当期发生的全部固定制造费用数额　　B.期末存货水平

C.期初存货水平　　D.当期营业收入水平

9.变动成本计算法与完全成本计算法共同的产品成本内容有（　　）。

A.变动制造费用　　B.直接材料

C.直接人工　　D.制造费用

10.作业成本计算法与传统方法的区别主要包括（　　）。

A.成本的最终计算对象不同　　B.成本计算步骤（程序）不同

C.费用分配标准不同　　D.提供的成本信息不同

四、计算分析题

1.某企业的设备维修费属于混合成本，资料见表2-28。

表2-28　**企业机器工时与维修费用表**

月份	机器工作小时	维修费（元）
1	8 500	3 700
2	7 500	3 500
3	9 000	3 800
4	9 500	3 900
5	10 000	4 000
6	11 000	4 200
7	10 500	4 000
8	9 500	3 800
9	11 500	4 200
10	12 000	4 300
11	13 000	4 500
12	12 500	4 400

要求：

（1）用高低点法分解混合成本。

（2）假定下年1月机器工作小时是12 000小时，设备维修费将是多少？

（3）用回归直线法分解混合成本，并预测下年1月的设备维修费。

2.某厂甲产品本年12个月中高低点产量及其生产成本数据见表2-29。

表2-29　**甲产品高低点产量和生产成本表**

项目	最高点（10月）	最低点（3月）
产量（件）	140 000	80 000
生产成本（元）	400 000	280 000

生产成本由固定成本、变动成本和混合成本三部分组成。公司对低点的生产成本进行了分解：变动成本为120 000元，固定成本为80 000元，混合成本为80 000元。

要求：

（1）用高低点法对混合成本进行分解，并建立数学模型。

（2）用高低点法对生产成本进行分解，并建立数学模型。

（3）当产量为12 600件时，预测其生产成本。

3.假设某公司只产销一种产品，2022年度共生产10 000件，销售8 000件，期初无存货。全年共发生：直接材料40 000元，直接人工30 000元，变动制造费用10 000元，固定制造费用50 000元，推销及管理费用20 000元（全部为固定成本）。该年度产品的售价为16元。

要求：

（1）分别采用变动成本计算法和完全成本计算法计算该产品的单位成本。

（2）分别计算两种成本计算法下的息税前利润（可不编利润表，直接计算）。

（3）说明两种成本计算法下息税前利润不相等的原因。

4.设某企业只产销一种产品，这种产品的单位售价为10元。每个年度的正常生产和销售量为40 000件，以年正常生产量为基础确定的产品单位成本为8.9元，其具体组成如下：

单位产品直接材料4.00元，单位产品直接人工3.00元，单位产品变动制造费用1.00元，全年固定制造费用36 000元，单位变动销售及管理费用0.50元，全年固定销售及管理费用10 000元。

假设生产中没有发生成本差异，2020年年初无库存。存货的计价采用先进先出法，2020年至2022年各年的生产量和销售量如下：

2020年，生产40 000件，销售40 000件。

2021年，生产45 000件，销售40 000件。

2022年，生产35 000件，销售40 000件。

要求：

（1）根据上述资料，分别采用完全成本计算法和变动成本计算法编制利润表。

（2）具体说明采用两种方法计算所确定的2020年、2021年和2022年的息税前利润产生差异的原因，并加以验证。

5.某公司生产A、B两种产品，有关成本资料见表2-30。

要求：

（1）企业一直按直接人工工时分配生产间接费用。请根据上述资料按传统成本计算方法计算两种产品的总成本和单位成本。

（2）现假设企业采用作业成本计算法计算产品成本。经分析，企业的间接生产费用中，生产计划成本与操作准备成本的主要成本动因是生产周期数量；材料处理成本的主要成本动因是领料单数。有关成本动因数据见表2-31所示。

表2-30 **A、B产品成本表** 金额单位：元

<table>
<tr><th colspan="2">项目</th><th>产品A</th><th>产品B</th></tr>
<tr><td colspan="2">产量</td><td>6 000</td><td>2 000</td></tr>
<tr><td colspan="2">每件产品材料成本</td><td>20</td><td>15</td></tr>
<tr><td colspan="2">每件产品单位人工工时</td><td>2</td><td>1</td></tr>
<tr><td colspan="2">单位人工成本</td><td colspan="2">7元/工时</td></tr>
<tr><td rowspan="4">生产间接费用</td><td>生产计划成本</td><td colspan="2">25 000</td></tr>
<tr><td>操作准备成本</td><td colspan="2">10 000</td></tr>
<tr><td>材料处理成本</td><td colspan="2">20 000</td></tr>
<tr><td>合计</td><td colspan="2">55 000</td></tr>
</table>

表2-31 **A、B产品成本动因表**

项目	产品A	产品B
领料单数	3 000	2 000
生产周期数量	3	1

采用作业成本计算法分配间接生产费用并计算两种产品的总成本与单位成本。

项目自测

项目2 自测

请扫码完成项目2自测，并填写项目自测表，自行评价成绩，见表2-32。

表2-32 **项目自测表**

题型	分值	自测成绩	错题编号
一、判断题（10题）	20分		
二、单选题（10题）	20分		
三、多选题（8题）	24分		
四、计算分析题（3题）	36分		

项目2学习报告

班级：　　　　　　姓名：　　　　　　学号：　　　　　　成绩：

学习目标	学习要点

知识目标

请完成成本性态及其计量思维导图，如图2-15所示。

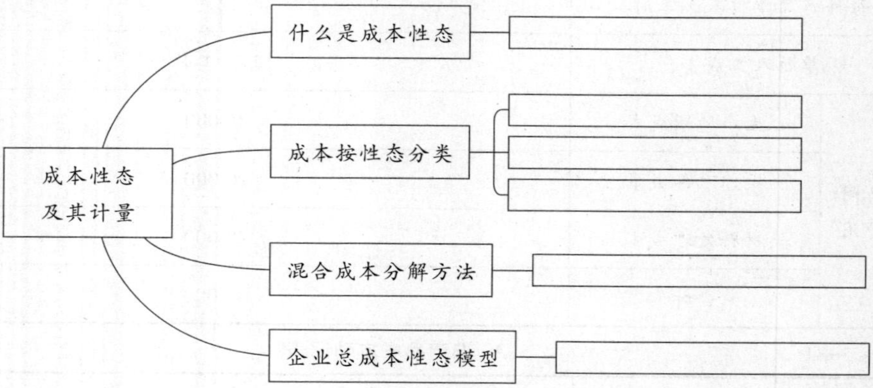

图2-15　成本性态及其计量思维导图

技能目标

请完成以下比较表的填写，见表2-33。

表2-33　　变动成本计算法与完全成本计算法对比表

项目	变动成本计算法	完全成本计算法
理论依据		
应用前提条件		
产品成本构成内容		
存货估价及成本流程		
分期损益差额验证公式		

素养目标

成本计算方法与不断发展的生产力水平相适应，满足利润核算以及企业内部控制等方面的共同需要，历经从完全成本计算法到变动成本计算法，再到作业成本计算法的演进。请结合我国企业实际应用案例，谈谈你对成本计算方法演进历程的理解。

项目 3

战略管理——运筹帷幄，决胜千里

思政引领

“运筹帷幄之中，决胜千里之外。”——《史记·高祖本纪》

解释：很有才智的人无须上阵，只要身在军营帷帐中做好战略部署，就能在千里之外的前方战场上取得胜利。

在当今竞争激烈的市场上，企业必须通过制定并实施战略规划来谋求生存，实现可持续发展。“企业战略规划+过程的执行=最终的经济绩效”，企业战略是否科学，将在极大程度上决定企业的最终经济绩效。战略管理工作是一项复杂的，具有全局性和循环性的工作，它是包括战略分析、战略制定、战略实施、战略评价和控制、战略调整的动态循环管理过程，具体步骤如图3-1所示。

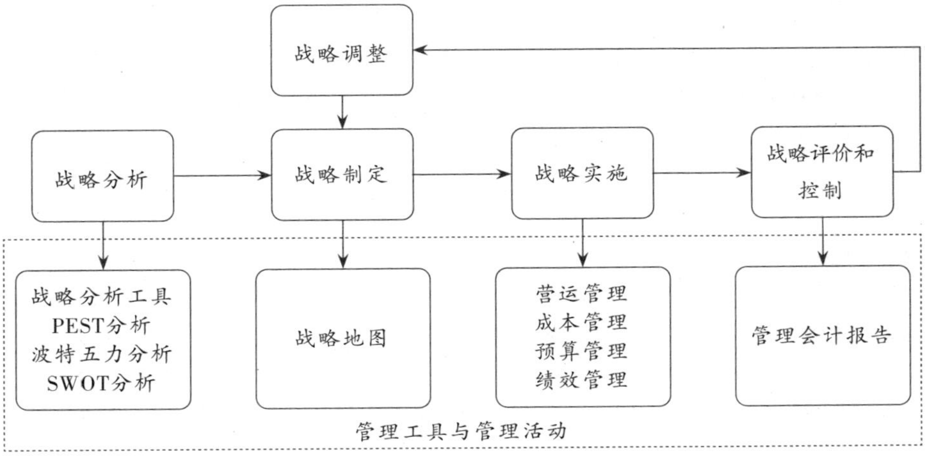

图3-1 战略管理工作流程

战略是面向未来的，但企业制定战略，不是制定未来的战略，而是制定当前的战略，正是当前的战略，引导企业走向未来。进行战略管理，需要厘清“环境-战略-经济绩效”之间的逻辑关系。战略管理始于环境分析（战略分析），起于战略规划（战略制定），重在过程执行（战略实施），最终形成经济绩效结果（战略评价和控制），在这个全局性的复杂动态管理过程中，涉及企业各项管理活动，应用各种管理会计工具。作为肩负价值创造使命的未来管理会计师，同学们不仅需要掌握扎实的专业知识与专业技能，还必须对所在行业有着独特的认识，培养自己敏锐的战略思维、精准的决断力，不断激发自身潜力，提升自己的综合能力，敢于迎接挑战，使自己具备为企业制订、实施、评价战略发展方案的能力。

关键词

关键词解析

战略管理

关键词解析

战略地图

重点与难点

1. 掌握战略的定义和分类。
2. 战略管理的含义和程序。
3. 战略地图的定义和绘制。
4. 战略地图和平衡计分卡之间的关系。

项目导图

导入案例

G公司是国内最大的电器制造商之一，产业涉及空调、冰箱、洗衣机、电饭煲等各类家用电器，2015年更是高调宣布进军手机领域。在当年股东大会上，很多股东订购了G手机。拿到手机之后，某股东给出的评价是："对喜欢G系家电产品的用户是个福利，但是对普通手机用户的吸引力并不大。"G手机曾以1 200元价格进行内部销售，情况并不理想。一位公司的内部员工反映："现在G手机还没开始卖，之前有一部分是送人，让他们进行体验、测试。手机还在测试阶段。"

2015年5月，G公司董事长曾表示，G手机已经在门店售卖。市场上却迟迟未见G手机的踪影。在眼下的手机市场上，G手机的配置就是个大问题。从目前来看，G公司内部员工都很难对这款手机提起兴趣。上述内部员工说："这款手机性能太差，送给我就要，让我买，就算了。"

另外，G公司管理层还对外表示，2015年销售量达不到5 000万台是因为公司的产能达不到。然而，事实是G手机的生产线已经调试好了，只是在等待手机测试完成，进行量产。G手机生产线上一位内部员工透露，设备都是现成的，没有特别高端的设备，这些设备也可以满足手机量产。但是G手机的生产线并没有启用，目前手机主要是由深圳的代工厂商卓翼负责生产。

就算G手机量产，也很难有一个乐观的销售量。IDC预测，2015年中国智能手机市场出货量为4.5亿部，同比增长仅为7.8%左右。这一数据只有2014年19.9%的一半。而且在千元机市场里，还有配置更好、更受市场认可的小米、酷派、华为等手机厂商。

要求：(1) 请回答公司决定进入手机领域是什么层次的战略。(2) 请回答公司实施战略采用的是哪种方式。(3) 请分析公司战略失败的原因是什么。

(1) 公司决定进入手机领域是业务单位层次的战略，因为手机对于G公司而言属于新生的产品，原材料的购进、产品生产、产品销售和产品售后都是新的生产流程。公司内部将手机作为单独的产品事业部进行管理，所以公司进入手机领域是业务单位层次的战略。

(2) 公司实施战略采用的是内部发展这种方式，因为G公司为生产手机购入了新的生产线，而没有去并购其他企业或者与其他企业形成联盟。

(3) 公司战略失败的原因是没有做好内外部环境的分析，错误判断了自身能力和外部形势。

本项目将介绍企业战略管理的基本概念、战略管理程序，以及企业战略制定的工具——战略地图。从企业未来发展的角度来看，战略表现为一种计划（Plan）；从企业过去发展历程的角度来看，战略则表现为一种模式（Pattern）；从产业层次来看，战略表现为一种定位（Position）；从企业层次来看，战略则表现为一种观念（Perspective）；此外，战略也表现为企业在竞争中采用的一种计谋（Ploy）。企业战略管理体系的设计，其实质是围绕企业的三个核心问题进行细化设计的过程，这三个核心问题分别是：企业在哪里？企业去哪里？何时行动？“企业在哪里”明晰企业的位置与企业的优劣所在；“企业去哪里”是企业的未来发展方向；“何时行动”指出企业什么时间怎样行动才能战胜竞争对手。

任务3.1 战略管理概述

一、战略与战略管理

（一）什么是战略

“战略”一词源于军事，是指军事家们对战争全局的规划和指挥。1962年，美国学者钱德勒（A.D. Chandler）在其《战略与结构》一书中，将战略定义为“确定企业基本长期目标、选择行动途径和为实现这些目标进行资源分配”。这标志着“战略”一词被正式引入企业经营管理领域，由此形成了企业战略的概念。

我国《管理会计应用指引第100号——战略管理》指出：战略是指企业从全局考虑做出的长远性谋划。

（二）战略管理

“战略管理”一词，最早出现在伊戈尔·安索夫于1976年出版的《从战略规划到战略管理》一书中。世界范围内对于战略管理的解释并没有达成一致，大概分为两类。一类是以安索夫为代表的广义战略管理，广义的战略管理是指运用战略对整个企业进行管理。另一类是以斯坦纳为代表的狭义战略管理，狭义的战略管理是指对战略的制定、实施、控制和修正进行的管理。在这两类中居主流地位的是狭义的战略管理。

我国《管理会计应用指引第100号——战略管理》指出：战略管理是指对企业全局的、长远的发展方向、目标、任务和政策，以及资源配置做出决策和管理的过程。

二、战略的层次

企业战略一般分为三个层次，包括总体战略、业务单位战略和职能战略，如图3-2所示。

（一）总体战略

总体战略又称公司层战略。当公司拥有一种以上业务就需要总体战略。其主要强调两个方面的问题：一是“公司应拥有怎样的业务（事业）组合？”它需要从公司全局出发，根据外部环境的变化及企业的内部条件，确定企业的使命与目标，选择企业可以竞争的经营领域；二是“怎样管理这些业务（事业）组合？”即决定每一种业务（事业）在组织中的地位，在不同的业务（事业）单位之间如何分配资源以及选择何种成长方向，以实现公司整体的战略意图。总体战略常常涉及企业财务结构和组织结构方面的问题。

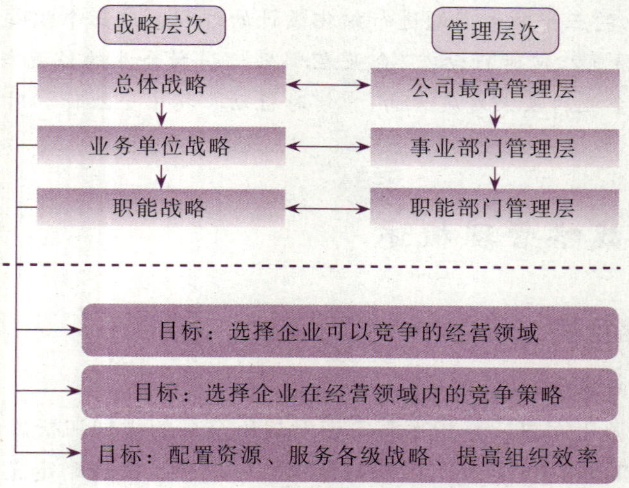

图3-2　企业战略的结构层次及各层次战略目标

（二）业务单位战略

公司的二级战略称为业务单位战略或竞争战略。当一个组织从事多种不同业务（事业）时，制定业务单位战略更便于计划和控制。业务单位战略代表一种单一的事业或相关业务组合，每个业务单位应当有自己独特的使命和竞争对手，这使得每个业务单位有自己独立于公司其他业务单位的战略。

业务单位战略涉及各业务单位的主管及辅助人员。经理人员的主要任务是将公司战略所包括的企业目标、发展方向和措施具体化，形成本业务具体的竞争与经营战略。业务单位战略要针对不断变化的外部环境，在各自的经营领域中有效竞争。为了保证企业的竞争优势，各业务单位要有效地进行资源的分配和使用。

对一家单业务公司来说，总体战略和业务单位战略是相同的，即合二为一；只有对多元化的公司来说，总体战略和业务单位战略的区分才有意义。

（三）职能战略

职能战略，又称职能层战略，主要涉及企业内各职能部门。职能战略回答这样的问题：我们如何支持业务单位战略？其内容比业务单位战略更为详细、具体，聚焦于如何更好地配置企业内部资源，为各级战略服务，提高组织效率。其作用是使总体战略与业务单位战略的内容得到具体落实，并使各项职能部门之间协调一致，通常包括营销战略、人事战略、财务战略、生产战略、研发战略等。

各职能部门的主要任务不同，关键变量也不同，即使在同一职能部门中，关键变量的重要性也因经营条件不同而有所变化，因而难以归纳出一般性的职能战略。在职能战略中，协同作用具有非常重要的意义。这种协同作用首先体现在单个职能中各种活动的协调性与一致性，其次体现在各个不同职能战略和业务流程或活动之间的协调性与一致性。

三个层次的战略都是企业战略管理的重要组成部分，但其侧重点和影响的范围有所不同。总体战略倾向于总体价值取向，以抽象概念为基础，主要由企业高层管理者制定；业务单位战略主要就本业务部门的某一具体业务进行战略规划，主要由业务部门领导层负责；职能战略主要涉及具体执行和操作问题。

总体战略、业务单位战略与职能战略一起构成了企业战略体系。在企业内部，企业战略管理各个层次之间是相互联系、相互配合的。企业每一层次的战略都为下一层次战略提供方向，并构成下一层次的战略环境；每层战略又为上一层战略目标的实现提供保障和支持。所以，企业要实现其总体战略目标，必须将三个层次的战略有效地结合起来。

三、战略管理的特点

（一）战略管理是企业的综合性管理

战略管理是以企业的全局为对象，根据企业总体发展的需要而制定的。它管理的是企业的总体活动，追求的是企业的总体效果。

（二）战略管理是企业的高层次管理

战略管理的核心是对企业现在及未来的整体经营活动进行规划和管理，它是一种关系到企业长远生存发展的管理。与企业的日常管理和职能管理不同，战略管理必须由企业的高层领导来推动和实施。

（三）战略管理是企业的一种动态性管理

战略管理的目的是依据企业内部条件和外部因素制定并实施战略决策和战略方案，以实现战略目标。而企业的内外部条件和因素总是不断变化的，因此，企业战略管理活动应具有动态性，即对企业内外部各种条件和因素的变化进行适当调整或变更。

（四）战略管理是企业的一项效能性管理

企业职能部门考虑的主要是如何把事情做正确以提高效率，而战略管理部门考虑的主要是企业发展的方向、目标和途径，做正确的事以改进效能。

四、战略管理的原则

（一）目标可行原则

企业设定战略目标，应具有一定的前瞻性和适当的挑战性。在操作中的具体要求是：企业的战略目标必须是通过一定努力可以实现的，而且长期目标与短期目标应有效衔接。

（二）资源匹配原则

高层管理者应根据各业务部门与战略目标的匹配程度进行资源配置。在操作中具体要求：一是要调度与筹集充足的资源；二是要统筹规划，根据各部门承担的战略目标，配置相应的资源。

（三）责任落实原则

企业应将战略目标落实到具体的责任中心和责任人，将战略目标分解落实为各责任中心及其负责人的关键性指标并予以考核，构成不同层级彼此相连的战略目标责任圈。

（四）协同管理原则

企业是一个整体，局部战略与整体战略应协调一致，形成合力，达到“1+1>2”的协同效应。为此，企业应以实现战略目标为核心，考虑不同责任中心业务目标之间的有效协同，加强各部门之间的协同管理，有效提高资源使用的效率和效果。

五、战略管理的程序

企业战略管理是围绕战略制定和战略实施而展开的一系列活动和动态管理过程，一般包括确定企业的使命和目标、战略分析、战略制定和选择、战略实施、战略评价和控制、战略调整等程序，如图3-3所示。

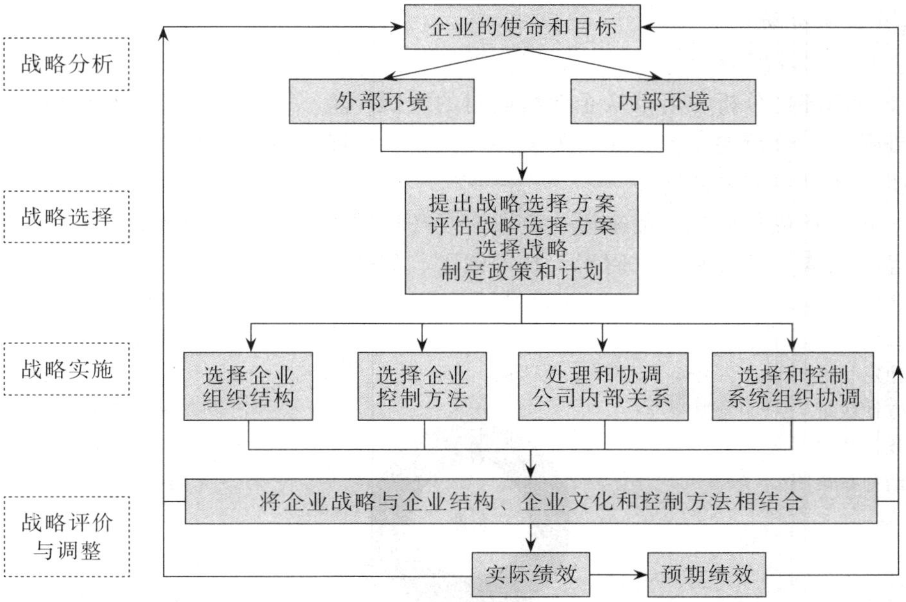

图3-3 企业战略管理程序

（一）确定企业的使命和目标

战略管理的第一步是确定企业的使命和目标。

企业的使命是指企业在社会经济发展中应担当的角色和责任，是企业的根本性质和存在理由，为企业战略管理者确定企业战略目标、选择战略、制定政策、有效利用资源提供方向性指导。企业的使命又分为三个方面：经营目的、经营宗旨和经营哲学。作为营利组织的企业，其经营目的就是营利；企业的经营宗旨旨在阐述企业的长期经营战略意向，主要说明企业目前和未来所从事的经营业务范围；企业的经营哲学则是企业为其经营活动确立的价值观、基本信念和行为准则，是企业文化的高度概括。通俗地说，企业的使命主要解决“我们为谁服务？提供哪些服务？”的问题，体现企业家认识的社会责任、企业责任和服务顾客的责任。

企业的目标是一个体系。建立目标体系就是将企业的使命转换为明确具体的业绩标准，从而使企业的进展有一个可以测度的标准。从整个企业的角度来看，企业需要建立两种类型的业绩标准：和财务有关的业绩标准以及和战略相关的业绩标准。获取良好的财务业绩和战略业绩要求企业管理层既建立财务目标体系又建立战略目标体系。

从通俗角度理解，使命是利他的，目标是利己的。例如，华为的使命是“聚焦客户关注的挑战和压力，提供有竞争力的通信解决方案和服务，持续为客户创造最大价值”。目标则可能为“通信行业全球第一”。李宁公司的使命是：“致力于专业体育用品的创造，让运动改变我们的生活，唤起民族自信，昂然立足世界。”其根据使命确定的目标是：“打造一个充满运动员精神的品牌，一个来自中国的全球性品牌。成为体育用品世界五强。”

（二）战略分析

1.企业外部环境分析

企业外部环境分析，可以从企业所面对的宏观环境、产业环境、竞争环境几个方面进行。外部环境分析要了解企业所处的环境正在发生哪些变化，这些变化将给企业带来更多的机会还是更多的威胁。

（1）宏观环境分析。一般来说，企业宏观环境因素可以概括为四类，即政治和法律因素、经济因素、社会和文化因素、技术因素，如图3-4所示。

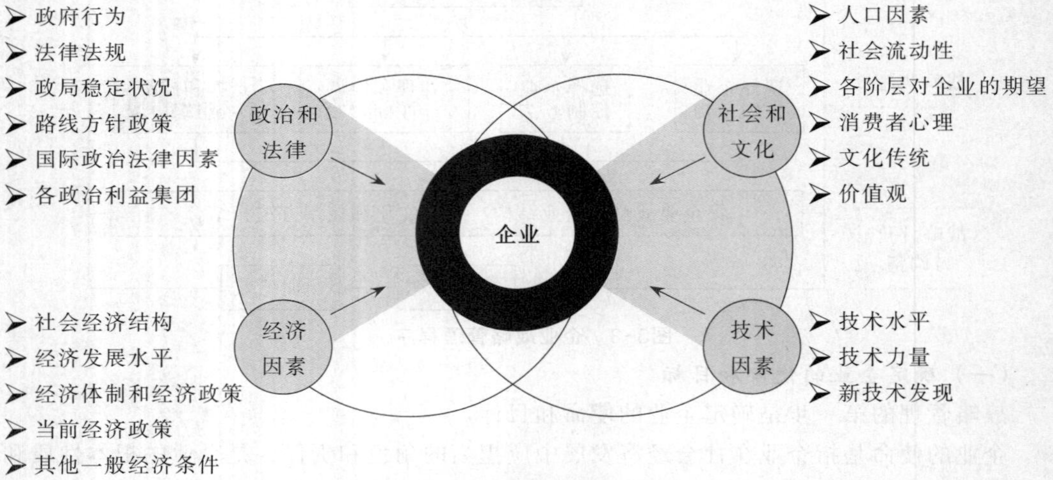

图3-4　宏观环境分析

（2）产业环境分析。企业的产业环境分析就是对企业所处的产业进行分析，分析方法一般包括产品生命周期、产业五种竞争力和成功关键因素分析等。

产品生命周期包括导入期、成长期、成熟期和衰退期4个阶段。这些阶段以产品销售额增长率曲线的拐点划分。产品的增长曲线会由于新产品的创新和推广而呈“S”形。

波特在《竞争战略》一书中提出，在每一个产业中都存在五种基本力量，即潜在进入者、替代品、购买者、供应者与现有竞争者间的抗衡。在一个产业中，这五种力量共同决定产业竞争的强度以及产业利润率，最强的一种或几种力量占据着统治地位并且从战略形成角度来看起着关键作用。

成功关键因素是指企业在特定市场获得盈利必须拥有的技能和资产。成功关键因素涉及的是每一个产业成员所必须擅长的东西。例如，在服装生产企业，其成功关键因素是吸引人的设计、色彩组合以及低成本制造效率等。

（3）竞争环境分析。竞争环境分析包括两个方面：一是从个别企业视角去观察分析竞争对手的实力，二是从产业竞争结构视角观察分析企业所面对的竞争格局。对竞争对手的分析有四个方面的主要内容，即竞争对手的未来目标、假设、现行战略和潜在能力。

企业的竞争格局一般通过战略群组的划分来加以研究。所谓战略群组，是指某一个产业中在某一战略方面采用相同或相似战略，或具有相同战略特征的各公司组成的集团。如果产业中所有的公司基本认可相同的战略，则该产业中就只有一个战略群组。一般来说，在一个产业中仅有几个战略群组，它们采用特征完全不同的战略。战略群组分析有助于企业了解相对于其他企业而言本企业的战略地位以及战略变化对竞争的影响。

2.企业内部环境分析

通过企业内部环境分析，企业可以决定“能够做什么”，即企业拥有的独特资源与能力所能支持的行为。企业内部环境分析的方法主要包括企业资源能力分析、价值链分析和业务组合分析。

（1）企业资源能力分析。在学习该种分析方法之前，我们要确定什么是企业资源。企业资源主要包括有形资源、无形资源和人力资源。企业资源分析的目的在于识别企业的资源状况、企业资源方面所表现出来的优势和劣势，以及企业资源对未来战略目标制定和实施的影响。

企业能力是指企业配置资源，发挥其生产和竞争作用的能力，它包括研发能力、生产管理能力、营销能力、财务能力和组织管理能力等方面。企业能力源于有形资源、无形资源和组织资源的整合，是企业各种资源有机结合的结果。

（2）价值链分析。波特认为，企业每项生产经营活动都是其创造价值的经济活动。那么，企业所有的互不相同但又相互关联的生产经营活动，便构成了创造价值的一个动态过程，即价值链。价值链把企业活动进行分解，通过考虑这些单个的活动本身及其相互之间的关系来确定企业的竞争优势。

价值链将企业的生产经营活动分为基本活动和支持活动。基本活动是指生产经营的实战性活动，包括内部后勤、生产经营、外部后勤、市场销售和服务五种活动。支持活动又称辅助活动，是指支持基本活动而且内部之间又相互支持的活动，包括采购、技术开发、人力资源管理和企业基础设施等。

价值链分析的关键是要认识到企业不是机器、货币和人员的随机组合，如果不将这些资源有效地组织起来，生产出最终顾客认为有价值的产品或服务，那么这些资源将毫无价值。

（3）业务组合分析。价值链分析有助于对企业能力进行考察，这种能力来源于独立的产品、服务或业务单位。对多元化经营的企业来说，还需要将企业的资源和能力作为一个整体来考虑。因此，企业战略能力分析的另一个重要组成部分就是对企业业务组合进行分析，保证业务组合的优化是企业战略管理的主要责任。波士顿矩阵分析法与通用矩阵分析法是企业业务组合分析的主要方法。

3.SWOT分析

SWOT分析是一种综合考虑企业内部条件和外部环境的各种因素，进行系统评价，从而选择最佳经营战略的方法。这里，S是指企业内部的优势（Strengths），W是指企业内部的劣势（Weakness），O是指企业外部环境的机会（Opportunities），T是指企业外部环境的威胁（Threats）。

企业内部的优势和劣势是相对于竞争对手而言的，一般表现在企业的资金、技术设备、员工素质、产品、市场、管理技能等方面。判断企业内部的优势和劣势一般有两项标准：一是单项的优势和劣势。例如，企业资金雄厚，则在资金上占优势；市场占有率低，则在市场上处于劣势。二是综合的优势和劣势。评估企业的综合优势和劣势，应选定一些重要因素，加以评价打分，然后根据其重要程度用加权平均法加以确定。

企业外部环境的机会是指环境中对企业有利的因素，如政府支持、高新技术的应用、与购买者和供应者良好的关系等。企业外部环境的威胁是指环境中对企业不利的因素，如新竞争对手的出现、市场增长缓慢、购买者和供应者讨价还价能力增强、技术老化等。

（三）战略制定和选择

1.战略制定

战略制定是指企业根据使命、目标和环境分析情况，选择和设定战略目标的过程。在制定战略过程中，可供选择的方案越多越好。根据不同层次管理人员介入战略分析和战略选择工作的程度，可以将战略制定的方法分为三种：

（1）自上而下的方法，即先由企业总部的高层管理人员制定企业的总体战略，然后由下属各部门根据自身的实际情况将企业的总体战略具体化，形成系统的战略方案。

（2）自下而上的方法，即在制定战略时，企业最高管理层对下属部门不作具体规定，而要求各部门积极提交战略方案。企业最高管理层在各部门提交的战略方案基础上，加以协调和平衡，对各部门的战略方案进行必要的修改后加以确认。

（3）上下结合的方法，即企业最高管理层和下属各部门的管理人员共同参与，通过上下级管理人员的沟通和磋商，制定出适宜的战略。

以上三种方法的主要区别在于战略制定中对集权与分权程度的把握不同。企业可以从对企业整体目标的保障、中下层管理人员积极性的发挥，以及企业各部门战略方案的协调等多个角度考虑，选择适宜的战略制定方法。

2.评估战略备选方案

评估备选方案通常使用三个标准：

（1）适宜性标准。考虑选择的战略是否发挥了企业的优势，克服了劣势，是否利用了机会，将威胁削弱到最低程度，是否有助于企业实现目标。

（2）可接受性标准。考虑选择的战略能否被企业利益相关者所接受，实际上并不存在最佳的、符合各方利益的统一标准，经理们和利益相关团体的不同价值观和期望在很大程度上影响着战略的选择。

（3）可行性标准。对战略的评估最终还要落实到战略收益、风险和可行性分析的财务指标上。

3.选择战略

选择战略即最终的战略决策，确定准备实施的战略。如果由于使用多个指标对多个战略方案的评价产生不一致的结果，最终的战略选择可以考虑以下几种方法：

（1）根据企业目标选择战略。企业目标是企业使命的具体体现，因而，选择对实现企业目标最有利的战略方案。

（2）提交上级管理部门审批。对于中下层机构的战略方案，提交上级管理部门能够使最终选择方案更加符合企业整体战略目标。

（3）聘请外部机构。聘请外部咨询专家进行战略选择工作，专家们有广博的知识和丰富的经验，能够提供比较客观的建议。

4.战略政策和计划

选择战略后，企业应制定研究与开发、资本需求和人力资源等方面的政策和计划。

（四）战略实施

战略实施就是将企业的战略目标变成现实的管理过程。制定战略只是战略管理的开始，实施和贯彻战略才是最关键的阶段。企业应加强战略管控，结合战略地图、价值链管理等多种管理会计工具方法，将战略实施的关键业务流程化，并落实到企业现有的业务流程中，确保企业高效率和高效益地实现战略目标。

战略实施要解决以下几个主要问题：

（1）确定和建立一个有效的组织结构。确定和建立组织结构涉及如何分配企业内的工作职责范围和决策权力，例如，企业的管理结构是高长型还是扁平型；决策权力集中还是分散；企业的组织结构类型能否适应公司战略的定位等。

（2）保证人员和制度的有效管理。人力资源的管理和科学的管理体制关系到战略实施的成功与失败。

（3）正确处理和协调公司内部关系。企业内部各种团体有其各自的利益要求和目标，而许多要求是互相冲突的，这些冲突可能会导致争斗和结盟。在企业战略实施过程中必须正确把握和对待各种内部关系和内部活动。

（4）选择适当的组织协调和控制系统。战略实施离不开企业内各单位的集体行动和协调，企业必须确定采用什么标准来评价各下属单位的效益，控制它们的行动。

（5）协调好企业战略、结构、文化和控制诸方面的关系。

（五）战略评价和控制

战略评价和控制，是指企业在战略实施过程中，通过检测战略实施进展情况，评价战略执行效果，审视战略的科学性和有效性，不断调整战略举措，以达到预期目标。

1.战略评价

战略评价也称战略评估，是战略实施阶段的活动之一，管理者通过对影响并反映战略管理质量的各要素的总结和分析，判断战略是否实现预期目标。企业主要应从以下几个方面进行战略评价：战略是否适应企业的内外部环境；战略是否达到有效的资源配置；风险程度是否可以接受；战略实施的时间和进度是否恰当。

在实际操作中，战略评估一般分为事前评估、事中评估和事后评估三个层次。

事前评估，即战略分析评估，它是一种对企业所处现状环境的评估，其目的是发现最佳机遇。

事中评估，即战略选择评估，它是在战略执行过程中进行的，是对战略执行情况与战略目标差异的及时获取和及时处理，是一种动态评估，属于事中控制。

事后评估，即战略绩效评估，它是在期末对战略目标完成情况的分析、评价和预测，是一种综合评估，属于事后控制。

2.战略控制

战略控制是指在企业经营战略的实施过程中，检查企业为达到目标所进行的各项活动的进展情况，评价实施企业战略后的企业绩效，与既定的战略目标和绩效标准相比较，发现差距，分析产生偏差的原因，纠正偏差，使企业战略的实施更好地与企业当前所处的内外部环境、企业目标协调一致，使企业战略目标得以实现。

（六）战略调整

战略调整，是指根据企业情况的发展变化和战略评价结果，对所制定的战略及时进行调整，以保证战略有效指导企业经营管理活动。战略调整一般包括调整企业的愿景、长期发展方向、战略目标及战略举措等。战略调整是一种特殊的决策，是对企业过去战略决策的追踪。这种追踪决策受到企业核心能力、企业家的行为以及企业文化等因素的影响。企业经营过程是某种核心能力的形成和利用过程，企业核心能力的拥有及利用不仅决定着企业活动的效率，而且决定着企业或战略调整方向与线路的选择。决策的本质特征决定了战略调整也是在一系列的备选方案中进行选择，这种选择在一定意义上是经营者行为选择的直接映照。企业文化则对上述选择过程以及选择确定后实施过程中人的行为产生重要的影响。

任务 3.2　绘制战略地图

一、战略地图的概念

（一）什么是战略地图

战略管理时代，企业的经营活动必须以战略为导向，但是战略一般都比较抽象，如何将抽象的战略转化为企业具体行动呢？战略地图就是一个描述企业战略、从而化战略为行动的工具。战略地图，是指为描述企业各维度战略目标之间因果关系而绘制的可视化的战略因果关系图。战略地图通常以平衡计分卡的四个维度（财务、客户、内部业务流程、学习与成长）为主要内容，通过分析各维度的相互关系，绘制战略因果关系图。

平衡计分卡包括财务、客户、内部业务流程、学习与成长四个维度，但由于平衡计分卡是一个开放性框架，因此，企业可根据自身情况对各维度的名称、内容等进行修改和调整。战略地图在企业战略的引导下，从财务、客户、内部业务流程、学习与成长维度定义公司的目标，并通过明晰这几个维度目标之间的因果关系，以绘图方式来描述企业的战略，从而能够让企业以一种连贯、完整和系统的方式来审视自己的战略。战略地图的核心内容包括：企业通过运用人力资本、信息资本和组织资本等无形资产（学习与成长维度），创新和建立战略优势和效率（内部业务流程维度），进而使公司把特定价值带给市场（客户维度），从而实现股东价值（财务维度）。以平衡计分卡四个维度为主要内容的战略地图如图3-5所示。

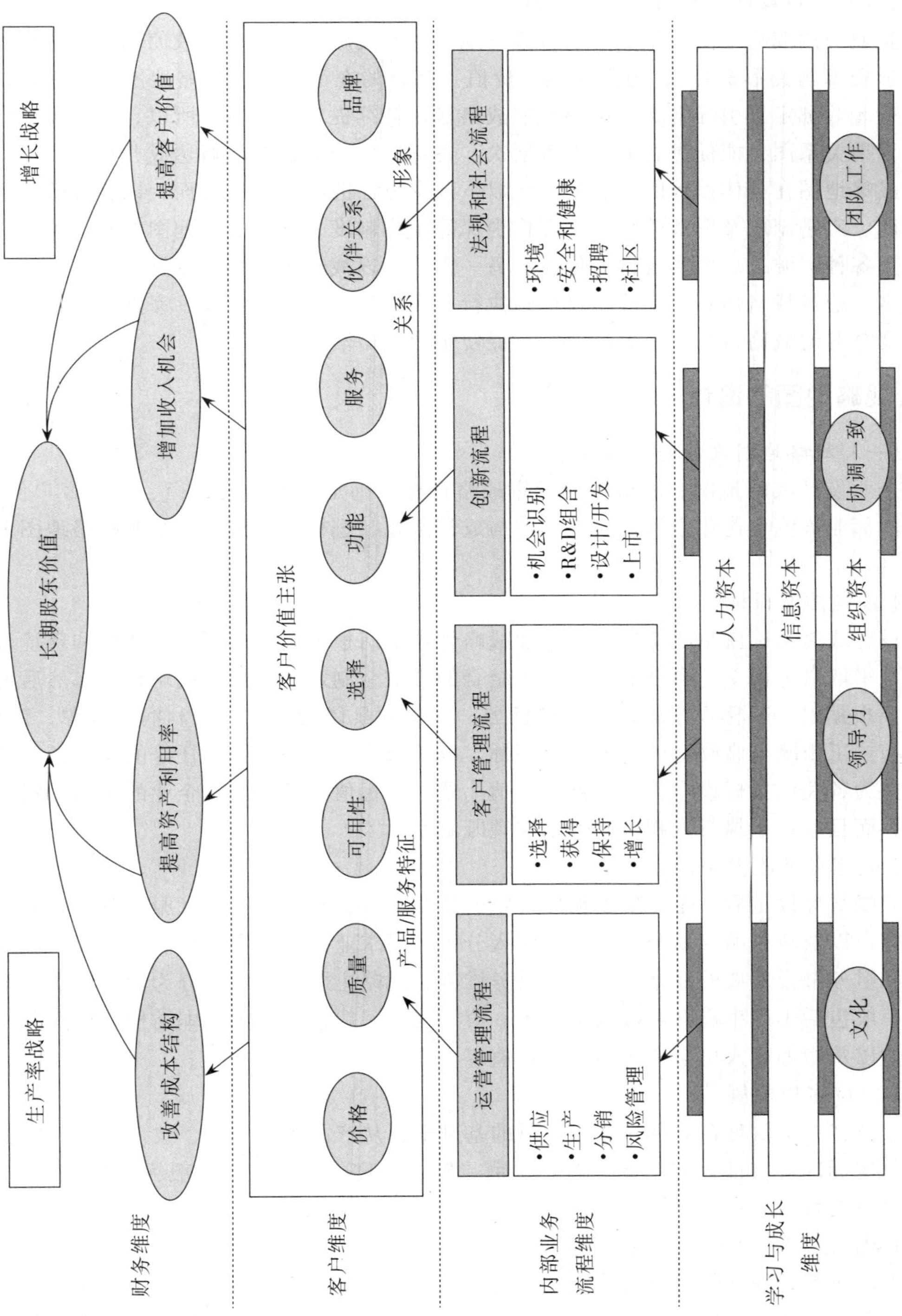

图3-5 以平衡计分卡四个维度为主要内容的战略地图

（二）应用战略地图的重点与目的

企业应用战略地图的重点是通过战略地图的有关路径设计，有效使用各项资源（包括有形资源与无形资源），为企业创造价值。其目的在于，通过战略地图，将战略目标与执行有效绑定，引导各责任中心按照战略目标持续提升其绩效。所以，这种可视化的战略因果关系图，能促进企业内部各层次、各责任中心对企业战略达成共识。

战略地图在具体设计时，需要关注以下两个方面的问题：一方面，以管理政策、管控制度、激励制度及资源管理制度等作为保障工作制度，设计战略地图的有关路径，有效使用各种资源，高效实现价值创造；另一方面，以战略目标与企业目标实现有效融合为根本，通过战略地图绑定战略目标与执行，引导各责任中心连续、完整和系统地审视和实现企业的战略目标，并提高业绩，促使企业战略落地。

二、战略地图的设计

（一）战略地图设计的基本程序

企业设计战略地图，一般按照设定战略目标、确定业务改善路径、定位客户价值、确定内部业务流程优化主题、确定学习与成长主题、进行资源配置、绘制战略地图七个程序进行。

1.设定战略目标

设定战略目标就是战略制定。企业战略管理部门根据确定的愿景、使命和环境分析情况，采取自上而下、自下而上或上下结合的方法，制定企业层的战略目标。然后各部门需要根据这一目标设定本部门战略任务，并将其具体为一套包括利润、资源、生产、市场与员工报酬与激励等的财务关键指标，以及遵守法规和社会责任等的非财务关键指标，并为各关键指标设定目标（预测）值。这种目标值不仅应与本企业的可利用资源相匹配，而且应利于执行人积极有效地实现既定目标。

2.确定业务改善路径

战略目标设定后，企业应根据已设定的战略目标，对现有客户（服务对象）和可能的新客户以及新产品（新服务）进行深入分析，寻求业务改善和增长的最佳路径，提取业务和财务融合发展的战略主题。在财务维度，战略主题一般可划分为两个层次：第一层次一般包括生产率提升和收入增长等；第二层次一般包括改善成本结构、提高资产利用率，以及增加收入机会和提高客户价值等。

3.定位客户价值

定位客户价值是在对现有客户分析的基础上，从产品服务质量、技术领先、售后服务和稳定标准等方面确定、调整客户价值。客户维度的战略主题一般为增加客户体验、改善营销关系、品牌形象提升等。

4.确定内部业务流程优化主题

内部业务流程优化主题的确定，首先，根据业务提升路径和服务定位，梳理业务流程及关键增值活动，分析行业关键成功要素和内部营运管理流程；其次，从内部业务流程的营运管理流程、创新流程、客户管理流程、遵守法规和社会责任流程等角度确定战略主题，并将业务战略主题进行分类归纳，制订战略方案。

5.确定学习与成长主题

企业应根据业务提升路径和服务定位，深入分析创新和人力资本等各种无形资源在创造价值中的独特作用，识别成功关键因素。相应地，在激励制度创新、信息系统创新和智力资本利用创新等方面确定学习与成长的主题，为财务、客户、内部业务流程维度的战略主题和关键绩效指标（Key Performance Indicator，KPI）提供有力支撑。

6.进行资源配置

任何战略的实施，都需要各种资源的支出。企业确定了各维度的战略主题后，就应根据各维度的战略主题，系统分析各种资源（包括有形资源和无形资源）的战略匹配度，对各主题进行战略资源配置，做好资源保障工作。同时应关注企业人力资源、信息资源、组织资源等在资源配置中的定位和价值创造中的独特作用，充分发挥各种资源的效用。

7.绘制战略地图

企业可应用平衡计分卡的四维度绘制战略地图，以图形方式展示企业的战略目标及实现战略目标的关键路径。具体绘制程序如下：

（1）确立战略地图的总体主题。总体主题是对企业整体战略目标的描述，应清晰表达企业愿景和战略目标，并与财务维度的战略主题和KPI对接。

（2）根据企业的具体管理情境或管理需求，分别确定四个维度的名称。把确定的四个维度战略主题对应画入各自战略地图内，每一主题可以通过若干KPI进行描述。

（3）用路径线连接各个维度的战略主题和KPI，形成战略主题和KPI相连的战略地图。

根据上述程序绘制的战略地图是企业整体的战略地图。由于战略地图篇幅有限，企业所属的各责任中心的战略主题、KPI相应的战略举措、资源配置等信息一般无法全部绘制到一张图上，一般采用绘制对应关系表或另外绘制下一层级责任中心的战略地图等方式来展现其战略因果关系。战略地图的绘制流程如图3-6所示。

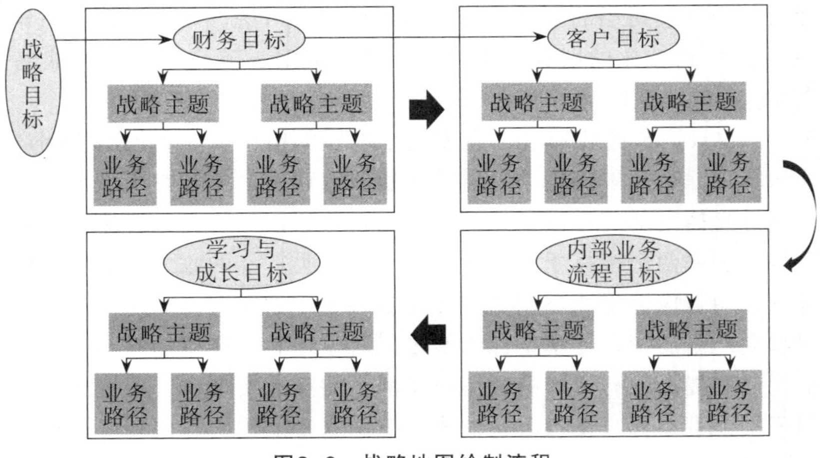

图3-6 战略地图绘制流程

（二）GL公司战略地图设计

1.GL公司的概况

GL公司的核心业务是空调的生产和销售。为了适应竞争环境，进入21世纪，GL公司开始进行多元化经营。除了主业生产销售空调以外，开始进军电饭煲、豆浆机和电磁炉等家用小电器领域。但是GL公司在产品竞争中遇到了不少问题，最为突出的问题是空调销售达到瓶颈，市场占有率基本与往年持平，而家用小电器销售情况始终达不到预期，毛利率下降，电器行业老大的位置大有被赶超之势。GL公司利用PEST、SWOT和企业资源能力等分析模型对公司内外部情况进行了分析，发现了外部的机会和威胁，以及自身的优势和劣势，重新描述和定义了公司的使命和目标。并利用战略地图中所划分的四个维度，绘制了可视化的、动态的战略地图。接下来让我们看一下GL公司是如何一步一步绘制战略地图的。

2.战略地图的绘制过程

（1）根据公司战略目标，设定财务目标，确定业务改善路径，提取业务与财务战略主题，绘制财务目标下的策略图。

面对空调销售增长缓慢，家用小电器销售始终打不开局面，毛利率下降，行业龙头老大位置不保的情况，GL公司认为市场竞争激烈、自身资源没有得到有效利用，以及员工士气低下是公司陷入窘境的根本原因。为此，公司对以下内容做了具体分析：一是分析实现企业价值的路径是提高生产率战略还是收入增长战略；二是分析如果采取收入增长战略，是增加收入机会还是提高现有客户的价值，如果采取提高生产率的战略，是创造成本优势还是提高客户价值；三是如果采取上述策略，企业应该采取哪些具体措施；四是这些具体措施应该分别使用哪些具体业务指标来评价，以保证措施能够得到有效的执行，并实现既定的策略目标；五是企业采取的关键举措会影响到客户和内部营运层面的哪些方面。在此基础上，公司确定了未来一段时间内采取发展战略，各业务单位可以视自身情况采取一体化战略或者差异化战略，来实现巩固公司市场龙头地位的战略目标。管理人员结合公司层的战略目标，利用杜邦分析法，明确提出了三年内将净资产收益率由10%提高到15%的财务战略目标；与此同时，确定了相应的战略主题，绘制出如图3-7所示的战略地图。

图3-7中，收入增长需要通过开发家用小电器的销售收入和提高空调产品的销售收入两条路径来实现。就开发家用小电器的销售收入而言，主要在于增加新的体验门店和线上销售，通过直播增加客户流量达到最终的销售目的。为此，战略管理者设计了销售增长率和销售毛利率两个指标予以衡量。对于空调类产品的收入，不仅需要超过行业第二的销售水平，而且应该提高空调类产品在销售量中的比重。对此，战略管理者设定了销售增长率和空调产品销售比率指标以衡量。对于提高生产率的问题，公司决定通过努力创造成本优势和提高现有资产的利用效率两条路径来实现。针对上述线路，公司设计了销售毛利率等关键指标来衡量公司的成本控制水平，用资产周转率来衡量现有资产的利用效率与效果。

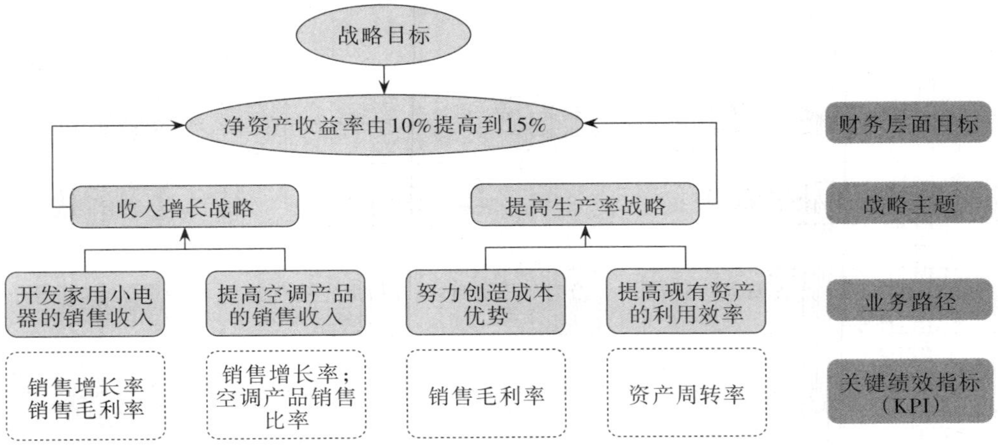

图3-7　财务维度战略地图

（2）根据公司的财务目标，定位客户战略目标；确定业务路径，提取业务战略主题，绘制客户战略目标下的策略图。

围绕公司财务目标和产品情况，管理者认为空调产品定位是高端产品适用差异化战略，而家用小电器属于公司中低端产品适用成本领先战略，无论采用哪种战略公司都要努力改进产品技术、提高产品质量和提升客户价值。为了实现客户维度的目标。公司决定从以下两个方面入手采取具体的措施：一是改进客户的消费体验；二是建立与经销商双赢的营销关系。在改进客户消费体验方面，管理层认为首要的措施是将家用小电器和空调的市场进行重新细分。家用小电器适用于收入处于中低档水平的年轻消费者，这些消费者对于价格比较敏感，认为所有的产品都是同质化的，不需要一些个性化的功能，耐用即可；老年人比较认可功能简单、安全耐用的产品。所以公司需要积极开发这两种细分市场的消费者。空调面对的是收入水平处于中高档的消费者，这类消费者对于有个性化设计和功能齐全的产品更感兴趣。公司应该在消费者消费时注重功能的介绍和产品的体验。对于这项措施，管理层设计了目标市场占有率为考核指标。管理层通过对竞争对手的分析，关注到售后服务是行业内竞争对手的短板，那么通过提高售后服务的质量来吸引消费者，也是一个很好的途径，并且设计了客户满意度为业务评价指标予以衡量，如图3-8所示。

管理层在调研了市场情况后，认识到建立与经销商双赢的营销关系也可以提高最终客户的消费价值。经销商是直接接触客户的媒介，经销商的行为往往影响客户的消费决定。所以管理层通过及时与经销商结算并且协助经销商提升经营能力两种方式改善与经销商的关系，旨在增加客户消费次数提升客户价值。管理层相应地设计了结算准时率和经销商满意度两个指标予以衡量，如图3-8所示。

（3）财务和客户目标与指标反映了公司战略成果的同时，也提出了明确的实现目标的路径。在此基础上，公司开始确定战略实施方案，绘制出如图3-9所示的战略地图。

图3-9中，公司确立了提升市场掌控能力、提升质量保证能力、提升产品研发能力和提升成本控制能力四个关键流程。其中，市场掌控、质量保证和产品研发业务流程直

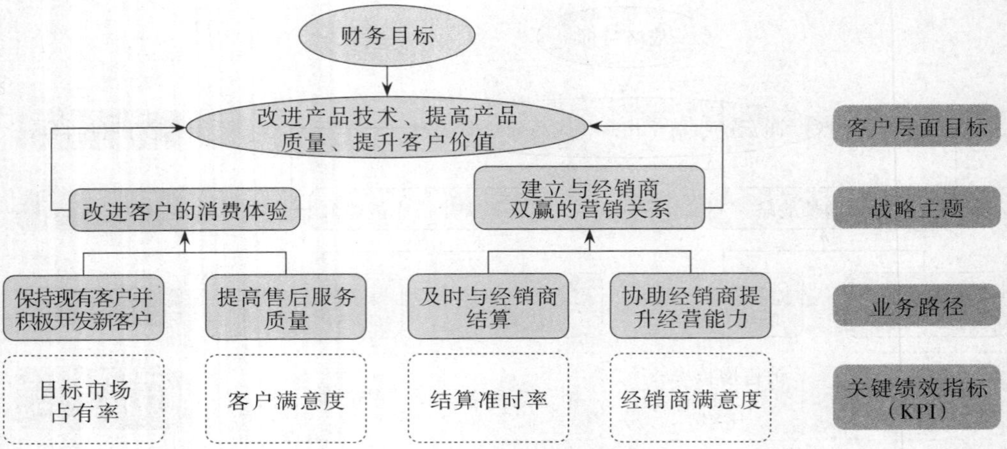

图3-8 客户维度战略地图

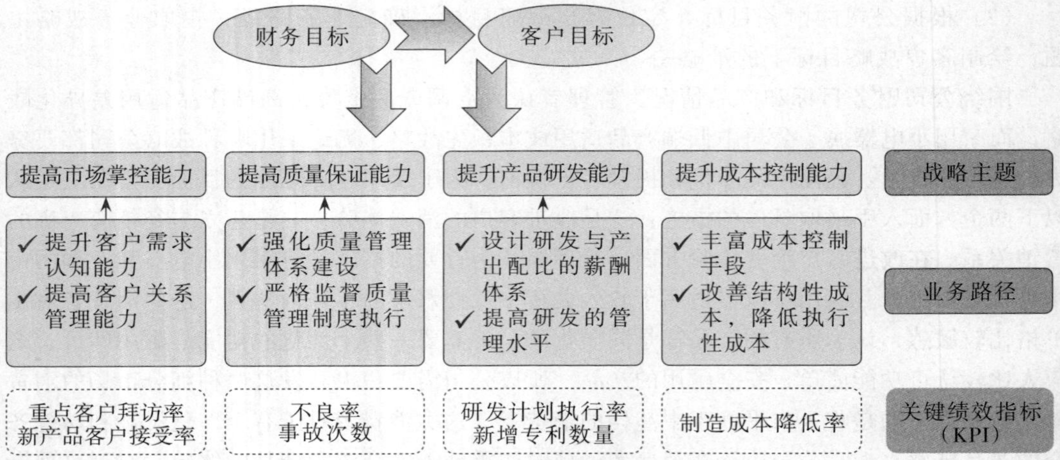

图3-9 内部业务流程维度战略地图

接与客户维度战略目标相连接，而控制成本关键流程源于财务目标。为支持客户维度目标，实现降低成本和提高生产率的财务目标，设定了对应的衡量指标。

（4）战略地图的第四个维度是学习与成长，是一种与公司和员工长期成长和进步相关的目标。GL公司战略管理者经过认真分析，确立了以“建立一支士气高昂的专业化队伍”为目标的战略主题，绘制了如图3-10所示的战略地图。

从图3-10可以看出，公司围绕建立一支士气高昂的专业化团队的战略主题，设定了鼓励员工持续学习、培养员工团队协作能力、建立并优化信息平台、建立良好的沟通机制、设计正确的晋升制度、优化办公环境多个方面的业务路径，并以员工每年培训时长、每年参与项目的时长、信息系统的可用度和员工满意度等关键指标予以衡量。

（5）公司战略管理责任人按四个维度的战略目标和指标发展的逻辑顺序，整合成如图3-11的公司战略地图。

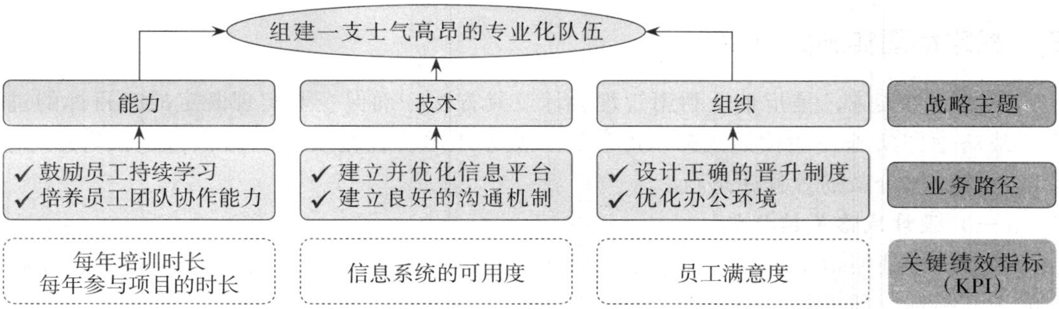

图3-10 学习与成长维度战略地图

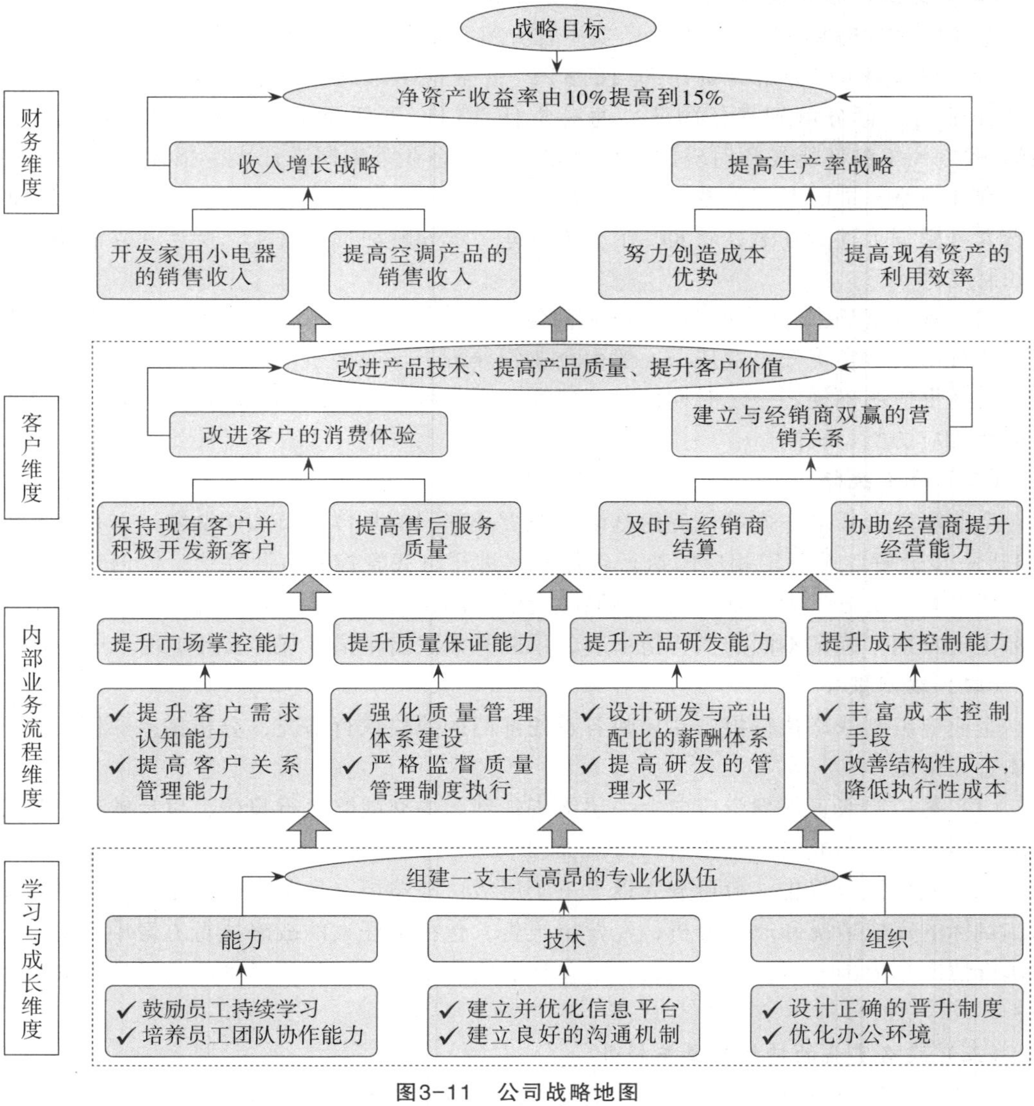

图3-11 公司战略地图

三、战略地图实施的步骤

战略地图实施，是指企业利用管理会计工具方法，确保企业实现既定战略目标的过程。战略地图实施一般按照战略 KPI设计、战略 KPI责任落实、战略执行、执行报告、持续改善、评价激励等程序进行。

（一）设计战略关键指标

企业应用战略地图，应设计一套可以使各部门主管明确自身责任并与战略目标相联系的考核指标，即进行战略KPI设计。

（二）分解战略关键绩效指标，签订责任书

企业应对战略KPI进行分解，落实责任并签订责任书。具体可按以下程序进行：

（1）将战略KPI分解为责任部门的KPI。企业应从最高层开始，将战略KPI分解到各责任部门，再分解到责任团队。每一责任部门、责任团队或责任人都应有对应的KPI，且每一KPI都能找到对应的具体战略举措。企业可编制责任表，描述KPI中的权、责、利和战略举措的对应关系，以便实施战略管控和形成相应的报告。每一责任部门的负责人可根据上述责任表，将KPI在本部门进一步分解和责任落实，层层建立战略实施责任制度。

（2）签订责任书。企业应在分解明确各责任部门KPI的基础上，签订责任书，以督促各执行部门落实责任。责任书一般由企业领导班子（或董事会）与执行层的各部门签订。责任书应明确规定一定时期内（一般为一个年度）要实现的 KPI任务、相应的战略举措及相应的奖惩机制。

（三）战略执行

企业应以责任书中所签任务为基础，按责任部门的具体人员和团队情况，对任务和KPI进一步分解，并制定相应的执行责任书，进行自我管控和自我评价。同时，以各部门责任书和职责分工为基础，确定不同执行过程的负责人及协调人，并按照设定的战略目标实现日期，确定不同的执行指引表，采取有效战略举措，保障KPI实现。

（四）编制报告

企业应编制战略执行报告，反映各责任部门的战略执行情况，分析偏差原因，提出具体管控措施。

（1）每一层级责任部门应向上一层级责任部门提交战略执行报告，以反映战略执行情况，制定下一步战略实施举措。

（2）战略执行报告一般可分为以下三个层级：战略层（如董事会）报告，包括战略总体目标的完成情况和原因分析；经营层报告，包括责任人的战略执行方案中相关指标的执行情况和原因分析；业务层报告，包括战略执行方案下具体任务的完成情况和原因分析。

（五）战略实施的持续改善与提升

企业应根据战略执行报告，分析责任人战略执行情况与既定目标是否存在偏差，并对偏差进行原因分析，形成纠偏建议，作为责任人绩效评价的重要依据。企业应在对战略执行情况进行分析的基础上，进行持续改善，不断提升战略管控水平。

（1）与既定目标相比较，发现问题并进行改善。企业应根据战略执行报告，将战略执行情况与管控目标进行比对，分析偏差，及时发现问题，提出解决问题的具体措施和改善方案，并采取必要措施。企业在进行偏差分析时，一般应关注以下问题：产生的偏差是否为临时性波动；战略KPI分解与执行是否有误；外部环境是否发生重大变化，从而导致原定战略目标脱离实际情况。企业应在分析这些问题的基础上，找出发生偏差的根源所在，及时进行纠正。

（2）达成既定目标后，考虑如何提升。达成战略地图上所列的战略目标后，企业一般可考虑适当增加执行难度，提升目标水平，按持续改善的策略与方法进入新的循环。

（六）战略实施的绩效评价与激励

企业应按照《管理会计应用指引第100号——战略管理》中战略评价的有关要求，对战略实施情况进行评价，并按照《管理会计应用指引第600号——绩效管理》的有关要求进行激励，引导责任人自觉、持续地积极工作，有效利用企业资源，提高企业绩效，实现企业战略目标。

典型案例3-1

国内家电行业战略分析

受益于家电行业的智能烹饪生产技术不断提高以及下游市场需求的不断扩大，智能烹饪在中国国内和国际市场的发展都十分迅猛，但家电生产企业却面临着日益激烈的竞争压力。

其一，海外家电企业纷纷通过收购国内老品牌或用其原有品牌在国内建厂的方式进入中国市场。其二，生产用原辅料成本、用工成本不断上涨已成家电企业面临的共性问题，而由于国内生产企业众多，产品差异较小，用户有充分的选择空间，加上国内居民人均收入水平不高，消费者总是千方百计为获得优惠价格进行有选择性的购买，致使生产厂家受到双重挤压，利润微薄。其三，随着产品市场细分程度以及消费者对多功能烹饪电器需求的增加，具有复合烹饪功能的产品层出不穷，对传统电器形成部分替代。

在激烈的竞争环境中，美的、九阳、小熊等几个老字号企业却始终保持优势地位。美的公司注重构建企业的规模优势，拥有世界最大、配套最完善的生产基地之一。九阳公司以产品创新在行业中著称，其多功能智能烹饪锅是公司的拳头产品，属国内首创，其高利润的产品线是公司竞争的主要优势。小熊公司则专注于国内智能烹饪细分市场，成为餐饮市场智能烹饪企业的领头羊，并与许多电器企业建立了长期的合作关系。

这些老字号电器企业凭借建立起来的竞争优势，逐步淘汰了国内电器市场实力弱的企业，改变了市场竞争格局，也对包括外资企业在内的潜在进入者形成很强的进入障碍。

典型案例3-1

参考答案

要求：

（1）每一个产业中都存在五种基本力量，请分析家电产业的这五种基本力量是什么？

（2）运用五种竞争力模型，分析国内家电生产企业面对的竞争压力是什么？

（3）案例中的几家老牌企业，应对五种竞争力的战略措施是什么？

巩固与练习

一、判断题

1.战略是企业从全局考虑而做出的长远性的谋划。（ ）

2.企业战略一般分为三个层次，包括总体战略、竞争战略和职能战略。（ ）

3.公司战略常常涉及整个企业的财务结构、管理结构和组织结构方面的问题。（ ）

4.目标可行原则只要求长期目标与短期目标有效衔接。（ ）

5.在协同管理原则下，管理者在考虑不同责任者具体目标之间的有效协同的基础上，应加强各部门之间的协同管理，有效提高资源使用的效率和效果。（ ）

6.分析环境的目的在于发现机会与威胁。（ ）

7.宏观环境、产业环境、竞争环境和市场需求状况等属于企业内部环境。（ ）

8.企业宏观环境因素可以概括为四类，即政治和法律因素、经济因素、社会和文化因素、技术因素。（ ）

9.战略实施就是指将企业的战略目标变成现实的管理过程。（ ）

10.只有对业务多元化的公司来说，总体战略和业务单位战略的区分才有意义。（ ）

11.战略管理是指对企业全局的、长远的发展方向、目标、任务和政策，以及资源配置做出决策和管理的过程。（ ）

12.企业战略管理一般按照战略制定、战略分析、战略实施、战略评价和控制、战略调整等程序进行。（ ）

13.企业资源主要包括有形资源和无形资源。（ ）

14.战略制定是指企业根据确定的愿景、使命和环境分析情况，选择和设定战略目标的过程。（ ）

15.战略调整是一种特殊的决策，是对企业过去战略决策的追踪。（ ）

16.战略地图是指为描述企业各维度战略目标之间因果关系而绘制的可视化的战略因果关系图。（ ）

17.战略地图通常以会计、客户、内部业务流程、学习与成长四个维度为主要内容，通过分析各维度的相互关系，绘制战略因果关系图。（ ）

18.企业战略管理部门根据确定的愿景、使命和环境分析情况，采取自上而下、自下而上或上下结合的方法，制定企业层的战略目标。（ ）

19.企业层的战略目标既包括财务关键指标，也包括遵守法规和社会责任等在内的非财务关键指标。（ ）

20.战略地图的主要缺点是需要多维度、多部门的协调，实施成本高。（ ）

21.企业应编制战略财务报告，反映各责任部门的战略执行情况，分析偏差原因，提出具体管控措施。（ ）

22.企业应在分解明确各责任部门KPI的基础上签订责任书，以督促各执行部门落实责任。（ ）

23.企业应从最高层开始，将战略KPI分解到各责任部门，再分解到责任团队。（ ）

24.战略地图实施是指企业利用平衡计分卡，确保企业实现既定战略目标的过程。（ ）

25.战略地图是平衡计分卡的起点。（ ）

二、单项选择题

1.战略一词源于（ ）。

A.军事　B.企业管理　C.政治　D.外交

2.战略管理最先由（ ）提出。

A.安索夫　B.安德鲁斯　C.波特　D.普拉哈拉德

3.下列关于战略管理全局性特征的说法中正确的是（ ）。

A.管理对象和效果的全局性　B.管理主体的全局性

C.管理效果的全局性　D.管理环境的全局性

4.下列不属于战略管理特征的是（ ）。

A.不变性　B.高层次性　C.综合性　D.效能性

5.下列关于战略管理说法错误的是（ ）。

A.战略管理是企业的综合性管理

B.战略管理必须由企业的高层领导来推动和实施

C.战略管理是企业的一种动态性管理

D.战略管理职能重在提高效率

6.关于战略资源匹配性的说法正确的是（ ）。

A.有充足的资源　B.统一筹划　C.与各业务匹配　D.以上均正确

7.下列项目中，不属于企业产业环境因素的是（ ）。

A.产品生命周期　B.产业五种竞争力

C.成功关键因素分析　D.研究与开发受益于国内和国际压力

8.通过分析企业的内部因素可以确定（ ）。

A.机会与优势　B.优势与劣势　C.机会与威胁　D.威胁与劣势

9.下列项目中，属于价值链分析的基本活动的是（ ）。

A.市场销售和服务　B.技术开发　C.人力资源管理　D.企业基础设施

10.战略制定的方法是（　　）。

A.自上而下　　B.自下而上　　C.上下结合　　D.以上均正确

11.下列属于战略实施环节的是（　　）。

A.战略目标变成现实的管理过程　　B.实施效果与目标比较

C.纠正偏差　　D.设定新目标

12.战略管理中最关键的阶段是（　　）。

A.确定使命　　B.战略制定　　C.战略实施　　D.战略评价

13.下列关于重新评估战略的说法错误的是（　　）。

A.战略是否适应企业的内外部环境　　B.战略是否达到有效资源配置

C.战略的难易程度是否可以接受　　D.战略实施的时间和进度是否恰当

14.下列属于战略地图顶层的是（　　）。

A.财务维度　　B.客户维度

C.内部业务流程维度　　D.学习与成长维度

15.下列属于战略地图设计首要环节的是（　　）。

A.确定业务改进路径　　B.确定客户价值

C.设定战略目标　　D.确定内部业务流程

16.企业可应用（　　）四维度划分绘制战略地图，以图形方式展示企业的战略目标及实现战略目标的关键路径。

A.平衡计分卡　　B.杜邦分析法　　C.SWOT分析法　　D.经济增加值

17.战略地图实施的首要环节是（　　）。

A.设计战略关键指标　　B.战略关键指标责任落实

C.战略执行　　D.执行报告

18.下列项目中，不属于战略地图缺点的是（　　）。

A.需要多维度、多部门的协调　　B.实施成本高

C.需要与战略管控相融合　　D.能够模糊企业的战略目标

三、多项选择题

1.企业战略一般分为三个层次，包括（　　）。

A.总体战略　　B.竞争战略　　C.职能战略　　D.部门战略

2.下列属于战略管理特点的有（　　）。

A.综合性管理　　B.高层次管理　　C.动态性管理　　D效能性管理

3.下列属于战略管理原则的有（　　）。

A.目标可行原则　　B.资源匹配原则　　C.责任落实原则　　D.协同管理原则

4.制定战略的方法有（　　）。

A.自上而下　　B.自下而上

C.上下结合　　D.高层管理者直接制定

5.战略管理是包括（　　）等在内的一个动态过程。

A.方向选择　　B.目标确定

C.战略规划　　D.战略落实和最终战略评价

6.下列项目中，属于企业外部环境的有（　　）。

A.宏观环境　　B.产业环境　　C.竞争环境　　D.市场需求状况

7.内部环境分析可以从以下几个方面展开（　　）。

A.企业的资源与能力　　B.价值链

C.作业成本分析　　D.业务组合分析

8.企业进行环境分析时，可采用的方法有（　　）。

A.SWOT分析法　　B.波特五力分析法

C.波士顿矩阵分析法　　D.趋势分析法

9.下列项目中，属于战略调整内容的有（　　）。

A.企业的愿景　　B.长期发展方向　　C.战略目标　　D.战略举措

10.下列属于战略地图维度的有（　　）。

A.财务　　B.客户　　C.内部业务流程　　D.学习与成长

11.可以作为业务维度战略主题的有（　　）。

A.增加客户体验　　B.改善营销关系　　C.提升品牌形象　　D.提高资本回报率

12.财务维度的战略主题有（　　）。

A.生产率提升　　B.营业收入增长和打造成本优势

C.提高现有资产利用率　　D.增加顾客机会和提高顾客价值

13.客户维度的战略主题有（　　）。

A.增加客户体验　　B.改善营销关系

C.品牌形象提升　　D.增加顾客机会和提高顾客价值

14.学习与成长维度的战略主题有（　　）。

A.能力　　B.文化　　C.组织　　D.态度

15.在资源配置环节，企业应关注（　　）。

A.人、财、物资源　　B.服务定位

C.客户定位　　D.价值创造中的作用

16.企业设计战略地图，一般按照设定战略目标、（　　）、进行资源配置、绘制战略地图等程序进行。

A.确定业务改善路径　　B.定位客户价值

C.确定内部业务流程优化主题　　D.确定学习成长主题

17.战略执行报告包括以下几个层级（　　）。

A.战略层报告　　B.经营层报告　　C.业务层报告

D.客户层报告　　E.财务层报告

18.战略地图的优点有（　　）。

A.能够将企业的战略目标清晰化

B.能够将企业的战略目标可视化

C.与战略KPI和战略举措建立有明确联系

D.为企业战略实施提供了有力的可视化工具

项目3

自测

项目自测

请扫码完成项目3自测，并填写项目自测表，自行评价成绩，见表3-1。

表3-1　　项目自测表

题型	分值	自测成绩	错题编号
一、判断题（10题）	30		
二、单选题（10题）	30		
三、多选题（8题）	40		

项目3学习报告

班级：　　　　　　　　　　姓名：　　　　　　　　　　学号：　　　　　　　　　　成绩：

学习目标	学习要点
知识目标	请完成战略和战略管理思维导图，如图3-12所示。 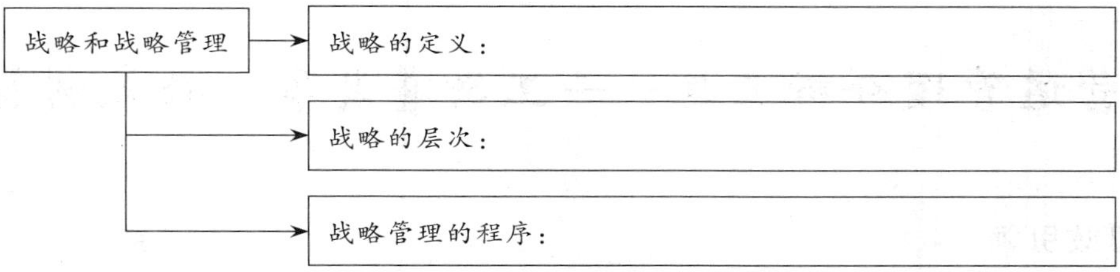 **图3-12　战略与战略管理思维导图**
技能目标	找一个当地上市公司，根据其公开的资讯资料，用战略地图绘制出该企业简单的战略因果关系图。
素养目标	请阐述本单元学习收获与体会，学习过程中碰到的疑点和难点，以及对疑点和难点采取的解决方案。

项目 4

营运管理分析工具——工欲善其事，必先利其器

思政引领

工欲善其事，必先利其器——《论语》

解释：工匠想要使他的工作做好，一定要先让工具锋利，比喻要做好一件事，准备工作非常重要。

企业战略的执行，离不开营运管理。营运管理是与产品生产和服务创造密切相关的各项管理工作的总称。营运管理过程是从“输入”到“输出”的转换、增值过程。营运管理流程如图4-1所示，企业应客户的产品（服务）需求，“输入”原材料、劳动力、厂房、设备等生产要素，然后通过营运计划制订、组织执行、监控分析等营运管理过程，向客户“输出”产品（服务），从而实现企业价值增值与利润目标的过程。

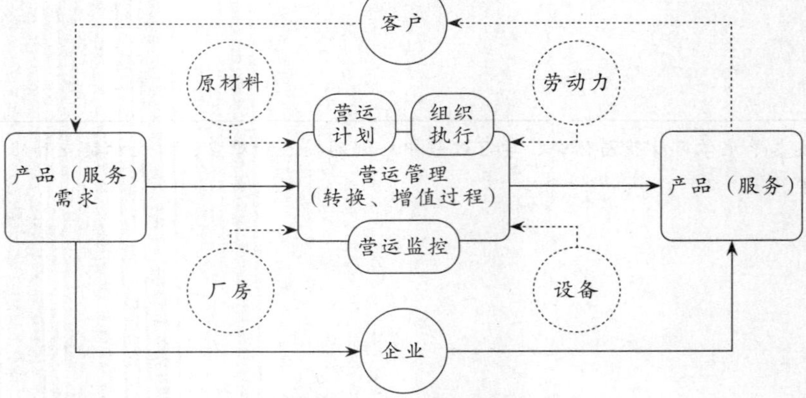

图4-1　营运管理流程

营运管理是在企业战略指导下，对人财物、产供销等组织运营、运转的管理。营运管理的目标，可分为两个维度：一是效率的提升，即通过全面优化营运系统，提高营运效率；二是效益的提升，即以最小的投入获得最大产出。营运效率与效益的提升，都将体现在产品性能、质量、价格等与产品竞争力相关的信息中，并

综合体现在企业经营目标利润的实现上。实现目标利润，须广泛借助各种定量分析工具方法：本量利分析、敏感性分析、边际分析、多维度盈利能力分析等。

当前，我国经济正由传统低附加值的中国制造，向高质量、高附加值的“中国质造”转型升级，产业发展与转型，高效的营运管理不可或缺。作为肩负“中国质造”使命的当代会计专业学生，当前的任务是苦下功夫，扎扎实实地掌握各种营运管理分析工具及其实践应用方法。其中，对中本量利分析工具的掌握是重中之重，它既用于企业生产决策、成本决策和定价决策等短期营运决策，也广泛用于投融资决策，同时，在营运计划的制订、调整以及营运监控分析等程序中，本量利分析都有广泛应用。

关键词

关键词解析 营运管理　　关键词解析 本量利分析　　关键词解析 边际分析　　关键词解析 敏感性分析

重点与难点

1.掌握营运管理的概念、原则与基本程序。

2.掌握本量利分析基本指标的含义及其计算：保本点、边际贡献、边际贡献率、变动成本率。

3.掌握边际分析基本指标的含义及计算：加权平均边际贡献率、边际贡献保本率、安全边际、安全边际率、保本点作业率。

4.掌握本量利公式的五种不同表达形式。

5.掌握敏感性分析的概念及其计算。

项目导图

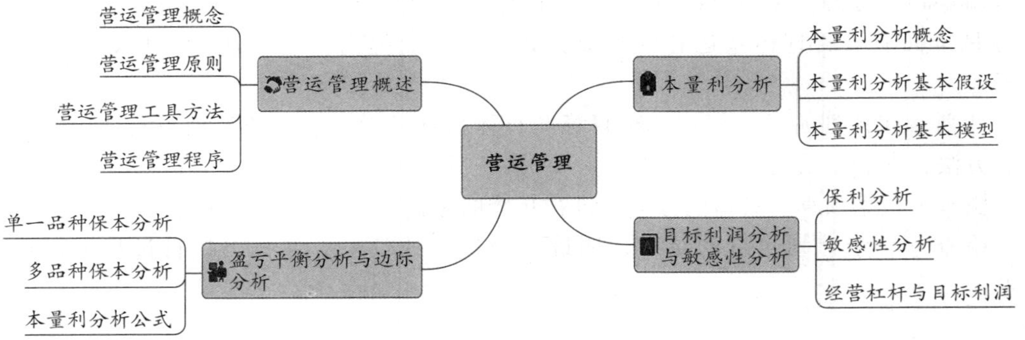

导入案例

洪安公司只产销一种产品，2020年度固定成本为30万元，计划产销量为10万件，计划实现利润10万元。实际执行结果是，产销量达到了12万件，获得利润12万元。该年度的售价和成本均保持不变。试用已学知识分析该企业是否完成了计划，为什么？

只产销一种产品，固定成本30万元，产销10万件产品可获利10万元，说明边际贡献总额为40万元，单位产品边际贡献为4元，那么，产销12万件产品，应实现边际贡献总额48万元，在固定成本不变的情况下，应获利18万元，因此企业没能达到预期的利润目标。

本案例的分析就是本量利分析的具体应用。本量利分析是建立在成本性态分析和变动成本计算法基础上的反映成本、业务量、价格和利润等因素之间依存关系的分析方法。

本量利分析法是营运管理领域应用的管理会计工具方法之一，本量利分析可以帮助管理者做出很多重要的决策，例如，提供什么样的产品与服务？定价多少？使用哪些市场策略？保持怎样的成本结构等，因此，本量利分析在企业经营预测、营运决策、目标制定和运营控制中得到广泛的应用，是企业营运管理最重要、最基本的分析工具。本项目将重点学习本量利分析、边际分析、敏感性分析等各种营运管理分析工具。

任务4.1 营运管理概述

一、营运管理的概念与原则

（一）营运管理的概念

《管理会计应用指引第400号——营运管理》第二条指出：营运管理，是指为了实现企业战略和营运目标，各级管理者通过计划、组织、指挥、协调、控制、激励等活动，实现对企业生产经营过程中的物料供应、产品生产和销售等环节的价值增值管理。

（二）营运管理原则

企业进行营运管理时，应遵循PDCA原则。PDCA由计划（Plan）、实施（Do）、检查（Check）、处理（Act）组成，整个过程构成一个闭合的循环，如图4-2所示。营运管理是全面质量管理体系运转的主要方式，是企业提高营运管理效率与效果的主要途径。

计划：在计划阶段，根据战略目标与具体目标，设计具体的计划与具体的实施方案、方法，并制定收支预算。

实施：根据预算与具体的方案，进行具体的运作，实现计划的内容。

检查：总结计划执行的结果，明确计划执行的效果，并找出执行过程中存在的问题。

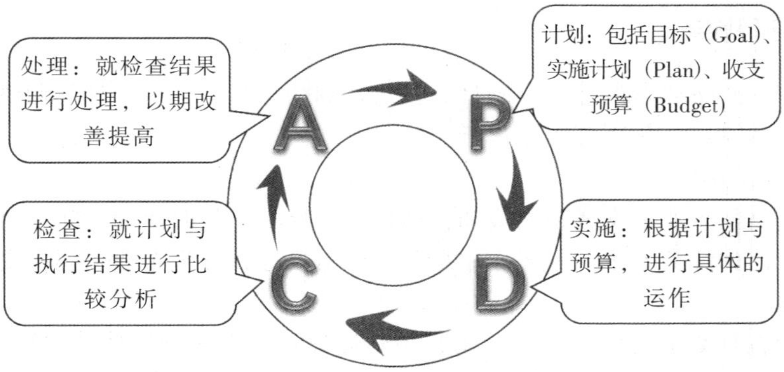

图4-2 PDCA管理原则

处理：对检查的结果进行处理，对成功经验加以肯定，并予以标准化；对失败教训予以总结；对没有解决的问题，提交到下一个PDCA循环中进行解决。

二、营运管理领域应用的管理会计工具方法

营运管理领域应用的管理会计工具方法，包括本量利分析、敏感性分析、边际分析等。企业应根据自身业务特点和管理需要，选择单独或综合运用营运管理工具方法，以更好地实现营运管理目标。

1.本量利分析

本量利分析，是以成本性态分析和变动成本法为基础，运用数学模型和图式，对成本、利润、业务量与单价等因素之间的依存关系进行分析，发现其变动的规律性，为企业进行预测、决策、计划和控制等活动提供支持的一种方法。

企业在营运计划的制订、调整以及营运监控分析等程序中，通常会应用到本量利分析；在营运计划的制订过程中，本量利分析主要用于企业生产决策、成本决策和定价决策。

2.敏感性分析

敏感性分析，是指对影响目标实现的因素进行量化分析，以确定各因素变化对实现目标的影响及其敏感程度。敏感性分析可以分为单因素敏感性分析和多因素敏感性分析。

敏感性分析具有广泛适用性，企业在营运计划的制订、调整以及营运监控分析等程序中，应用敏感性分析，有助于识别、控制和防范短期营运决策、长期投资决策等相关风险。

3.边际分析

边际分析主要分为边际贡献分析、安全边际分析等。企业在营运管理中，通常在进行本量利分析、敏感性分析的同时进行边际分析。

三、营运管理程序

营运管理一般按照营运计划的制订、营运计划的执行、营运计划的调整、营运监控分析与报告、营运绩效管理等程序进行。

1.营运计划的制订

营运计划是指企业根据战略决策和营运目标的要求，从时间和空间上对营运过程中各种资源所做出的统筹安排，主要作用是分解营运目标，分配企业资源，安排营运过程中的各项活动。

营运计划按计划的时间，可以分为长期营运计划、中期营运计划和短期营运计划；按计划的内容，可以分为销售、供应、生产、财务、人力资源、产品开发、设备投资等营运计划。

2.营运计划的执行

企业应逐级分解营运计划，按照横向到边、纵向到底的要求分解落实到各所属企业、部门、岗位或员工，并且还应分解到季度、月度，形成季度、月度营运计划。

3.营运计划的调整

营运计划一旦批准下达，一般不予调整。宏观经济形势、市场竞争形势等发生重大变化导致企业营运状况与预期出现较大偏差时，企业可以对营运计划做出调整，使营运目标更加切合实际。

4.营运监控分析与报告

营运监控分析是指以本期财务和管理指标为起点，通过指标分析查找异常，并进一步揭示差异所反映的营运缺陷，追踪缺陷成因，提出并落实改进措施，不断提高企业营运管理水平。

5.营运绩效管理

营运绩效管理是指各级管理者和员工为了达到营运管理目标共同参与营运绩效计划制订、沟通、评价、绩效结果应用、绩效目标提升的持续循环过程。

任务4.2 本量利分析

一、本量利分析的概念

本量利分析（Cost-Volume-Profit Analysis），是以成本性态分析和变动成本法为基础，运用数学模型和图式，对成本、利润、业务量与单价等因素之间的依存关系进行分析，发现其变动的规律性，为企业进行预测、决策、计划和控制等活动提供支持的一种方法。其中，“本”是指成本（Cost），包括固定成本和变动成本；“量”是指业务量（Volume），一般是指销售量；“利”是指营业利润（Profit），因此本量利分析简称CVP分析。

在使用范围上，本量利分析的原理可以运用到整个企业，也可以运用到企业的独立部门，如分公司、部门，或运用到一条特定的产品线上。

二、本量利分析的基本假设

根据本量利分析原理建立和使用的有关数学模型和图形，是以许多假设为前提条件的。设定这些基本假设是为了限定本量利分析的适用范围，引导人们对这些基本假设进行合乎逻辑的扩展。如果忽视了这一点，当假设不能成立时，就会造成本量利分析的不当使用，可能导致决策失误。

（一）销售收入与销售量呈完全线性关系的假设

在本量利分析中，我们通常假设销售单价是个常数，销售收入与销售数量成正比例变动，二者存在一种线性关系。但这个假设只有在产品处于成熟期，其售价比较稳定，通货膨胀率比较低的条件下才能成立。在市场经济条件下，物价受多种因素的影响而上下波动，通货膨胀率可能相当高，因而产品售价就不可能是一个常数。

（二）变动成本与产量呈完全线性关系的假设

在本量利分析中，我们假设变动成本与业务量（产销量）成正比例变动。但这个重要假设也只有在一定的业务量范围内才能成立。如果产量过低或超负荷生产，都会改变变动成本。

（三）固定成本保持不变的假设

在本量利分析中，我们假设固定成本与产量的变化无关，但这个假设也只有在一定的业务量范围内才能成立。如超出这个范围，由于新增设备或加开班次等原因，固定成本会突然增加。

（四）产品品种结构不变的假设

这一假设是假定一个销售多种产品的企业，销售各种产品的比例关系不会发生变化，也就是说，产品的品种结构保持不变。但实际上企业很难做到始终按一个固定的品种结构均匀地销售各种产品。一旦品种结构变动较大，而各种产品盈利水平又不一致时，计划利润与实际利润就必然会有较大的出入。

（五）产销平衡的假设

产量的变动会影响成本的高低，而销量的变动则影响收入的多少。基于产销平衡的假设，在本量利分析模型中，通常不考虑“产量”而只考虑“销量”这一数量因素。但在实际中，产销量常常是不平衡的，一旦二者有较大的差别，就需要考虑产量因素对本期利润的影响。

（六）会计数据可靠性的假设

这个假设认为，在进行本量利分析时，所使用的会计数据都是真实可靠的。不但会计提供的历史成本数据是真实可靠的，而且根据这些历史成本数据所确定的固定成本和变动成本也是真实可靠的。而这又是建立在把所有成本合理地分解成固定成本和变动成本，并且能够确切地知道它们与业务量之间的关系这个假设之上的。但在实际中，情况并非完全如此。

首先，会计提供的历史成本数据不一定真实可靠。比如固定成本的支出不一定能反映真实的消耗。如厂房、机器设备等的折旧费通常是按照一定期限分摊到各期费用中去的，但它们实际的磨损、消耗则可能与分摊的数额不一致；又如直接人工被看作变动成本，但在实际的生产经营过程中如果不是实行计件工资制，人工成本并不完全随着产量而变动。材料成本也不一定是真实的材料消耗，例如一个热电厂的煤耗通常分为三个部分：途耗、堆场自然损耗和锅炉燃烧时的煤耗。后者的消耗可以用比较精密的仪器加以测定，而前两者的确定则带有很大的主观随意性。途耗和堆场自然损耗增加或减少，都将影响煤耗这项成本的真实性。其次，会计主管人员由于受到认识水平的限制和其他方面的制约，对成本性态的判定以及混合成本的分解，也难免或多或少地带有主观随意性。

既然会计数据本身就可能不够真实，那么，根据它们所确定的固定成本和变动成本的金额自然也不可能是完全真实的。但是，我们指出会计数据并非完全可靠的这一事实，并不是要使人们感到无所适从，而是要使人们充分认识到有关假设的条件性与相对性。

（七）营业利润假设

除非特别说明，本量利分析的利润，一般为不考虑利息支出、投资收益和营业外收支的营业利润，即企业的息税前利润。

以上假设，造成了企业实际运用本量利分析的局限性。但规定这些假设，一方面可以容易地建立和使用数学模型来揭示成本、业务量和利润等因素之间内在联系的规律性；另一方面说明在实际工作中不能盲目套搬本量利分析数学模型，必须根据实际情况加以调整修正，以便克服其本身的局限性。

三、本量利分析的基本数学模型及相关概念

在本教材项目2中，我们已经建立了总成本与业务量之间的线性模型：

$$Y=a+bx$$

假设：以S代表企业的总收入，p代表产品的单位售价，x代表业务量（销售量）水平，则企业的总收入线性模型为：

$$S=px$$

营业利润等于总收入减去总成本，以P代表企业的利润，则利润与业务量之间存在如下线性模型：

$$P=S-Y=px-(bx+a) \quad \text{基本公式（1）}$$

上式体现了成本、业务量、收入、利润之间的线性关系，是本量利分析的基本数学模型，为引入本量利分析奠定了基础。计算公式中的各要素：利润、销售量、销售单价、变动成本和固定成本，是本量利分析所提供信息的基本组成要素。在一定情况下，运用这些要素对企业的成本、业务量、收入和利润进行分析，有助于管理当局进行计划

和决策。

【例 4-1】罗杰公司生产旱冰鞋，其某月的相关成本资料见表 4-1。

表 4-1　　罗杰公司的成本资料　　金额单位：元

项目	金 额	占销售价格百分比
平均单位售价	110	100%
单位变动成本		
直接人工成本	2.75	2.5%
直接材料成本	34.54	31.4%
变动制造费用	3.74	3.4%
变动管理费用	2.97	2.7%
单位变动成本合计	44.00	40%
单位边际贡献	66.00	60%
固定成本		
管理人员工资	25 000	
保险费	1 500	
折旧费	4 500	
广告费	8 600	
固定成本合计	39 600	

【解析】根据表 4-1 的资料，假设本月罗杰公司销售了 1 500 双旱冰鞋，则：

同步思考

Y=a+bx=39 600+44×1 500=105 600（元）

S=px=110×1 500=165 000（元）

P=S−Y=px−（a + bx）=165 000−105 600=59 400（元）

要想进一步利用本量利分析这一管理工具，应首先理解以下有关本量利分析的基本概念。

（一）变动成本率

变动成本率（以 bR 表示）是指变动成本占销售收入的百分比。可以用单位变动成本除以单位售价来计算，也可以用变动成本总额除以销售收入总额来计算。

$$某种产品的变动成本率=\frac{bx}{px}\times 100\%=\frac{b}{p}\times 100\%$$

根据表4-1的资料，罗杰公司旱冰鞋的变动成本率为：

$$变动成本率=\frac{44\times 1\,500}{110\times 1\,500}\times 100\%=\frac{44}{110}\times 100\%=40\%$$

若企业只生产一种产品，则该企业的变动成本率即为该产品的变动成本率。若企业生产多种产品，这时企业的综合变动成本率是以该企业各种产品的销售收入占总销售收入比重为权数计算的加权平均变动成本率。通常，“变动成本率”一词指产品的变动成本率。

$$某企业的综合变动成本率=\frac{\sum bx}{\sum px}\times 100\%=\sum(bR\times w)$$

【例4-2】 宏光公司生产甲、乙、丙三种产品，预计销售量、成本及单价等资料见表4-2。

表4-2 **预计销售量及成本表**

摘要	甲产品	乙产品	丙产品
预计销量（件）	1 000	1 500	2 000
销售单价（元）	35	10	25
单位变动成本（元）	28	6	16
固定成本总额（元）	15 500		

要求：根据上述资料计算该企业的综合变动成本率。

【解析】 计算相关指标见表4-3。

表4-3 **有关指标计算表**

摘要	甲产品	乙产品	丙产品	合计
变动成本总额（bx）	28 000	9 000	32 000	69 000
变动成本率（bR）	80%	60%	64%	—
销售额（px）	35 000	15 000	50 000	100 000
销售比重（w）	35%	15%	50%	100%

$$综合变动成本率=\frac{69\,000}{100\,000}\times 100\%=69\%$$

$$=80\%\times 35\%+60\%\times 15\%+64\%\times 50\%=69\%$$

（二）边际贡献

通过前面章节的学习，我们已经知道变动成本与销售收入同比例变化。因此，每增加1元的销售收入也会使变动成本相应地增加。罗杰公司的经营数据（见表4-1）表明，变动成本占销售收入的40%。换句话说，公司每取得100元的收入，预期会发生40元的变动成本，剩下的60元被称作边际贡献或贡献毛益。

边际贡献，简单地说，就是指销售收入超过变动成本的数额。边际贡献有两种表现形式：单位边际贡献（以cm表示）和边际贡献总额（以Tcm表示）。

单位边际贡献，是指某一种产品的销售价格超过单位变动成本的金额，它反映了产品的获利能力。用公式表示为：cm=p−b。

上例中罗杰公司旱冰鞋的单位边际贡献为：

cm=p−b=110−44=66（元）

边际贡献总额，是指企业的销售收入总额超过变动成本总额的金额。它反映了企业的获利能力，或者说销售收入为弥补变动成本所作的贡献。用公式表示为：$Tcm=\sum px-\sum bx$，若企业只生产一种产品，则Tcm=cm·x。

在【例4-1】中，当罗杰公司旱冰鞋的月销售量为1 500双时，其边际贡献总额为：

Tcm=66×1 500=99 000（元）

（三）边际贡献率

当边际贡献被表述为占销售收入的百分比时，就叫作边际贡献率（以cmR表示）。这个比率既可用一定时期的总边际贡献除以总收入来计算，也可以用单位边际贡献除以单位售价来计算。

$$边际贡献率=\frac{Tcm}{S}\times 100\%=\frac{cm}{p}\times 100\%$$

利用表4-1的资料，计算出罗杰公司旱冰鞋的边际贡献率为：

$$边际贡献率=\frac{99\ 000}{165\ 000}\times 100\%=60\%$$

$$=\frac{66}{110}\times 100\%=60\%$$

以上计算是建立在单一产品的基础上的。在本量利分析中，经常会遇到要计算某企业综合边际贡献率的情况。它是以该企业各种产品销售收入占总销售收入的比重为权数，计算的加权平均边际贡献率。通常，“边际贡献率”一词指产品的边际贡献率。

$$某企业的综合边际贡献率=\frac{该企业的边际贡献总额}{该企业的销售收入总额}\times 100\%$$

$$=\frac{Tcm}{\sum px}\times 100\%$$

$$=\frac{\sum cmx}{\sum px}\times 100\%$$

【例4-3】根据【例4-2】的资料，计算宏光公司的综合边际贡献率。

【解析】计算相关指标见表4-4。

表4-4　　有关指标计算表　　金额单位：元

摘要	甲产品	乙产品	丙产品	合计
单位边际贡献（cm）	7	4	9	—
边际贡献总额（Tcm）	7 000	6 000	18 000	31 000
边际贡献率（cmR）	20%	40%	36%	—
销售额（px）	35 000	15 000	50 000	100 000
销售比重（w）	35%	15%	50%	100%

$$综合边际贡献率=\frac{31\ 000}{100\ 000}\times 100\%=31\%$$

$$=20\%\times 35\%+40\%\times 15\%+36\%\times 50\%=31\%$$

（四）边际贡献率和变动成本率的关系

由于销售收入被分解为变动成本和边际贡献两部分，前者是产品自身的耗费，后者是为企业做出的贡献，因此，根据边际贡献率和变动成本率的定义，二者有如下关系：

边际贡献率+变动成本率=1

$cmR + bR = 1$

由于引进了“边际贡献”和“边际贡献率”概念，前述本量利分析基本公式（1）可以改写为以下两种形式：

1.边际贡献形式

营业利润（P）=销售收入（px）−变动成本（bx）−固定成本（a）

=边际贡献（Tcm）−固定成本（a）

=单位边际贡献（cm）×销量（x）−固定成本（a）　　基本公式（2）

2.边际贡献率形式

营业利润（P）=销售收入（px）×边际贡献率（cmR）−固定成本（a）　　基本公式（3）

利用表4-3的资料，计算罗杰公司旱冰鞋的营业利润：

营业利润=1 500×66−39 600=59 400（元）

或　营业利润=110×1 500×60%−39 600=59 400（元）

基本公式（2）和基本公式（3）引入了边际贡献这一概念，在实际工作中应用范围十分广泛，它们也成为管理会计进行经营预测、决策、计划和控制时经常运用的基本公式。

同步任务4-1——练一练

已知：某企业只生产A产品，单价p为3 000元，单位变动成本b为1 800元，固定成本a为600万元。2022年企业的生产经营能力为10 000件。

要求：

（1）计算变动成本率。

（2）计算单位边际贡献、边际贡献总额、边际贡献率。

（3）计算营业利润。

（4）验证边际贡献率与变动成本率的关系。

已知：某企业产销A、B、C、D四种产品的有关资料见表4-5。

表4-5 某企业产品产销资料表 金额单位：元

产品名称	销售数量	销售收入	变动成本总额	固定成本总额	利润（或亏损）	单位边际贡献	边际贡献率
A		40 000		7 000	9 000	4	
B	3 000	60 000		10 000	-1 000		
C	1 000	60 000	24 000	12 000			
D	5 000		25 000		6 000	3	

要求：1.计算填列表中空格。

2.计算该企业的综合边际贡献率（加权平均边际贡献率）。

任务4.3 盈亏平衡分析与边际分析

一、盈亏平衡分析的概念

盈亏平衡分析也称保本分析，是指分析测定盈亏平衡点以及有关因素变动对盈亏平衡点的影响，是本量利分析的核心内容。盈亏平衡分析的原理是，通过计算企业在利润为零时的业务量，分析项目对市场需求变化的适应能力等。

盈亏平衡分析包括单一产品的盈亏平衡分析和产品组合的盈亏平衡分析。进行盈亏平衡分析，首先应计算盈亏平衡点。所谓盈亏平衡点（Break Even Point，BEP），也称保本点或损益平衡点，是指企业不亏不盈（即利润为零）时的业务量。它是企业盈利的基础，只有超过盈亏平衡点之后再增加销售量，企业才能获得利润。决策者可以利用这一指标，了解企业的销售量达到多少时才不会发生亏损，掌握在特定产销量条件下的盈亏状况，规划目标利润，估计售价、销售量、成本变动对利润的影响，估量经营风险程度，为生产营运决策提供必要的数据等。总之，计算和分析该指标，对于企业合理计划和有效控制经济活动有积极的作用。

盈亏平衡点（保本点）有两种表示形式：一是用实物量指标表示，称为盈亏平衡点销售量（保本销售量）；二是用货币量指标表示，称为盈亏平衡点销售额（保本销售额）。

二、单一产品的盈亏平衡分析

单一产品的盈亏平衡分析，通常可以采用公式法或图示法。

（一）公式法

由于保本点就是利润等于零时的销售量，因此，根据前面所学本量利基本公式可知：

$$P=S-Y=px-(bx+a)=0$$

$$\text{保本销售量}(x_0)=\frac{a}{p-b}=\frac{a}{cm}$$

$$\text{保本销售额}(S_0)=\text{保本销售量}(x_0)\times\text{单位产品售价}(p)$$

或 $$=\frac{\text{固定成本(a)}}{\text{边际贡献率(cmR)}}$$

【例4-4】罗杰公司只生产旱冰鞋一种产品，单价110元，单位变动成本44元，每月固定成本39 600元。详见表4-1，计算罗杰公司旱冰鞋的保本销售量与保本销售额。

【解析】

$$\text{保本销售量}=\frac{39\ 600}{110-44}=\frac{39\ 600}{66}=600\text{（双）}$$

$$\text{保本销售额}=600\times110=66\ 000\text{（元）}$$

或 $$\text{保本销售额}=39\ 600\div60\%=66\ 000\text{（元）}$$

同步任务4-2——写一写

在达到盈亏平衡点之前，罗杰公司每实现110元的销售收入，会带来66元的边际贡献以弥补固定成本。请进一步思考回答以下问题：

1.一旦销售量超过了盈亏平衡点，每增加销售一双旱冰鞋能带来多少边际贡献？能带来多少营业利润？营业利润和边际贡献之间存在怎样的关系？

2.如果固定成本增加（假定没有其他变化），盈亏平衡点销售量和销售额会受到何种影响？

3.如果单位变动成本减少（假定没有其他变化），盈亏平衡点销售量和销售额会受到何种影响？

4.如果销售量增加（假定没有其他变化），盈亏平衡点销售量和销售额会受到何种影响？

（二）图示法

企业可以用图示法，更加形象、直观地描述本量利关系。这种图示就是本量利关系图。本量利关系图将影响企业利润的有关因素及其相应关系，集中在一张图上，形象而具体地表现出企业的总收入、总成本、利润额、盈亏平衡点销售量及销售额。它的特点是直观、简明，可以一目了然地看到有关因素的变动对利润产生的影响，帮助决策者在经营管理过程中提高预见性和主动性。

按数据的特征和目的分类，本量利关系图有基本式、边际贡献式两种形式。

1.基本式（传统式）本量利关系图

基本式本量利关系图，是最基本的分析图（如图4-3所示），能清晰地反映出固定成本不随业务量变动的特点。其绘制方法，以【例4-4】的资料为例，具体绘制步骤如下：

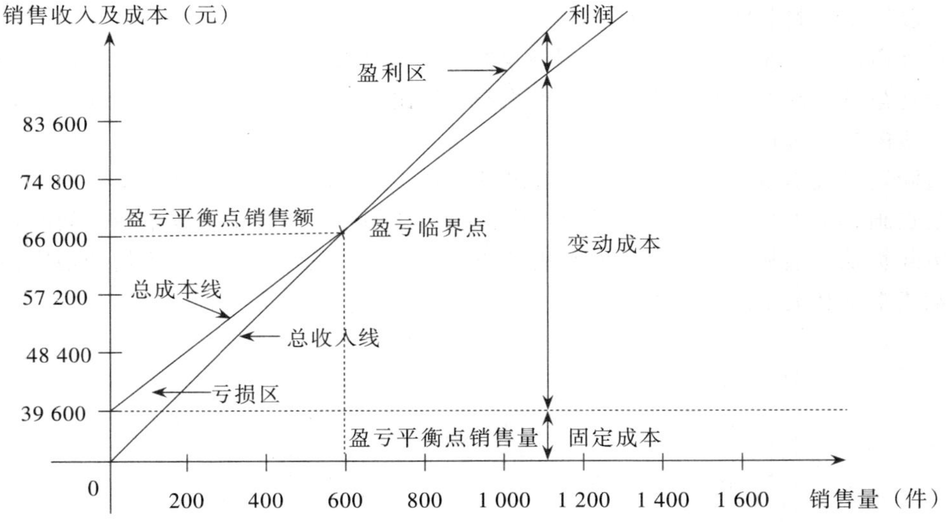

图4-3 基本式本量利关系图

（1）绘制直角坐标系。以横轴x轴表示业务量，以纵轴y轴表示销售收入和销售成本。

（2）绘制总成本线。首先，在y轴上确定好固定成本数值39 600元，画一条平行于x轴的直线，即为固定成本线；然后，在x轴上选择一个业务量（如100件），根据y=a+bx计算出总成本44 000元（39 600+44×100），在坐标系中标出点（100，44 000），将该点与y轴上的固定成本截点（0，39 600）相连接，即可画出总成本线。

（3）绘制总收入线。在x轴上任取一业务量（如100件），计算出销售收入11 000元（110×100），将坐标为（100，11 000）的点与原点相连接，即可画出总收入线。

（4）确定盈亏平衡点。坐标系中，总收入线与总成本线交点的坐标（600，66 000）即为盈亏平衡点的销售量（600件）和销售额（66 000元）。

从图4-3中我们可以得到以下信息：

（1）盈亏平衡点不变，销售量越大，能实现的利润越多，或亏损越少；反之，销售量越小，能实现的利润越少，或亏损越多。

（2）销售量不变，盈亏平衡点越低，能实现的利润就越多，或亏损越少；反之，盈亏平衡点越高，能实现的利润就越少，或亏损越多。

（3）在销售总成本既定的条件下，盈亏平衡点因单位售价的变动而变动。产品单价越高，表现为销售总收入线的斜率越大，盈亏平衡点就越低；反之，盈亏平衡点就越高。

（4）在销售收入既定的条件下，盈亏平衡点的高低取决于固定成本和单位变动成本的多少。固定成本越多，或产品的单位变动成本越多，盈亏平衡点就越高；反之，盈亏平衡点就越低。其中，产品单位变动成本的变动对于盈亏平衡点的影响，是通过改变成本线的斜率而表现出来的。

2.边际贡献式本量利关系图

边际贡献式本量利关系图能直观地反映出边际贡献。当边际贡献等于固定成本时，即可确定盈亏平衡点。与基本式本量利关系图相比，总收入线绘制方法相同，不同的是总成本线的绘制过程。

边际贡献式本量利关系图，从原点出发先画一条变动成本线，然后，以固定成本金额为起点画一条平行于变动成本线的总成本线。销售收入线与变动成本线之间的垂直距离是边际贡献。边际贡献与固定成本相等处的坐标即为盈亏平衡点销售量和销售额。边际贡献式本量利关系图如图4-4所示。

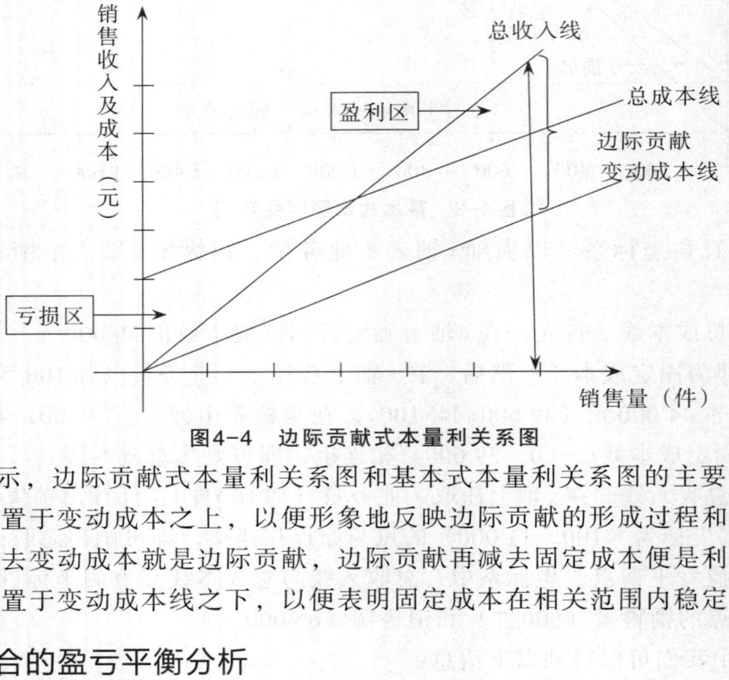

图4-4　边际贡献式本量利关系图

图4-4显示，边际贡献式本量利关系图和基本式本量利关系图的主要区别在于：前者将固定成本置于变动成本之上，以便形象地反映边际贡献的形成过程和构成，即产品的销售收入减去变动成本就是边际贡献，边际贡献再减去固定成本便是利润。而后者则将固定成本线置于变动成本线之下，以便表明固定成本在相关范围内稳定不变的特征。

三、产品组合的盈亏平衡分析

在企业产销多种产品的情况下，应先计算企业的综合盈亏平衡点销售额，综合盈亏平衡点不能用实物量表示，而只能用金额来表示。然后再计算各种产品的盈亏平衡点销售额与销售量。企业通常运用产品组合的盈亏平衡点分析优化产品组合，提高获利水平。产品组合的盈亏平衡分析计算方法有两种，即加权平均边际贡献率法与边际贡献保本率法。

（一）加权平均边际贡献率法

其计算步骤如下：

第一步：计算全部产品的销售总额。

第二步：计算各种产品的销售比重。

第三步：计算各种产品的加权平均边际贡献率（综合边际贡献率）。

$$加权平均边际贡献率=\sum(各种产品的边际贡献率\times各种产品的销售比重)$$

第四步：计算整个企业的综合盈亏平衡点销售额（综合保本销售额）。

$$综合盈亏平衡点销售额=\frac{固定成本}{加权平均边际贡献率}$$

第五步：计算各种产品的盈亏平衡点销售额及销售量。

各种产品的盈亏平衡点销售额=综合盈亏平衡点销售额×各种产品的销售比重

【例 4–5】 沿用【例 4–2】的资料，宏光公司生产甲、乙、丙三种产品，三种产品的预计销量分别为 1 000 件、1 500 件、2 000 件，销售单价分别为 3 元、10 元、25 元，单位变动成本分别为 28 元、6 元、16 元，企业的固定成本总额为 15 500 元。

要求：用加权平均边际贡献率法计算各种产品的盈亏平衡点销售量及销售额。

【解析】

【例 4–2】已计算出加权平均边际贡献率为 31%。

则，该企业的综合盈亏平衡点销售额=15 500÷31%=50 000（元）

计算各种产品的盈亏平衡点销售额和盈亏平衡点销售量如下：

甲产品盈亏平衡点销售额=50 000×35%=17 500（元）

甲产品盈亏平衡点销售量=17 500÷35= 500（件）

乙产品盈亏平衡点销售额=50 000×15%=7 500（元）

乙产品盈亏平衡点销售量=7 500÷10= 750（件）

丙产品盈亏平衡点销售额=50 000×50%=25 000（元）

丙产品盈亏平衡点销售量=25 000÷25=1 000（件）

应当注意的是，上述方法的应用是建立在企业各种产品的销售比重可以预计且保持不变的基础上的。

（二）边际贡献保本率法

企业的边际贡献总额正好等于固定成本总额就是保本；若补偿固定成本后还有余额，则为企业利润。转为相对数也是如此，边际贡献总额中，一部分是用来补偿固定成本的，这部分叫作“边际贡献保本率”；另一部分是补偿固定成本后用来创造利润的，称为“边际贡献创利率”。其计算公式为：

$$边际贡献保本率=\frac{固定成本总额}{\sum各种产品的边际贡献}$$

边际贡献创利率=1-边际贡献保本率

预计全部产品销售将实现的利润=全部产品边际贡献总额×边际贡献创利率

边际贡献保本率法求多品种保本点的计算步骤如下：

第一步：计算企业的边际贡献保本率。

第二步：计算各种产品的保本销售额。

各种产品的保本销售额=各种产品的销售收入额×边际贡献保本率

第三步：计算各种产品的保本销售量。

各种产品的保本销售量=各种产品的保本销售额÷各种产品单价

【例4-6】沿用【例4-2】的资料。

要求：用边际贡献保本率法计算各种产品的保本销售额及保本销售量。

【解析】

在【例4-3】中，已计算出企业边际贡献总额为31 000元；甲产品、乙产品、丙产品的销售额分别是35 000元、15 000元、50 000元，则有：

企业的边际贡献保本率=15 500÷31 000=50%

企业综合保本销售额=100 000×50%=50 000（元）

甲产品的保本销售额=35 000×50%=17 500（元）

甲产品的保本销售量=17 500÷35= 500（件）

乙产品的保本销售额=15 000×50%=7 500（元）

乙产品的保本销售量=7 500÷10= 750（件）

丙产品的保本销售额=50 000×50%=25 000（元）

丙产品的保本销售量=25 000÷25=1 000（件）

同步任务4-3——练一练

某公司生产销售A、B、C三种产品，有关资料见表4-6。

表4-6　　A、B、C产品销售资料表

项目	A产品	B产品	C产品
预计销售量（件）	100 000	25 000	10 000
单价（元）	10	20	50
单位变动成本（元）	8	16	25
边际贡献率			
销售收入额			
销售比重			
固定成本	300 000		

要求：

（1）计算并填写表4-6。

（2）计算企业的综合保本销售额。

（3）计算各种产品的保本销售额与保本销售量。

四、安全边际分析

企业在进行目标利润规划和编制经营计划时，一般需要计算分析两个与盈亏平衡点有联系的指标，即安全边际与盈亏平衡点（保本）作业率，这两个指标主要用于企业分析其生产经营的安全程度。

（一）安全边际

安全边际，是指实际销售量超过盈亏平衡点销售量的差额。企业的实际销售量超过盈亏平衡点销售量越多，说明企业发生亏损的可能性越小，企业的经营也就越安全。在当前的经营环境中，了解公司所能承受的最低销售收入，对于管理者而言是非常重要的。安全边际可以用绝对数和相对数两种形式来表示，其计算公式为：

安全边际量=实际销售量（x）-盈亏平衡点销售量（x_0）

安全边际额=实际销售额（S）-盈亏平衡点销售额（S_0）

$$安全边际率=\frac{安全边际量(x - x_0)}{实际销售量(x)}\times 100\%=\frac{安全边际额(S - S_0)}{实际销售额(S)}\times 100\%$$

【例4-7】沿用【例4-1】的资料，罗杰公司只生产旱冰鞋一种产品，单价110元，单位变动成本44元，每月固定成本39 600元。罗杰公司旱冰鞋本月的实际销售量为1 500件。

要求：计算旱冰鞋的安全边际量（额）和安全边际率。

【解析】

$$盈亏平衡点销售量=\frac{39\ 600}{110 - 44}=600（件）$$

安全边际量=1 500-600=900（件）

安全边际额=110×1 500-110×600=99 000（元）

$$安全边际率=\frac{900}{1\ 500}\times 100\%=60\%$$

显然，安全边际率越大，说明企业经营越安全。评价企业安全性的一般标准见表4-7。

表4-7 **安全性检验标准**

安全边际率	10%以下	10%～19%	20%～29%	30%～39%	40%及以上
安全程度	危险	值得注意	比较安全	安全	很安全

因为只有盈亏平衡点以上的销售额（即安全边际部分）才能为企业提供利润，所以安全边际提供了一种用计划销售水平来估算营业利润的快捷方式。营业利润又可按下列公式计算：

营业利润（P）=安全边际销售量（$x-x_0$）×单位产品边际贡献（cm） 基本公式（4）

营业利润（P）=安全边际销售额（$S-S_0$）×边际贡献率（cmR）　　基本公式（5）

基本公式（5）左右两边同除以销售额，可得：

销售利润率=安全边际率×边际贡献率

由基本公式（4）与基本公式（5）可以看出，只有安全边际范围内的销售量或销售额才能为企业提供利润。保本点内的销售额产生的边际贡献，先用以补偿固定成本，只有销量达到保本点，全部固定成本得到补偿之后，安全边际范围内每件产品创造的边际贡献额，就是为企业创造的利润数额。因此，安全边际越大，企业利润越多，生产经营越安全。

（二）盈亏平衡点（保本）作业率

以盈亏平衡点为基础，还可得到另一个辅助性的衡量企业生产经营安全程度指标，即盈亏平衡点作业率，该指标对企业的生产安排具有一定的指导意义。其计算公式为：

$$盈亏平衡点作业率=\frac{盈亏平衡点销售量(x_0)}{正常开工销售量(x)}\times 100\%$$

【例4-8】仍然沿用【例4-1】的资料，旱冰鞋下年度的计划销售量为2 000件，正常开工情况下的销售量为2 000件。

要求：计算安全边际量、安全边际额、安全边际率、盈亏平衡点作业率、营业利润和销售利润率。

【解析】

安全边际量=2 000−600=1 400（件）

安全边际额=（2 000−600）×110=154 000（元）

$$安全边际率=\frac{1\,400}{2\,000}\times 100\%=\frac{1\,400\times 110}{2\,000\times 110}\times 100\%=70\%$$

$$盈亏平衡点作业率=\frac{600}{2\,000}\times 100\%=30\%$$

营业利润=1 400×（110−44）=92 400（元）

或　　=1 400×110×60%=92 400（元）

销售利润率=70%×60%=42%

本量利公式小结

同步任务4-4——练一练

某公司2022年只经营A产品，预计单价为20元，单位变动成本为12元，固定成本总额为240 000元，预计产销量为40 000件。

要求：

（1）计算安全边际量、安全边际额。

（2）计算安全边际率、保本作业率、销售利润率。

（3）分别用五个基本公式计算企业能实现的营业利润额。

任务4.4　目标利润分析与敏感性分析

一、目标利润分析

目标利润分析，是在本量利分析的基础上，计算为达到目标利润所需达到的业务量、收入和成本的一种利润规划方法。盈亏平衡点分析是在假定企业的利润为零这样一种特殊的经营状态下来研究问题的，企业的经营目标当然不是利润为零，而是尽可能多地创造利润。通过前面的分析，我们已经知道只有实际销售量超过盈亏平衡点销售量才能获得利润，所以，目标利润分析是盈亏平衡分析的延伸和拓展。

（一）单一品种的目标利润分析

根据盈亏平衡点的公式模型可以推导出：

$$\text{实现目标利润的销售量（保利销售量）}=\frac{\text{目标利润}(P)+\text{固定成本}(a)}{\text{单位产品边际贡献}(cm)}$$

$$\text{实现目标利润的销售额（保利销售额）}=\frac{\text{目标利润}(P)+\text{固定成本}(a)}{\text{边际贡献率}(cmR)}$$

【例4-9】某企业只生产和销售甲产品，甲产品的单位售价为50元，单位变动成本为30元，全年固定成本为50 000元。

要求：

（1）计算甲产品的盈亏平衡点销售量。

（2）该企业计划期的目标息税前利润为20 000元，请计算实现目标利润的销售量和销售额。

【解析】根据资料得：

单位产品边际贡献=50−30=20（元）

边际贡献率=20÷50=40%

盈亏平衡点销售量=50 000÷20=2 500（件）

实现目标利润的销售量=（20 000+50 000）÷20=3 500（件）

实现目标利润的销售额=（20 000+50 000）÷40%=175 000（元）

注意本量利公式中的利润是税前利润，如果企业设定的目标利润值是税后利润，则应将其转换为税前利润。

税后利润=税前利润×（1−所得税税率）

税前利润=税后利润÷（1−所得税税率）

$$\text{所以，实现目标税后利润的销售量}=\frac{\dfrac{\text{税后目标利润}}{1-\text{所得税税率}}+\text{固定成本}}{\text{单位产品边际贡献}}$$

$$\text{实现目标税后利润的销售额}=\frac{\dfrac{\text{税后目标利润}}{1-\text{所得税税率}}+\text{固定成本}}{\text{边际贡献率}}$$

【例 4-10】沿用【例 4-9】，假定企业目标税后利润为 15 000 元，所得税税率为 25%，其他条件不变。

要求：计算企业实现目标利润的销售量和销售额。

【解析】实现目标利润的销售量=［15 000÷（1-25%）+50 000］÷20=3 500（件）

实现目标利润的销售额=［15 000÷（1-25%）+50 000］÷40%=175 000（元）

企业应结合市场情况、宏观经济背景、行业发展规划以及企业的战略发展规划等确定目标利润。企业要实现目标利润，在假定其他因素不变时，通常应提高销售数量或销售价格，降低固定成本或企业变动成本。

企业在应用该工具方法进行提高销售量的策略分析时，可以根据市场情况的变化对销售价格进行调整，降价通常可以促进销售量的增加，提价通常可能使销售量下降；在市场需求极为旺盛的情况下，可以通过增加固定成本支出（如广告费、租赁设备等）、扩大生产能力来提高销售量。

同步任务 4-5——练一练

兴华公司只产销一种产品，产品的单价为 30 元，单位变动成本为 20 元，固定成本为 30 000 元。请计算在下列情况下企业的销售量与销售额。

（1）实现税前利润 15 000 元。

（2）实现税后利润 15 000 元，企业的所得税税率为 25%。

（3）达到企业生产经营很安全状态（安全边际率在 40% 及以上）。

（二）产品组合的目标利润分析

在单一产品的目标利润分析基础上，依据分析结果进行优化调整，寻找最优的产品组合。基本分析公式如下：

综合保利销售额=（目标利润+固定成本）/综合边际贡献率

=（目标利润+固定成本）/（1-综合变动成本率）

企业在应用该工具方法进行优化产品产量结构的策略分析时，可以考虑在既定的生产能力基础上，提高具有较高边际贡献率的产品的产量。即在总销售额一定的前提下，提高边际贡献率高的产品的销售比重，降低边际贡献率低的产品的销售比重，通过品种结构的调整，提高企业加权平均边际贡献率来提升企业利润。

【例 4-11】沿用【例 4-2】的资料，宏光公司生产甲、乙、丙三种产品，各产品的预计销量分别为 1 000 件、1 500 件、2 000 件，单价分别为 35 元、10 元、25 元，单位变动成本分别为 28 元、6 元、16 元，企业的固定成本总额为 15 500 元，企业的目标营业利润为 21 700 元。

要求：（1）计算企业的综合保利销售额，以及各种产品的保利销售额和保利销售量。

（2）假定企业调整甲、乙、丙三种产品的销售比重为10%、40%、50%，其他因素不变，计算此时的加权平均贡献率与综合保利销售额。

（3）计算在新的销售比重下，若企业实现销售额120 000元，此时企业可以实现的利润额。

【解析】

（1）前例中已计算出加权平均边际贡献率为31%，则该企业的综合保利销售额=（15 500+21 700）÷31%=120 000（元）。

各种产品的保利销售额和保利销售量如下：

甲产品保利销售额=120 000×35%=42 000（元）

甲产品保利销售量=42 000÷35= 1 200（件）

乙产品保利销售额=120 000×15%=18 000（元）

乙产品保利销售量=18 000÷10= 1 800（件）

丙产品保利销售额=120 000×50%=60 000（元）

丙产品保利销售量=60 000÷25= 2 400（件）

（2）加权平均边际贡献率=20%×10%+40%×40%+36%×50%=36%

企业综合保利销售额=（15 500+21 700）÷36%=103 333.33（元）

（3）企业可实现的利润额=120 000×36%−15 500=27 700（元）

同步任务4-6——练一练

1.ABC礼品店的预计利润表如下：

销售收入	800 000元
减：销售成本（包括固定成本400 000元）	880 000元
利润（亏损）	（80 000）元

管理者认为，增加200 000元的广告费能使销售量大大增加。

请计算：（1）该企业原盈亏平衡点销售额是多少？

（2）增加200 000元的广告费后，礼品店的盈亏平衡点销售额是多少？

（3）增加广告费后，若企业目标营业利润为40 000元，企业达到目标利润的销售额是多少？

2.某公司生产销售A、B、C三种产品，有关资料见同步任务4-3，现企业的目标税前利润要求为100 000元。

要求：（1）计算企业的综合保利销售额。

（2）计算各种产品的保利销售额与保利销售量。

（3）若将A、B、C三种产品的销售比重调整为25%、25%、50%，请计算企业的综合保利销售额。

（4）如果企业计划实现销售额20 000 000元，分别计算此时在原销售比重，以及在调整后的销售比重下，各自能实现的利润额。

二、敏感性分析

敏感性分析，是指对影响目标实现的因素变化进行量化分析，以确定各因素变化对实现目标的影响及敏感程度。利润的敏感性分析是研究影响利润的有关因素发生某种变化时，利润的相应变化程度的一种分析方法。

敏感性分析工具具有广泛适用性，有助于对短期营运决策、长期投资决策等有关风险进行识别、控制和防范。短期营运决策的敏感性分析，主要用于目标利润的规划和经营风险的评价。通过利润的敏感性分析，可以帮助企业发现影响营业利润的敏感性因素，提醒管理者关注营运管理过程中的关键因素，从而助力企业的风险管理与营运管理。

敏感性分析可以分为单因素敏感性分析和多因素敏感性分析。

（一）因素临界值分析

由本量利基本公式可以看出，影响利润的因素包括单价、单位变动成本、销量、固定成本等。其中，有些因素的增长会导致利润增长，如单价、销量；而另一些因素降低会使利润增长，如单位变动成本、固定成本。因素临界值分析是指确保企业不亏损的各项因素变动的极限值，即达到盈亏平衡时的销量和单价的最小允许值，以及单位变动成本与固定成本的最大允许值，超越这些临界值，企业就将由盈利转为亏损。

在单一品种生产的情况下，P代表企业的利润，本量利基本公式存在如下线性模型：

$$P=px-(bx+a) \quad \text{基本公式（1）}$$

现假定影响利润的一个因素变动，其他因素不变。当利润P=0时，即可以求得各因素变动的临界值。

1.单价的最小允许值

$$P_{min}=\frac{a+bx}{x}$$

2.销量的最小允许值

$$X_{min}=\frac{a}{p-b}$$

3.单位变动成本的最大允许值

$$b_{max}=\frac{px-a}{x}$$

4.固定成本的最大允许值

a_{max}=（p-b）x

【例4-12】企业只生产和销售甲产品，甲产品的单位售价为50元，单位变动成本为30元，全年固定成本为50 000元，下年度的计划销量为3 500件，目标利润是20 000元。要求：计算影响利润的各因素临界值。

【解析】

①单价的最小允许值$P_{min}=\frac{50\ 000+30\times 3\ 500}{3\ 500}$=44.29（元）

当单价降至44.29元以下，企业将由盈利转为亏损。

②销量的最小允许值，实际上就是保本销售量，$X_{min}=\frac{50\ 000}{50-30}$=2 500（件）。

当销售量低于2 500件，企业将由盈利转为亏损。

③单位变动成本的最大允许值$b_{max}=\frac{50\times 3\ 500-50\ 000}{3\ 500}$=35.71（元）

计划期单位变动成本若将提高，最高不能超过35.71元，否则企业将由盈利转为亏损。

④固定成本的最大允许值a_{max}=（50-30）×3 500=70 000（元）

计划期企业固定成本总额若将提高，最高不能超过70 000元，否则企业将由盈利转为亏损。

（二）各因素的敏感性分析

1.单因素敏感性分析

单因素敏感性分析，是指每次只变动一个因素，而其他因素保持不变时所作的敏感性分析。一般用敏感性系数来衡量各因素的敏感性大小。敏感性系数反映某一因素值（自变量）变动对目标值（因变量）变动的敏感程度。其计算公式为：

$$某因素敏感性系数=\frac{目标值变动的百分比}{某因素变动的百分比}$$

在目标利润规划中，目标值为目标利润，变动因素为销量、单价、单位变动成本与固定成本。敏感性系数为正数，说明该因素与利润同向增减；否则为反向增减。某因素的敏感性系数的绝对值越大，说明利润对该因素越敏感。

由敏感性系数定义公式，计算敏感性系数需要变动前后两期数据。根据简单推导，还可以推导出直接用基期数据计算各因素敏感性系数的简便公式。

单价的敏感性系数=基期销售收入/基期利润

单位变动成本的敏感性系数=-基期变动成本总额/基期利润

销量的敏感性系数=基期边际贡献总额/基期利润

固定成本的敏感性系数=-固定成本总额/基期利润

从简便公式可以看出，它们之间又存在以下关系：

单价敏感性系数+单位变动成本敏感性系数=销量敏感性系数

销量敏感性系数+固定成本敏感性系数=1

同步任务4-7——推导一下

请用本量利公式自行推导出上述直接用基期数据计算各因素敏感性系数的4个简便公式中的任意2个。

____

____

____

通过利润的单因素敏感性分析，企业的决策人员可以知道利润对哪些因素的变化比较敏感，对哪些因素的变化不太敏感，以便分清主次，抓住重点，确保目标利润的实现。

现举例说明影响利润的各有关单因素敏感性系数的计算。

【例4-13】沿用【例4-12】，企业只生产和销售甲产品，甲产品单价为50元，单位变动成本为30元，全年固定成本为5 000元，计划销量为3 000件，目标利润是20 000元。现假设销量、单位售价、单位变动成本、固定成本各增长20%，请用敏感性系数定义公式，计算各因素的敏感性系数。

【解析】

①销量的敏感性系数

变动后的销售量=3 500×（1+20%）=4 200（件）

利润=（50-30）×4 200-50 000=34 000（元）

利润变动百分比=（34 000-20 000）÷20 000×100%=70%

销量的敏感性系数=70%÷20%=3.5

②单价的敏感性系数

变动后的单价=50×（1+20%）=60（元）

利润=（60-30）×3 500-50 000=55 000（元）

利润变动百分比=（55 000-20 000）÷20 000×100%=175%

单价的敏感性系数=175%÷20%=8.75

③单位变动成本的敏感性系数

变动后的单位变动成本=30×（1+20%）=36（元）

利润=（50-36）×3 500-50 000=-1 000（元）

利润变动百分比=（-1 000-20 000）÷20 000×100%=-105%

单位变动成本的敏感性系数=（-105%）÷20%=-5.25

④固定成本的敏感性系数

变动后的固定成本=50 000×（1+20%）=60 000（元）

利润=（50-30）×3 500-60 000=10 000（元）

利润变动百分比=（10 000-20 000）÷20 000×100%=-50%

固定成本的敏感性系数=-50%÷20%=-2.5

根据以上计算，4个因素的敏感性系数，按绝对值从大到小排序依次是单价、单位变动成本、销量、固定成本。换言之，对利润影响最大的因素是单价，其次是单位变动成本与销量，固定成本对利润的影响程度最小。

同步任务4-8——练一练

1.请用简便公式计算例4-13中各因素的敏感性系数，并验证各因素敏感性系数之间的关系。

____

____

____

2.甲公司生产经营A产品，单位售价100元，单位变动成本60元，固定成本400 000元。基期销量15 000件。

要求：计算各因素的敏感性系数，并验证各因素敏感性系数之间的关系。

____

____

____

2.多因素敏感性分析

单因素敏感性分析是假定每次只变动一个因素，而其他因素保持不变时所作的分析。例如，销售单价的敏感性分析是假订单价提高，其他因素不变。但实际上单价、单位变动成本、销量、固定成本这四个因素之间也是互相敏感的，也就是说，某个因素的变动，一般也会引起其他因素的变动。例如，企业在产品成本、产品外观功能不变的情况下提高单价，必然导致市场销量的降低；若想在提高单价的基础上不影响销量，必然要在产品外观功能上进行相应的改进，这又将导致成本的上升。因此，进行目标利润规划，往往要进行多因素敏感性分析。

多因素同时变动的情况下，需要计算各因素同时变化后的利润，通过变化后的利润额与原利润额的比较，来判断因素变动方案是否可行。

【例4-14】沿用【例4-12】，企业只生产和销售甲产品，甲产品单价为50元，单位变动成本为30元，全年固定成本为5 000元，计划销量为3 500件，原定目标利润是20 000元。现有销售部门提出降价促销方案，根据测算，价格下降2%，同时改进产品的外观设计，加大广告投入，将使销量提高20%。而改进产品的外观设计，将使单位变动成本上升1%，加大广告投入，将使固定成本上升4%。请问该降价促销方案是否可行？

【解析】

变动后的单价=50×（1-2%）=49（元）

变动后的单位变动成本=30×（1+1%）=30.30（元）

变动后的固定成本=50 000×（1+4%）=52 000（元）

变动后的销量=3 500×（1+20%）=4 200（件）

实施该降价促销方案后的利润=（49-30.30）×4 200-52 000=26 540（元）

实施该方案后利润变动百分比=（26 540-20 000）÷20 000×100%=32.70%

实施该降价促销方案后，目标利润比原方案的目标利润提高32.70%，因此，该降价促销方案可行。

（三）敏感性分析与短期营运决策

一般而言，在对利润产生影响的各因素中，敏感性最高的为单价，最低的是固定成本，销量和单位变动成本介于两者之间。作为企业的管理者，在掌握了各有关因素对利润的敏感程度之后，下面的任务就是利用敏感性分析帮助决策，抓住关键因素，综合利用各有关因素之间的相互联系，以实现现有资源条件下企业利润最大化的经营目标。

1.慎重实施价格决策

单价为绝对敏感因素，单价的变化会引起利润以几倍于单价变化的程度发生变化。所以在经济决策中，对降价必须给予格外的关注。价格下调带来的利润损失，若不能通过扩大销售量或降低单位成本予以更大程度的补偿，则企业的整体利润肯定会下降，目标利润难以实现。同时，价格上涨的同时，应尽可能地抑制销量的大幅缩减和成本的大幅上升。否则目标利润同样难以实现。

2.降低单位变动成本

单位变动成本同样属于利润的敏感因素，所以降低单位变动成本对实现企业目标利润具有重要意义。特别是从长期看，成本的高低将是企业能否生存和发展的关键。

3.扩大销售量

销量的增加会导致企业利润的大幅度增加。但这里有一个前提，就是单价的降低幅度不能太大，否则，由于价格的敏感程度大于销量的敏感程度，销量的增加反而会减少企业的利润。一般而言，企业扩大销售量的主要措施包括：提高产品质量，以质取胜；大力促销；实施品牌战略，提高消费者品牌忠诚度。

一般而言，市场经济条件下价格调整需要慎重实施，在单位变动成本已经控制到位的前提下，企业往往考虑的是采用各种促销措施与方案来提高计划期目标利润，一般而言，在其他因素不变的前提下，销量的变动往往导致经营利润更大幅度的变动，经济学上称这种现象为经营杠杆效应。

典型案例4-1　　宏达公司的生产经营选择

宏达公司是一家从事建筑安装工程的公司，其中的一个部门专门替同乡的一家企业生产所需的零部件。该零部件每年需求量为10 000件，每件售价36元，零部件的年度预算见表4-8。

表4-8　　零部件年度预算　　单位：元

原材料费用	120 000	其他固定成本	90 000
人工费用	60 000	成本总额	320 000
机器租赁费用	50 000		

工人工资为固定费用，按月计算。最近宏达公司考虑租用另外一台机器。如果租用新机器，可使用较便宜的材料，每件材料成本只需6元。新机器的每年租赁费用为

110 000元。人工费用仍维持不变。

要求：

（1）解释“安全边际”一词。

（2）使用现有的机器，并按照现在的需求量，计算保本点和安全边际。

（3）试评论租赁新机器的建议，并以数据来支持你的论点。

（4）宏达公司得悉短期内该零件的每年需求量将增至14 000件。如果产量超过12 000件，人工费将增加30 000元。评述如果使用下列机器来生产14 000件零部件的财务成果：①现有机器。②建议的新机器。

典型案例4-1

参考答案

巩固与练习

一、判断题

1.企业的营运计划可以随时调整。（　　）

2.PDCA原则中的“P”指的是实施。（　　）

3.在进行本量利分析时，不需要任何假设条件。（　　）

4.因为本量利分析的各种模型（公式）是建立在各种假定的前提条件下，因而它们都存在一定的局限性。（　　）

5.边际贡献先用于补偿固定成本，之后若有余额，才能为企业提供利润。（　　）

6.企业的边际贡献应当等于企业的销售毛利。（　　）

7.如果变动成本率为60%，固定成本总额为30 000元，则保本销售额为50 000元。（　　）

8.在其他条件不变的情况下，单位变动成本越小，保本点就越低。（　　）

9.在多品种条件下，若其他因素不变，只要提高边际贡献率较大的产品的销售比重，就可以降低综合保本额和保利额。（　　）

10.若产品销售单价与单位变动成本同方向同比例变动，则单一品种的产品保本销售量不变。（　　）

11.在其他因素不变的情况下，若目标利润变动，则保本点业务量发生相应变动，但保利点业务量将保持不变。（　　）

12.保本点作业率表明了在保本状态下企业生产经营能力的利用程度。（　　）

13.边际贡献率小于零的企业，必然是亏损企业。（　　）

14.安全边际越小，保本点就越大，利润就越高。（　　）

15.若边际贡献等于固定成本，则企业处于保本状态。（　　）

16.安全边际率与保本作业率是互补的，安全边际率低则保本作业率高，其和为1。（　　）

17.销售利润率=边际贡献率×安全边际率。（　　）

18.在其他条件不变的情况下，固定成本总额越小，保本点越低。（　　）

二、单项选择题

1.如果产品的单价与单位变动成本上升的百分比相同，其他因素不变，则保本销售量（　　）。

A.不变　　B.上升　　C.下降　　D.不确定

2.下列公式中不正确的是（　　）。

A.利润=边际贡献率×安全边际额

B.安全边际率+边际贡献率=1

C.安全边际率+保本点作业率=1

D.边际贡献率=（固定成本+利润）/销售收入

3.当单价为100元，边际贡献率为40%，安全边际量为1 000件时，企业可实现利润（　　）元。

A.2 500　　B.100 000　　C.60 000　　D.40 000

4.企业的销售利润率等于（　　）。

A.边际贡献率与安全边际率之商　　B.边际贡献率与安全边际率之积

C.边际贡献率与安全边际率之和　　D.边际贡献率与安全边际率之差

5.某产品单价为20元，单位变动成本为15元，固定成本为20 000元，目标税后利润为13 400元，所得税税率为33%，则盈亏平衡点销售量为（　　）件。

A.6 000　　B.4 000　　C.8 000　　D.10 000

6.在采用图示法确定产品保本点时，保本点是本量利关系图中（　　）的交点。

A.变动成本线与总收入线　　B.固定成本线与总收入线

C.总成本线与总收入线　　D.变动成本线与总成本线

7.在安全边际范围内，每增加一个单位的销售量，就可以增加（　　）的利润额。

A.一个单位销售价格　　B.一个单位变动成本

C.一个单位成本　　D.一个单位边际贡献

8.欧森公司以单位产品50元的价格销售一种产品。每月固定成本总额为15 000元，单位变动成本为20元。如果公司决定将产品的单价下调5元，要保本，公司应增加（　　）销售额。

A.2 000元　　B.5 000元　　C.8 000元　　D.10 000元

9.河林汽车配件公司通常能取得40%的边际贡献率。公司经理认为，如果每月多花5 000元的广告费，公司每月就能增加营业利润3 000元。预计作广告后每月能增加的销售额为（　　）。

A.2 000元　　B.15 000元　　C.18 000元　　D.20 000元

10.（　　）会引起保本点发生变化。

A.销售量增加　　B.总产量减少

C.固定成本减少　　D.变动成本总额随产量增加而增加

11.某公司生产甲产品，边际贡献率为40%，保本销售额为500 000元，假定利润为

300 000元，那么销售收入总额为（　　）元。

A.1050 000　　B.1250 000　　C.840 000　　D.600 000

12.在销售量不变的情况下，保本点越低，（　　）。

A.盈利区的面积越大，亏损区的面积越小

B.只引起盈利区的变化

C.盈利区的面积越小，亏损区的面积越大

D.只引起亏损区的变化

13.某公司计划目标利润为40万元，预计固定成本为23万元，产品单位变动成本为21元，销售量为20 000件，则该产品单价应定为（　　）元。

A.21　　B.31　　C.31.5　　D.52.5

14.反映企业经营安全程度的指标是（　　）。

A.保本销售量　　B.保本销售额　　C.安全边际率　　D.边际贡献

15.根据本量利分析基本原理，只提高安全边际而不会降低保本点的措施是（　　）。

A.降低单位变动成本　　B.降低固定成本

C.提高单价　　D.增加产销量

16.（　　）单独变动时，不会对保利点产生影响。

A.单位变动成本　　B.单价　　C.销售量　　D.目标利润

17.不受销售量变动影响的是（　　）。

A.目标利润　　B.安全边际量　　C.安全边际额　　D.单位边际贡献

18.某公司生产乙产品的产销量为3 000件，固定成本为30 000元，单位变动成本为15元，变动成本率为50%，则该产品的安全边际量为（　　）件。

A.1 000　　B.1 500　　C.2 000　　D.2 500

三、多项选择题

1.企业PDCA管理原则包括（　　）。

A.计划　　B.实施　　C.检查　　D.处理

2.营运管理领域应用的管理会计工具方法，一般包括（　　）。

A.本量利分析　　B.敏感性分析　　C.边际分析

D.项目管理　　E.标杆管理

3.营运管理一般按照（　　）等程序进行。

A.营运计划的制订　　B.营运计划的执行

C.营运计划的调整　　D.营运监控分析与报告

E.营运绩效管理

4.下列各项中，能够同时影响保本点、保利点及保净利点的因素为（　　）。

A.单位边际贡献　　B.边际贡献率　　C.固定成本总额

D.目标利润　　E.所得税税率

5.提高企业经营安全性的途径包括（　　）。

A.扩大销售量　　B.降低固定成本

C.降低销售单价　　D.降低单位变动成本

6.根据企业经营安全性检验标准，在以下不相关的情况中，能够断定企业的经营安全程度为“很安全”的有（　　）。

A.保本作业率小于60%　　B.保本作业率等于安全边际率

C.保本作业率小于安全边际率　　D.安全边际率大于40%

7.将会使保本点上升的业务有（　　）。

A.提高单价　　B.扩大销售

C.增加固定成本　　D.增加单位变动成本

8.加权平均边际贡献率等于（　　）。

A.$\sum$（各产品边际贡献率×该产品的销售收入）

B.$\sum$（各产品边际贡献率×该产品的销售比重）

C.各产品边际贡献之和/各产品销售收入之和

D.各产品销售收入之和/各产品边际贡献之和

9.在进行本量利分析时，假定其他因素不变，仅提高销售单价，将会导致的结果有（　　）。

A.保利点下降　　B.保本点上升

C.单位边际贡献增加　　D.边际贡献率提高

10.下列各项中，可以作为判定企业处于保本状态的条件有（　　）。

A.销售额等于零　　B.边际贡献等于固定成本

C.保本作业率等于零　　D.安全边际等于零

11.下列各项的变动能使综合保本点和综合保利点同时下降的有（　　）。

A.边际贡献率较低的产品所占的销售比重上升

B.边际贡献率较高的产品所占的销售比重上升

C.边际贡献率较低的产品所占的销售比重下降

D.边际贡献率较高的产品所占的销售比重下降

12.下列比率之间关系正确的有（　　）。

A.安全边际率+变动成本率=1　　B.边际贡献率+变动成本率=1

C.保本作业率+安全边际率=1　　D.边际贡献率+保本作业率=1

E.保本作业率+变动成本率=1

13.评价企业经营安全程度的指标包括（　　）。

A.安全边际量　　B.安全边际额

C.边际贡献率　　D.安全边际率

E.保本作业率

14.以下因素变动会引起利润增加的有（　　）。

A.固定成本增加　　B.单价下降
C.单位变动成本降低　　D.单价上升
E.销售量增加

15.保本点的具体表现形式包括（　　）。
A.保本销售额　　B.保本销售量　　C.变动成本率
D.边际贡献率　　E.安全边际率

16.恰好处于保本状态的标志有（　　）。
A.收支相等　　B.边际贡献等于固定成本
C.不盈不亏　　D.安全边际率为零
E.保本作业率为零

17.下列与安全边际率有关的说法中，正确的有（　　）。
A.安全边际率是安全边际与当年实际订货量的比率
B.安全边际率与保本作业率的和为1
C.安全边际率是安全边际量与销售量的比率
D.安全边际率越小，企业发生亏损的可能性越小
E.安全边际率越大，企业发生亏损的可能性越小

18.能同时影响保本点、保利点的因素有（　　）。
A.所得税税率　　B.目标利润　　C.单位边际贡献
D.边际贡献率　　E.固定成本总额

四、计算分析题

1.以下是6种相互独立的情况，请计算空缺的金额，填入表4-9、表4-10。

表4-9　**运用单位边际贡献计算表**　金额单位：元

	销售收入	变动成本	单位边际贡献	固定成本	营业利润	销售量
（1）		120 000	20		25 000	4 000
（2）	180 000			45 000	30 000	5 000
（3）	600 000		30	150 000	90 000	

表4-10　**运用边际贡献率计算表**　金额单位：元

	销售收入	变动成本	边际贡献率	固定成本	营业利润
（4）	900 000	720 000			95 000
（5）	600 000		40%		75 000
（6）			30%	90 000	60 000

2.表4-11是甲、乙、丙、丁公司2022年的销售资料，假定每个公司只产销一种产品，且产销平衡。

表 4-11 2022年销售资料表 金额单位：元

公司	销售数量（件）	销售收入总额	变动成本总额	固定成本总额	单位边际贡献	利润（或亏损）
甲	10 000	100 000	60 000	25 000		
乙	5 000	200 000	160 000			（10 000）
丙		250 000		50 000	15	25 000
丁	8 000		96 000		8	24 000

要求：（1）根据本量利分析的基本原理，填列表中空白数字，写出计算过程。

（2）计算丙和丁两个公司的单位变动成本、边际贡献率和变动成本率。

3.宏敏公司产销甲产品，单价为20元，全年预计销售量为12 000件。甲产品单位变动生产成本8.6元，单位变动销售与管理费用3.4元，全年固定制造费用64 000元，全年固定销售与管理费用16 000元。

要求：（1）计算甲产品的保本销售量和销售额。

（2）绘制基本式盈亏临界图。

（3）计算安全边际量、安全边际额和保本点作业率。

（4）计算全年利润。

4.佳丽公司产销丁产品，其各项变动成本占销售收入的百分比为：变动生产成本占30%，变动销售与管理费用占30%，全年固定成本为128 000元，产品销售单价为80元。

要求：（1）计算该公司的保本销售量和销售额。

（2）若该公司全年销售10 000件，可实现利润多少元？

（3）若公司欲实现税前目标利润352 000元，则保利点销售量和保利点销售额为多少？

（4）若公司欲实现税后目标利润375 000元，所得税税率为25%，则保利点销售量和销售额各为多少？

5.红星公司生产并销售甲、乙、丙、丁四种产品，有关资料见表4-12。

表 4-12 产品销售情况表

摘要	甲产品	乙产品	丙产品	丁产品
销售量	80件	100台	50台	60台
销售单价（元）	800	2 000	1 200	2 400
单位变动成本（元）	560	1 600	720	1 680
固定成本总额（元）	94 800			

要求：

（1）用加权平均边际贡献率计算综合盈亏平衡点销售额。

（2）按照销售比重确定各种产品的盈亏平衡点销售额与销售量。

（3）公司欲实现目标利润402 000元，计算综合保利点销售额。（销售量的计算向上取整数，其余计算结果保留2位小数）

6.佳日公司和东方公司制造同一种产品，但两公司经营方式不同。佳日公司主张高度机械化的加工方式，并采用固定工资方式；东方公司主张采用手工操作方式，并采用奖励工资制。佳日公司付给营销人员的报酬是固定工资，东方公司采用固定工资加提成的方式。2021年度两企业利润均为10 000元，但2022年年末，东方公司的利润却低于佳日公司。两公司的有关资料见表4-13。

表4-13 **佳日、东方公司2021年和2022年的有关资料** 单位：元

项目	佳日公司		东方公司	
	2021年	2022年	2021年	2022年
销售收入	100 000	120 000	100 000	150 000
成本费用	90 000	94 000	90 000	130 000
利润	10 000	26 000	10 000	20 000

要求：假设两公司的销售单价和费用耗费水平不变，回答以下问题：

（1）计算两个公司的边际贡献率。

（2）计算两个公司盈亏平衡点的销售额。

（3）如果东方公司2022年度也要获得26 000元的利润，销售额应达到多少？

项目4

自测

项目自测

请扫码完成项目4自测，并填写项目自测表，自行评价成绩，见表4-14。

表4-14 **项目自测表**

题型	分值	自测成绩	错题编号
一、判断题（10题）	20		
二、单选题（10题）	20		
三、多选题（8题）	24		
四、计算分析题（4题）	36		

项目4学习报告

班级：　　　　姓名：　　　　学号：　　　　成绩：

<table>
<tr><td>学习目标</td><td>学习要点</td></tr>
<tr><td>知识目标</td><td>完成图4-5营运管理思维导图的填写。
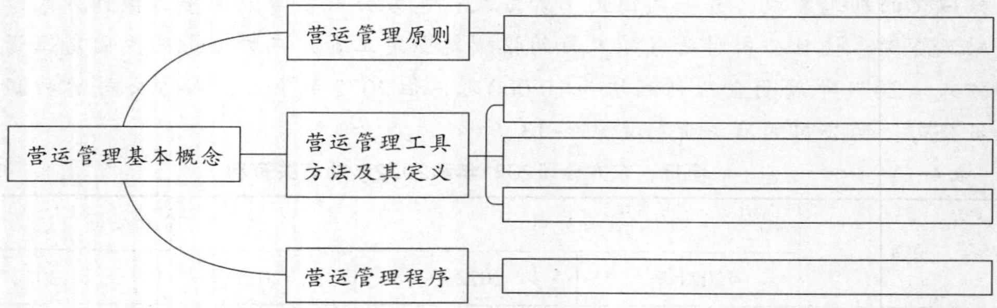

图4-5　营运管理思维导图</td></tr>
<tr><td>技能目标</td><td>完成图4-6营运管理相关公式的填写。
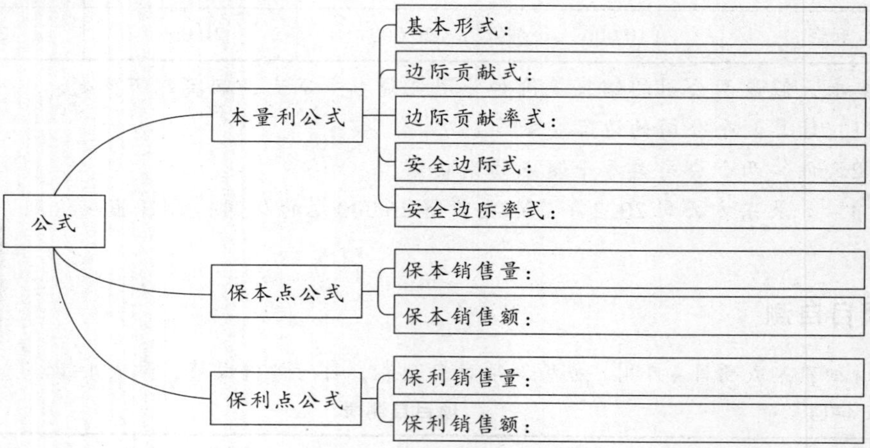

图4-6　营运管理相关公式</td></tr>
<tr><td>素养目标</td><td>“说到营运，人们最容易混淆的是它和战略之间的关系。战略，就是要做正确的事。那营运是什么？营运是正确地做事以实现战略。”请结合实例，谈谈你对战略管理与营运管理的理解。</td></tr>
</table>

项目 5

营运管理决策——持筹握算，能谋善断

思政引领

挽弓当挽强，用箭当用长。射人先射马，擒贼先擒王。——杜甫《前出塞九首》（其六）

解释：拉弓就要用强弓，用箭就要用长箭。射敌人先要射敌人的马，要抓敌人先得抓敌人的首领，比喻人们在做事情的时候要集中力量抓主要矛盾。

管理是决策、计划、组织、指导、实施、控制的过程。决策是管理活动的核心，贯穿于管理活动的始终。在实际管理工作中，最大的失误来自决策的错误。决策正确，企业的生产经营活动才能顺利发展；决策错误，企业的生产经营活动就会遇到挫折乃至一败涂地。管理会计师的任务，就是为管理者提供决策模型与决策备选方案，使他们能够正确决策。营运管理决策工作流程如图5-1所示。

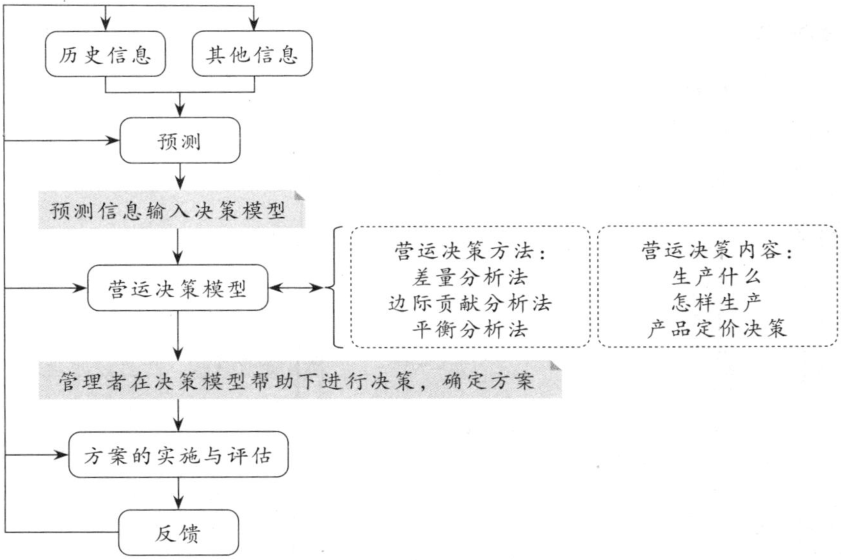

图5-1　营运管理决策工作流程图

营运管理，是对企业生产经营过程的价值增值管理。营运管理对上承接企业战略管理，对下统领预算管理、成本管理、绩效管理等各个管理环节，营运管理决策务必要综合考虑企业价值增值目标与企业社会责任、社会公众利益之间的动态平衡。例如，产品生产决策中，选择非法排放工业废水方案，可能符合企业当期经营利润最大化要求，但是触碰了法律底线，危害社会公众生命财产安全；是否接受特殊低价订货决策，不仅要从是否增加企业收益角度思考问题，还应考虑接受低价订货对老客户的影响、对正常市场秩序的冲击及企业承担的社会责任；产品定价和调价决策，不仅要考虑企业利益，还应考虑市场需求和消费者利益等。因此，管理会计师为企业营运管理决策提供营运决策模型与营运决策各项备选决策方案时，不仅需要熟练掌握各种营运管理决策分析工具，还需要学会拓宽思维，参透企业经营智慧和管理智慧，正确处理企业各方经济利益关系，树立牢固的法治观念，在不触碰法律底线的基础上，寻求企业利润最大化与企业价值增值，同时保障股东的经济效益、员工的权利以及满足社会公众的期望。

关键词

关键词解析

相关成本

重点与难点

1. 决策的概念与短期营运决策基本程序。
2. 辨识相关收入、相关成本、无关成本。
3. 用短期营运决策基本方法进行产品生产与定价决策。

项目导图

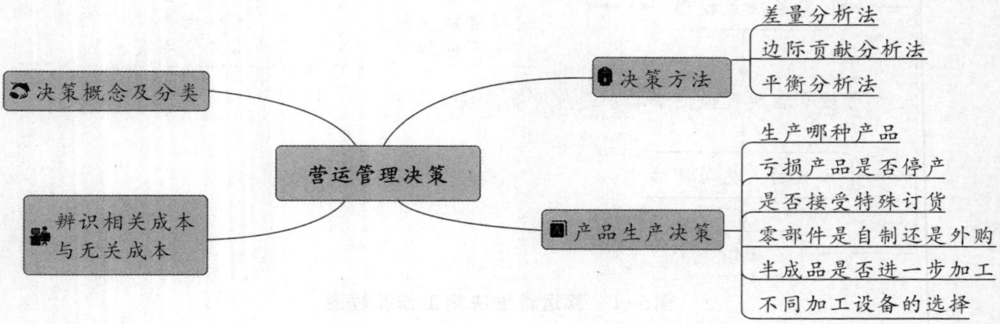

导入案例

海星公司生产一种羽毛球拍，年销售量100 000副，每副60元，尚有20 000副的生产潜力。现有一客户要求订购25 000副，但只出价54元一副。客户提出，订单为一整体，可以接受或不接受，但不能改变数量。年产量100 000副的成本如下：

直接材料	3 000 000元
直接人工	500 000元
固定成本	2 000 000元
总成本	5 500 000元
单位成本	55元

对此项订货，公司进行了内部讨论，生产科长认为，出价54元小于单位成本55元不合算，订货不可接受。

销售科长认为，此项订货可增加销售量，从扩销角度可以接受，但原销售量会减少5 000副，这就会带来损失30 000元（原售价60元，新的售价54元，每副少6元），因此接受订货不合算。

会计科长认为，生产12万件的总成本为620万元，单位成本51.67元，减少5 000件正常销售量接受此订单，企业可增加利润35万元，可以接受。

本案例属于是否接受追加订货决策，是短期营运决策中的一个典型案例。这项短期营运决策的要点是，接受该项订货与不接受该项订货两个方案比较，当期经营利润是增加还是减少，如果能增加当期利润，该订货就可以接受。本案例中，如果将售价54元与目前账面上的单位成本55元比较，会拒绝接受这项订货，但55元并非该项决策的相关成本。

短期营运决策是对企业日常生产经营活动所面临的各种专门问题所做的决策，它所涉及的时间长度在一年或长于一年的一个营业周期以内，决策的要点是相关方案的实施是否能增加当期利润。短期营运决策方法包括差量分析法、边际贡献分析法和平衡分析法，决策主要内容包括生产决策、成本决策和定价决策等。在短期营运决策中，辨识相关成本与无关成本非常关键，决策时将无关成本纳入考量，往往会导致决策失误。

任务5.1 决策概述

一、决策的分类

企业的营运管理过程，是由计划（Plan）、实施（Do）、检查（Check）、处理（Act）等环节构成的闭合循环管理过程，而计划的制订，须先通过预测与决策环节。所谓决策，是为了达到某一目标，依据对过去和现状的分析以及对未来的预测，从一系列的备选方案中选择最优方案的过程。“管理的重心在经营，经营的重心在决策”，决策分析贯穿企业生产经营活动的始终。按照不同的分类标准，企业的经济决策，可以从不同角度进行分类。

（一）按决策所涉及的时间长短，分为短期决策和长期决策

短期决策通常是指决策的影响涉及一年（或长于一年的一个营业周期）以内收支和盈亏的决策。其主要解决的问题是，在现有的资产规模条件下，如何运营现有的人力、物力、财力资源，以达到最佳经营效益，也就是对现有生产经营能力的最佳利用问题。因而，短期决策也称为营运决策。

长期决策是指那些产生报酬的期限超过一年（或一个营业周期），并对较长时间的收支和盈亏产生影响的决策。长期决策考虑的重点是企业应获取什么样的新资源。它的特点是需要投入大量资金，以便扩大企业的规模并形成新的生产经营能力，故长期决策也称为投资决策或资本支出决策。

（二）按决策结果的影响程度，分为战略决策与战术决策

战略决策，通常是指解决企业未来发展方向、大政方针的全局性、长远性的重大问题的决策。例如战略目标的确定、新产品的开发、生产能力的扩张等问题的决策。战略决策一旦失误，将直接影响企业生存和发展，因此战略决策往往需要通过科学的决策程序，并最终由高层决策者做出。企业的长期投资决策、长期筹资决策都属于战略决策。

战术决策，通常是为了达到预期的战略目标，对日常经营活动所采用的方法和手段的局部性决策。例如，现有生产经营能力条件下生产什么、怎样生产、零部件是自制还是外购决策等。战术决策主要考虑将企业现有资源最佳利用、获得最大的经营效果。战术决策失误不会对企业的大局或长期利益产生决定性影响。企业的短期营运决策属于战术决策。

此外，决策按决策所涉及的因素是否确定，可分为确定型决策、风险型决策和不确定型决策；按决策者所处的管理层不同，可分为高层决策、中层决策、基层决策；按决策的基本职能不同，又可分为计划决策和控制决策等。

二、短期营运决策的程序

短期营运决策，是对企业日常生产经营活动所面临的各种专门问题所做出的抉择。决策所涉及的时间是一年或长于一年的一个营业周期以内，决策内容一般不涉及固定资产等扩大企业规模的投资。其主要解决的问题是，企业应根据市场需求生产什么产品、生产多少、如何组织生产以及如何安排人、财、物等。因此，短期营运决策的内容，主要包括生产决策、定价决策、存货决策等；决策的主要目标是使企业利润最大化或利润最优化。决策方法主要是本量利分析法。决策的判断标准，主要考虑经济利益的大小，此外也应考虑对环境和生态的影响。

营运决策的基本程序概括起来就是提出问题、分析问题和解决问题，这个过程包括以下步骤：

1.确定决策目标

目标是决策的出发点和归宿，所以，在决策之前，首先要从企业的现状出发，找出需要解决的问题，做到有的放矢。一个企业需要解决的问题可能有多个，首先应抓住关键问题，然后再逐个解决其他的次要问题。例如，一家制造业企业，近半年来利润逐月下滑，已濒临亏损。分析其原因，主要是产品未能及时更新换代，不适应市场需求，以及质量问题、价格问题、售后服务等问题。无疑这些问题都需要解决，但必须分清主次、轻重、缓急，抓住主要矛盾，然后逐个加以解决。

2.广泛收集相关信息，务求真实、准确、及时

决策目标一旦确定，管理人员应着手广泛地收集资料，找到做出决策的依据。能否广泛收集与决策目标相关的信息，是决策能否成功的关键。由于经济活动复杂多变，在收集相关信息时必须做到：定量信息与定性信息相结合，财务计量信息与非财务计量信息相结合，避免信息失真，或犯主观、片面的错误。

3.制订备选方案

决策者根据所确定的决策目标和所掌握的有关情报信息，设计出各种可能采取的方案，即备选方案，形成较大的可选择空间，并分析各个方案的得失和利弊。

4.选择最满意（可行）方案

对各备选方案进行成本效益分析，这是短期营运决策中最关键的一个环节。在这个阶段，决策者要根据所掌握的有关信息，对各备选方案的可行性进行充分的论证，并做出定量与定性、财务计量与非财务计量的综合分析，全面衡量有关因素的影响，通过不断地比较、筛选，最后选出最满意（可行）方案。

5.对最满意方案的实施、评价和反馈

决策方案选定以后，应将其纳入企业计划，具体组织实施。在实施过程中，应经常监督检查，将实际发展进程与决策目标进行比较，做出评价，找出偏离目标的程度及原因，提供反馈信息。

上述决策的步骤参见图5-2。

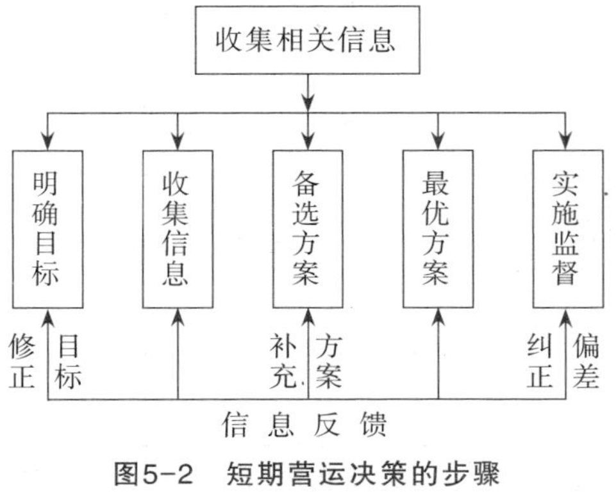

图5-2　短期营运决策的步骤

从图5-2可以看出，这五个步骤不是按顺序一次性完成的，经常需要返回到以前的

阶段。例如，在方案实施过程中，要对实施的具体情况进行检查和监督，并将实施结果和决策目标进行比较，揭示偏离目标的程度及原因，“对症下药”地采取相应的措施纠正偏差，甚至修正原来的决策方案，使之尽量符合客观需要并适应企业内外部环境，保证决策目标的顺利实现。

三、短期营运决策原则

为确保营运决策的科学性，营运管理决策应遵循以下原则：

（一）满意性原则

现代决策理论认为，满意性原则比最优化原则更符合客观实际，因而也更具有实践价值。

（二）成本效益原则

管理人员做出合理决策前，最重要的一个步骤是权衡各备选方案的优劣。采用的主要方法是对各备选方案进行成本效益分析。

所谓成本效益分析，就是比较各备选方案的成本和收益，找出效益最大或成本最低的备选方案的过程。在对各备选方案进行成本效益分析时，既要对各备选方案的定量因素进行分析，又要对各备选方案的定性因素进行分析。定量因素是指能用货币计量的因素，进行成本效益的定量分析时，其基本规则是：在其他因素相同的情况下，用货币计量的效益最大或成本最低的方案，就是最佳方案。定性因素是备选方案中所含的不能用货币准确计量的非财务性因素，如员工士气、公共关系、素质等。定性因素是成本效益分析过程中必须考虑的重要影响因素，在许多情况下，定性因素可能改变单纯以定量因素为基础做出的决策，如【例5-1】。由于不同的企业、不同的决策、不同的情况所涉及的定性因素各不相同，因此，本教材的实例，对定性因素不予考虑，成本效益分析以定量分析为主。

【例5-1】李明目前使用公司提供的车，与车辆有关的所有费用也由公司负担。但是，李明必须每年为此项福利支付2 000元的所得税。为免交所得税，李明想自己买车，估计自己买车将会发生如下成本，见表5-1 。

表5-1　　**买车成本表**　　单位：元

分摊到每年的买车费用（折旧费）	3 000
税　费	400
保险费	300
检修费	400
合　计	4 100

如果李明使用自己的车，公司补偿其因公用车的行车里程，每千米补偿0.40元。李明平均每年因公用车行驶里程约5 700千米。汽油费用由公司承担。问：李明应如何

决策？

【解析】本例中，需决策的问题是自己买车还是继续使用公司的车。由于效益相同，因此只需比较两个方案的相关成本。首先进行定量分析，可采用列表方式比较各方案的相关成本，见表5-2。

表5-2 **相关成本表**

	自己买车	用公司的车
相关成本	4 100元	4 280元

上表中，用公司的车成本为4 280元（2 000+2 280），其中2 000是用公司的车须缴纳的所得税，2 280元是如果用公司的车而必须放弃的公司补偿的费用，这笔放弃的补偿费构成使用公车的机会成本（有关机会成本内容将在任务5.2中进行阐述）。由上表可见，自己买车每年有净收益180元（4 100−4 280）元。上述分析中，180元的净收益仅是决策中可用货币计量的因素，即只进行了定量分析。在李明做出最后决策前，他还将考虑各种定性因素。例如，用公司的车的一大好处就是可以减少心理负担，不必考虑车辆的使用成本和修理费等问题，这可能比自己买车节省的180元更有价值。因此，在实际工作中，定性分析很重要，在许多情况下，定性分析可能改变单纯以定量分析为基础做出的决策。

进行成本效益分析的基本程序如下：

首先，考察所取得的全部成本信息，识别备选方案中与决策有关的成本和收入；

其次，列示出各备选方案的相关成本和相关收入；

最后，用相关收入减去相关成本，得出各备选方案的净收益或净成本。

进行成本效益的定量分析时，如何列示成本和效益因素，没有固定的形式，可参考表5-3成本效益分析表，进行最佳方案的选择。在表5-3中，方案一的净收益最高，应选择方案一。

表5-3 **成本效益分析表** 单位：元

项目	方案一	方案二	方案三
相关收入	300	100	200
相关成本	200	120	160
净收益（损失）	100	（20）	40

进行成本效益分析的难点是，如何从大量呈现在我们面前的信息中选择有用信息，如何找到与备选方案有关的相关收入与相关成本信息，这就需要多角度去认识成本概念与常识。

（三）合理配置资源原则

现代企业的一切经营活动，都离不开对人、财、物等资源的利用。但物力资源，特别是不可再生资源往往是稀缺的。在一般情况下，资源条件是决策方案实施的客观制约因素。因此，在决策中必须特别强调合理配置和充分利用稀缺资源这一原则，否则，决策方案的实施就失去了坚实的基础。

（四）反馈原则

由于经济活动的多样性和复杂性，原来按照满意性原则选定的方案，在付诸实施以后，其赖以生存的主客观环境可能已经发生了较大的变化，这就要求决策者要按照反馈原则，对原先选定的方案进行必要的修改和调整，使其更符合客观实际。

任务 5.2　辨析营运决策成本

一、相关业务量、相关收入与相关成本

短期营运决策方案选优的标准主要是各备选方案经济效益的高低。而对决策方案进行成本效益分析的难点，在于如何从大量呈现在我们面前的信息中，选择与备选方案有关的业务量、收入和成本信息，一般称之为相关业务量、相关收入与相关成本。

（一）相关业务量

相关业务量是指与特定决策方案相关的业务量。对相关业务量判断失误，会影响相关收益与相关成本的计算，造成决策失误，例如是否增产某种产品的决策中，相关业务量是指增产的数量而非该产品总产量。

（二）相关收入

相关收入是指与特定决策方案相联系的收入。判别相关收入的方法是：观察某项收入是否因某项决策方案的存在而存在，即若实施该方案就会产生该项收入，若不实施这个方案，则该项收入不发生，那么，该项收入就是该决策方案的相关收入。

（三）相关成本

相关成本是指与特定决策方案相联系的成本，其判别方法也是看某项成本是否因某个决策方案的存在而存在。实务中，特定决策方案的相关业务量与相关收入容易辨析，一般不会误判。但成本概念却包罗万千，容易误判。美国经济学家克拉克（Clark）早在1923年就提出了“不同目的，不同成本”的思想。如果费尽心力获得的成本信息是与决策无关的成本信息，必然会干扰决策甚至导致决策失误。

相关成本的以下两个特点，有助于决策者辨析成本是否与特定决策相关。

（1）相关成本必须是发生在未来的成本。因为决策都是面向未来的，备选方案都是尚未实施的未来行为，因此只有未来成本才可能是决策相关成本。

（2）相关成本是因某决策方案的存在而发生的成本。即若实施该方案，就会产生该项成本，若不实施该方案，则该项成本不发生，那么，该项成本就是该决策方案的相关成本。如果某项成本不会因是否实施某方案而改变，即无论是否实施该方案，该项成本都会发生，那么该项成本就是该决策方案的无关成本。

同步任务5-1——写一写

一家生产小型家用电器的公司管理者，正在考虑接受或者拒绝一个1 500件的订单（企业有足够的生产能力进行该订单的生产）。

问题：判断下列成本是相关成本还是无关成本？

①订单所需的零部件；

②主管的工资；

③设备的折旧费用；

④机器运行所耗费的电力成本。

____

____

____

二、辨析相关成本与无关成本

企业进行营运决策考虑的相关成本，与财务会计核算的成本资料有区别也有联系，它没有公认的、固定的概念，是应企业营运决策需要而专门考虑或计算的成本数据。它可以是事前的，也可以是事中或事后的；可能是已经发生的，也可能是没有发生的；可以是全面的，也可以是专题的，总之，不同目的，不同成本。企业在进行决策方案的综合分析判断时，应特别关注辨析以下几组成本概念。

（一）历史成本与重置成本

按成本的计量属性，可以分为历史成本与重置成本。

1.历史成本

历史成本是指过去为取得资产实际发生的成本支出。财务会计中，对资产的计量，一般遵循历史成本原则。

2.重置成本

重置成本是目前重新购买一项原有资产所需支付的全部费用，即所拥有资产目前的市场价格。

依据相关成本与无关成本的识别标准，显然，历史成本往往是无关成本，而重置成本则与特定决策方案相关。例如，某服装厂于去年8月份购进一批布料，现在此种布料的市场价格由原来的每米22元提高到每米30元。在作布料的定价决策时，从历史成本角度来考虑，每米按25元出售，还可以取得3元的利润；但站在重置成本的角度上看，如果出售后再重新购买这种布料，每米要花30元，所以，当按每米25元出售时，不仅不能获利，反而每米亏损5元。因此在该定价决策中，需要考虑的是重置成本，而非历史成本。

（二）沉没成本与付现成本

不同时期发生的成本，对决策产生的影响是不一样的。根据成本的这种时效性，可以将成本分为沉没成本与付现成本。

1.沉没成本

沉没成本（Sunk Cost），是指过去已经发生的，无法由现在或将来的决策所改变的成本。例如，购置设备或其他生产资料所耗费的历史性支出是过去的支出，与目前的决策无关，所以在决策过程中应该剔除沉没成本这一因素。

【例5-2】某企业在5年前购置一台设备，原价30 000元。现有两个备选方案处置此设备：报废清理或修理后作价出售。假定报废清理可得残值2 800元；若进行修理需花费修理费3 000元，修理后可作价7 500元出售。该企业应如何做决策？

【解析】显然，设备原价30 000元是企业过去决策所发生的支出，已经无法改变，与当前决策无关，属于沉没成本。该项决策可以直接按净收入大小进行计算比较：经修理后作价出售可得净收入4 500元（7 500-3 000），比报废清理多1 700元（4 500-2 800），所以应该选择修理后再出售的方案。

同步任务5-2——课堂问答

小亮正坐在电影院里，发现电影很乏味，他很想离开电影院，但考虑到如果在这时离开电影院，就白白损失了买电影票的钱，因为这个缘故，虽然电影不好看，他还是想坚持看下去。请问小亮的决策存在什么问题？小亮现在是否离开电影院的决策，应该考虑比较的因素是什么？

2.付现成本

付现成本（Out-of-pocket Cost），是一种需要在未来支付现金的成本。由于付现成本尚未支出，其金额可以避免或改变，因此付现成本一般属于决策相关成本。未来的工资和修理费用就是付现成本的例子。在营运决策中，特别是当企业资金处于紧张状态，周转不灵，支付能力受到限制时，往往会把现金支付成本作为考虑的重点，选择付现成本最低的方案代替总成本最低的方案。

【例5-3】某企业现接受一批订货，为满足客户对这批货物的要求，急需购置一种专用设备，但近期企业的资金十分紧张，预计短期内也无应收账款可以收回，而且银行贷款利率高达8%。在这种情况下，该企业购买此专用设备有下述两个可选择方案：

方案一：甲公司可提供这种专用设备，要价150 000元，货款需马上支付。

方案二：乙公司亦可提供这种设备，要价180 000元，但现在只需支付30 000元，余款分15个月付清，每月归还10 000元。

企业应该选择哪一个方案？

【解析】根据上述资料，企业管理人员认为第二个方案较为可行，因为该方案所需支付的总成本虽然较第一方案多30 000元，但近期的现金支出较少，是企业现有支付能力所能承受的；而专项设备购入并投入使用所带来的收益，又可弥补总成本较高而造成的损失。上述决策的分析表明，当企业资金紧张时，需要把付现成本作为考虑的重点。

（三）增量成本与非增量成本

增量成本是指实施某项方案预期会增加的成本，如果没有该项行动方案，则该项成本不会发生。例如，在企业决定是否接受某项特殊订单的决策中，接受该订单的额外变动成本就是增量成本，因为接受该订单，该变动成本就会发生，否则就不会发生。

非增量成本是指无论某项行动方案实施与否成本都会保持不变的成本。显然，非增量成本是实施该行动方案决策的无关成本。例如，在短期营运决策中，约束性固定成本就是非增量成本，因为约束性固定成本不会因短期决策方案的改变而改变。

（四）差量成本与边际成本

1.差量成本

差量成本有广义与狭义之分。广义的差量成本，是指两个备选方案的成本差别，也称为差别成本。

狭义的差量成本，是指当产销量发生增减变化导致的成本差异，即生产能力的利用程度不同所导致的成本差异。表5-4列举了某企业生产能力的利用程度不同所导致的成本差异。

表5-4 生产能力利用程度不同时的成本

生产能力利用率	64%	82%	100%	118%
产品产量（件）	7 000	9 000	11 000	13 000
变动成本（每件30元）	210 000	270 000	330 000	390 000
固定成本（元）	70 000	70 000	70 000	98 000
成本合计	280 000	340 000	400 000	488 000
单位变动成本（元）	30	30	30	30
单位固定成本（元）	10	7.78	6.36	7.54
平均单位成本（元）	40	37.78	36.36	37.54
差量成本总额（元）		60 000	60 000	88 000

表5-4中，在正常生产经营水平下，现有的厂房设备最大生产能力为11 000件。生产能力利用率为64%和82%时这两种生产能力水平下，每多产销一件产品的差量成本为30元，与单位变动成本一致。产量为7 000件时，总成本是280 000元（7 000×30+70 000元）。产量为9 000件时，总成本是340 000元（9 000×30+70 000）。多生产2 000件的总差量成本为60 000元（2 000×30），差量成本表现为产量的差量乘以单位变动成本。但当企业产量突破现有生产经营能力，由11 000件产品提高到13 000件时，需要追加厂房设备等，这时需要增加固定成本共计28 000元，这时由11 000件产品提高到

13 000件产品，总差量成本为88 000元（2 000×30+28 000）。此时的差量成本中既包含变动成本，也包含固定成本。

2.边际成本

边际成本是经济学中的一个理论概念，在经济学中，将“新增的”或“额外的”称为边际。边际成本的理论定义是：边际成本是成本对产量无限小变化的变动部分，数学上用成本函数的一阶导数来计算得出。但在现实的经济活动中，所谓产量的最小变化，也只能小到一个单位。所以边际成本的实际计量，是指企业额外再生产一个产品或提供一单位服务所发生的增量成本。由表5-4可以看出，在相关范围内，产量增加或减少一个单位的增量成本，等于产品的单位变动成本，因此，在相关范围内，边际成本与单位变动成本是一致的；但超出生产能力许可范围，则边际成本大于单位变动成本。

企业营运管理过程中，边际成本的以下两个性质规律，有助于决策者分析备选方案的经济效益，做出最佳决策。

（1）产品的平均成本与边际成本相等时，平均成本最低。

由于固定成本的存在，所以平均成本一般会随着产量的增加而降低。注意边际成本和平均成本不同，平均成本考虑了全部产量下的全部产品总成本，而边际成本忽略了最后一个产品之前的产量与其总成本，单纯考虑因新增这个产品所新增加的成本。例如，表5-4中，产品的平均成本包括固定成本的分摊数，产量增加，固定成本分摊数降低，平均成本呈下降趋势。而边际成本只考虑新增一个产品的增量成本，不考虑前面发生的固定成本，因此边际成本则一般不会随产品产量的增加而下降，甚至随着资源被充分利用，边际成本可能会随某个产品产量增加而上升，或者由于突破相关范围而忽然大幅度上升。当平均成本与边际成本相等（或平均成本最接近边际成本）时，平均成本最低。边际成本的这一性质规律，是企业制订产量决策、成本优化决策等决策方案的重要依据。

（2）产品的边际收入等于边际成本，即边际利润为零时，企业能实现利润最大化。

边际成本是企业额外生产一个产品或提供一单位服务所付出的增量成本。边际收入则是企业额外生产销售一个产品或提供一单位服务所获得的增量收入。边际收入与边际成本的差，就是边际利润。由于企业的目标是利润最大化，当边际收入大于边际成本时，意味着企业每额外产销一个产品，获得的收入增量大于成本增量，企业必然继续扩大产销量。当边际收入小于边际成本时，意味着企业每额外产销一个产品，获得的收入增量小于成本增量，企业必然减少产销量。因此，边际利润为零时，企业能获得最大利润。边际成本这一性质规律，是企业进行定价决策、亏损产品是否停产等决策的重要依据。

（五）会计成本与机会成本

在机会成本高于会计成本的情况下，通常需要再考虑机会成本，才能做到资源的最佳利用，做出最佳决策。

1.会计成本

会计成本是企业在经营过程中，为生产商品或提供服务而耗费的资源价值，包括工资、利息、土地和房屋的租金、原材料费用、折旧等。会计成本是显性成本，它可以用货币计量，可以在会计的账目上反映。例如，将自有的门头房用于开小卖部，年营业收入50万元，商品成本、工资等会计成本40万元，由于会计账面能产生年营业利润10万元，开设小卖部是个不错的选择。

2.机会成本

机会成本是指企业因从事某项经营活动而不得不放弃另一项经营活动，另一项经营活动能够取得的收益即为正在从事的经营活动的机会成本。机会成本是由资源的稀缺性引起的隐性成本。它以资源的稀缺性为前提，即一项资源用于某一方面，就不能同时用于另一方面；或者说，资源在某个方面使用之所得，恰恰是由于放弃了另一方面使用机会之所失。例如，自有门头房用于开小卖部，年营业利润10万元，但如果该门头房出租可获得租金收益15万元，这15万元的租金收益，就是开设小卖部的机会成本，考虑机会成本后，开设小卖部就不是最优决策。需要注意的是，在面临多方案择一的决策时，被舍弃的方案中的最高收益，构成本次决策的机会成本。

同步任务5-3——课堂问答

1.上大学三年有无机会成本？上大学三年的会计成本与机会成本各是什么？

2.机会成本以资源的稀缺性与资源的多用途性为前提，若一项经济资源只有一种用途，则其机会成本是多少？

（六）可避免成本与不可避免成本

成本按其可避免性，可分为可避免成本和不可避免成本。

1.可避免成本

可避免成本是指通过某项决策行动可以改变其数额的成本。也就是说，如果某项方案被采用了，与其相联系的某项支出就必然发生；反之，如果某项方案没有被采用，则某项支出就不会发生。一般而言，变动成本都是可避免成本，某些酌量性固定成本，如广告费、培训费等均属于可避免成本，因为一旦停止某项经营业务，这些费用就不再发生。

作为可避免成本，虽然它对实现企业经营目标具有一定程度的影响，但并不是绝对必要的，其究竟是否发生及具体数额多少，均依企业经营者的实际选择而定。例如，某企业现在还有剩余生产能力，拟接受某项订货，但对方对这批订货有一些特殊的要求，为满足这些要求，需要购买一项价值5 000元的专用设备，这5 000元的专用设备款最终是否发生，完全取决于这一批订货的接受与否。如果不接受，就不会发生，所以说它是可避免成本。由于可避免成本构成了不同方案的增量成本，因此一般而言都是相关成本。

2. 不可避免成本

不可避免成本是指某项决策行动不能改变其数额的成本。也就是同某一特定决策方案没有直接联系的成本，其发生与否，并不取决于有关方案的取舍。一般来说，就短期营运决策方案而言，现有厂房设备的折旧费、已取得银行借款的利息、必不可少的管理人员的工资等，都属于不可避免成本。

不可避免成本是目前已经客观存在的成本，它与新的备选方案的取舍没有直接联系，无论决策者选择何种决策方案，它都必然发生，且具体发生数额也不因有关方案的取舍而有所改变。因此，它一般属于决策无关成本，在进行备选方案经济性评价时无须考虑这类成本的影响。例如，甲企业在正常的生产能力范围内接受了某项特定订货，接受该订货分摊的企业厂房、设备等固定资产的折旧费为20 000元，这部分折旧费与特定订货的接受与否没有关系，不论某项订货接受与否，都会发生，所以是不可避免成本。一个方案的取舍，主要考虑可避免成本，无须考虑不可避免成本。

（七）可延缓成本与不可延缓成本

按成本的可递延性，可将成本分为可延缓成本和不可延缓成本。

1. 可延缓成本

可延缓成本（Deferrable Cost），是指管理部门已决定要实施某方案，若推迟实施，对目前的经营活动并不会产生较大的不利影响，那么与该方案有关的成本即称为可延缓成本。例如，某企业已决定购买5台电脑，但因企业目前资金紧张，决定推迟其购买时间。这一方案推迟执行，不会对企业目前的生产经营活动产生重大影响。所以，同购买电脑有关的成本称为可延缓成本。

一般来说，广告费、职工培训费、研究开发费等酌量性固定成本，都属于在短期经营决策中，对其暂缓开支不会对企业未来的生产经营产生重大不利影响的那部分成本。因此，决策中需要考虑怎样花？何时花？花多少？所以，可延缓成本一般属于营运决策中必须考虑的相关成本。

2. 不可延缓成本

不可延缓成本是指管理部门已选定的某一决策方案，必须立即实施，否则，将会对企业生产经营活动的正常运行产生重大不良影响，与这一类方案有关的成本，称为不可延缓成本。例如，某企业的一项关键性设备出现故障，如不立即修复投入运行，企业将无法按期生产完成顾客预订的货物，使企业遭受重大损失，所以该设备的修复成本就属于不可延缓成本。

应当指出的是，将成本区分为可避免成本与不可避免成本、可延缓成本与不可延缓成本具有较大的现实意义。可避免成本是对方案进行分析对比、决定取舍的重要依据。而如果多种方案已经决定采用，但受企业现有财力的限制而不可能同时全部付诸实施，这就需要分清轻重缓急，确定哪些是可延缓的，哪些是不可延缓的，然后依次付诸实施。

同步任务5-4——写一写

指出在资金有限的前提下，下列各项固定成本是可延缓成本还是不可延缓成本？

①安装环保装置的成本：已造成环境污染的设备，环保部门要求必须安装环保装置，否则会遭到环保部门勒令停产的处罚。

②广告费。

③管理人员工资。

④管理人员绩效奖金。

⑤研发费用。

（八）专属成本与共同成本

企业的耗费，按是否能直接指向某一特定决策方案，分为专属成本与共同成本。

专属成本是指可直接计入决策方案对象的费用；共同成本是指须分摊计入决策方案对象的费用。一般来说，变动成本都属于专属成本，固定成本则有专属成本，也有共同成本。例如某企业现在还有剩余生产能力，拟接受某项订货，但对方对这批订货有一些特殊的要求，为满足这些要求，需要购买原材料，同时另外购买一项价值5 000元的专用设备。原材料款与这5 000元专用设备款，就属于这次订货决策的专属成本；而厂房的折旧、企业管理人员的工资等属于共同成本。

课堂小结

显然，专属成本往往是可避免成本，属于决策相关成本；共同成本往往是不可避免成本，属于决策无关成本。

任务5.3 短期营运决策方法

短期营运决策所采用的专门方法，因决策的具体内容不同而各有所异，但常用的方法有边际贡献分析法、差量分析法与平衡分析法。

一、边际贡献分析法

边际贡献分析法是通过比较备选方案边际贡献总额的大小或单位资源边际贡献的大小，选出最优方案的方法，包括边际贡献总额分析法、剩余边际贡献总额分析法和单位资源边际贡献分析法。

（一）边际贡献总额分析法

边际贡献总额分析法是指以有关方案的边际贡献总额指标为决策评价指标的分析方法。该方法适用于相关收入均不为零，相关成本基本为变动成本，固定成本为无关成本的决策方案。

(二) 剩余边际贡献总额分析法

剩余边际贡献总额分析法是指相关方案存在专属固定成本或机会成本时，以剩余边际贡献总额的大小作为择优依据的分析方法。其计算公式为：

剩余边际贡献总额=边际贡献总额-专属固定成本-机会成本

(三) 单位资源边际贡献分析法

单位资源边际贡献分析法是指以有关方案受到约束的资源（一般为生产能力限制）的单位资源边际贡献作为决策评价指标的分析方法。该方法适用于生产受到有限资源的约束，且固定成本为无关成本的决策。

单位资源边际贡献=单位边际贡献÷单位产品资源消耗定额

【例5-4】某设备年生产能力为6 000工时，年折旧费用为3 000元，可以生产甲产品或乙产品，有关资料见表5-5。

表5-5　　甲产品与乙产品有关资料

项目	甲产品	乙产品
单价	80元	120元
单位变动成本	40元	70元
单位产品生产工时	30工时	50工时

问：利用现有生产能力，企业该生产哪种产品？

【解析】

方法一：边际贡献总额分析法。由于固定成本相同，属于无关成本，因此选择边际贡献总额高的产品。

$Tcm_{甲}$ =（80-40）×6 000÷30=8 000（元）

$Tcm_{乙}$ =（120-70）×6 000÷50=6 000（元）

因为 $Tcm_{甲} > Tcm_{乙}$

所以，应该生产甲产品。

方法二：单位资源边际贡献分析法。本题的约束条件是企业的最大生产能力，所以可以计算比较两种产品单位工时边际贡献，选择单位工时边际贡献高者。

假定以Hcm代表每工时创造的边际贡献。则有：

$Hcm_{甲}$ =（80-40）÷30=1.33（元/工时）

$Hcm_{乙}$ =（120-70）÷50=1（元/工时）

因为 $Hcm_{甲}>Hcm_{乙}$，生产约束条件是最大生产经营能力6 000工时，甲产品单位工时创造的边际贡献高于乙产品，所以应该生产甲产品。

采用边际贡献分析法时应注意，无论约束条件是什么，都可以采用边际贡献总额分析法作为择优依据。而采用单位资源边际贡献分析法时，应以单位约束资源边际贡献的大小作为择优依据，绝不能以产品单位边际贡献的大小作为择优依据。

二、差量分析法

差量分析法就是在进行两个相互排斥方案的决策时，通过分别比较两个方案的差量收入、差量成本，以差量利润指标作为评价方案取舍标准的一种方法。差量收入是指可供选择的各备选方案之间预计收入的差额；差量成本是指可供选择的各备选方案之间预计成本的差额；差量收入与差量成本之间的差额，就是差量利润。该方法一般可通过编制差量分析表来进行。

【例5-5】某企业有两个生产方案，请说明企业该选择哪个方案，并填写表5-6差量分析表。

表5-6 **差量分析表** 单位：万元

项目	方案一	方案二	差量
预期收入	160	180	
预期成本	121	134	
预期利润	39	46	

【解析】

第一步，计算差量收入。

方案一与方案二的差量收入=160-180=-20（万元）

第二步，计算差量成本。

方案一与方案二的差量成本=121-134=-13（万元）

第三步，计算差量利润。

方案一与方案二的差量利润=-20-（-13）=-7（万元）

由于方案一与方案二的差量利润是-7万元，说明方案二比方案一能多带来7万元利润。因此，应该选择方案二。

同步任务5-5——练一练

请用差量分析法对【例5-4】进行分析，选择最佳方案。

三、相关成本分析法

相关成本分析法，是指在营运管理决策中，备选方案的相关收入均相同，通过比较各方案的相关成本，来选择最优方案的方法。一般情况下，相关成本的计算公式如下：

相关成本=增量成本+专属成本+机会成本

注意相关成本是个反指标，以此为标准进行决策，相关成本最小的方案是最优方案。

四、成本无差别点法

成本无差别点是指两个备选方案的预期总成本相等时的业务量。成本无差别点分析法是指通过确定两个备选方案的成本无差别点，来确定在一定业务量范围内最优方案的一种决策方法。该方法也称为平衡分析法，其具体方法是，设业务量为未知数，将备选方案的总成本表达为业务量的函数，然后令各备选方案成本总额相等，建立平衡等式，求解该等式方程并据以决策。

【例5-6】 利达公司因产品外观设计改变需要增添一台专用设备，现有两个方案可供选择。一个方案是购买，购买的买价是200 000元，可用10年，设备期满残值率10%，每年维修保养费12 000元，设备每天运营成本150元。另一方案是从租赁公司租赁，每天租金200元。应选择哪个方案？

【解析】 购买还是租赁，取决于购买成本低还是租赁成本低？该决策分析的要点是计算两个不同方案成本相等时的开机天数（业务量），根据这个平衡点来看实际业务量范围，再决策哪个方案最优。

假定每年开机天数为x天，则购买方案：

固定成本 $a_1=\frac{200\,000-20\,000}{10}+12\,000=30\,000$（元）

变动成本 $b_1=150$元/天

购买方案下的年总成本 $y_1=a_1+b_1x=30\,000+150x$

租赁方案：

固定成本 $a_2=0$

变动成本 $b_2=150+200=350$元/天

购买方案下的年总成本 $y_2=a_2+b_2x$

$=0+350x$

$=350x$

假设两个方案年使用总成本相等：

令 $y_1=y_2$

即 $30\,000+150x=350x$

$x=150$（天）

所以，当专用设备每年使用时间为150天时，两个方案总成本相等，购买、租赁皆可；当专用设备每年使用时间小于150天时，租赁方案的年总成本更低，这时应当采用租赁方案；当专用设备每年使用时间大于150天时，购买方案的年总成本更低，这时应当采用购买方案。

短期营运决策分析的内容，涉及企业生产经营的方方面面，这些决策一般不涉及固定资产投资，要解决的问题概括起来主要有生产决策、成本决策和定价决策等。各企业生产经营特点、条件不同，所面临的具体营运决策问题各异，但无论什么问题，都可遵循上述基本程序和分析方法寻求解决方案。

任务5.4 产品生产与成本决策

一、新产品生产的决策

企业所生产的产品能否及时满足市场需要，是决定其兴衰成败的关键。所以，企业必须顺应市场的需求，及时了解信息，不断研制开发适销对路的新产品，改造或淘汰不能适应市场需求的老产品，以提高企业的市场份额，促使企业的利润不断增长。该类决策主要采用边际贡献法或差量分析法进行。

企业利用现有生产经营能力进行新产品生产决策，一般涉及两种情况下的决策：一是企业有剩余生产能力，这时我们应解决的问题是选择哪一种新产品进行生产；二是企业生产能力有限，需要决策是否利用老产品减产的生产能力来进行新产品的生产。但无论是利用剩余生产能力，还是利用老产品腾出来的生产能力，原有的固定成本都是无关成本。

（一）有剩余生产能力条件下的决策

企业可开发的新产品往往不止一种，究竟要投产哪一种新产品，需要通过分析比较才能确定。

【例5-7】根据市场预测可知，公司现有的生产设备可用来生产甲产品或乙产品。这两种产品的有关资料见表5-7。问：生产哪一种产品能为企业提供较多的利润？

表5-7 **售价及成本资料表** 单位：元

项目	甲产品	乙产品
可销售的数量（件）	12 000	18 000
销售单价	8	6
制造成本：		
单位变动成本	3	2
固定成本	32 000	32 000
销售与管理成本：		
单位变动成本	1	1
固定成本	6 000	6 000

【解析】本例可以采用差量分析法，两种产品提供利润的计算见表5-8。

表5-8的计算表明，该厂现有的生产设备用于生产乙产品比用于生产甲产品可多实现利润6 000元，所以，从经济上看生产乙产品为宜。

表 5-8　　甲、乙产品决策分析表（差量分析法）　　单位：元

项目	甲产品	乙产品	差额
产品销售收入	96 000	108 000	-12 000
产品销售成本（制造成本）：			
变动生产成本	36 000	36 000	0
固定制造成本	32 000	32 000	0
销售与管理成本：			
变动销售与管理成本	12 000	18 000	-6 000
固定销售与管理成本	6 000	6 000	0
成本合计	86 000	92 000	-6 000
利润	10 000	16 000	-6 000

因为生产能力有剩余，所以固定成本是决策的无关成本，可以不必进入分析程序。本例也可以采用边际贡献法进行分析，见表 5-9。

表 5-9　　边际贡献分析表　　单位：元

项目	甲产品	乙产品
产品销售收入	96 000	108 000
变动成本：		
变动生产成本	36 000	36 000
变动销售与管理成本	12 000	18 000
变动成本合计	48 000	54 000
边际贡献	48 000	54 000

表 5-9 的计算结果表明：乙产品提供的边际贡献比甲产品多 6 000 元，所以，应生产乙产品，与差量分析法的结论相同。

（二）有限生产能力条件下的决策

当企业生产能力趋于饱和时，开发新产品必然会导致老产品减产，改变企业的产品结构。此时的产品生产决策，必须将减少的利润作为机会成本加以考虑。

【例 5-8】 某企业原来只生产一种 A 产品，现拟增产 B 产品或 C 产品。有关资料表明：如果投产 B 产品，A 产品必须减产 50%；如果投产 C 产品，则 A 产品必须减产 75%。其他有关资料见表 5-10。

表5-10　　售价及成本资料　　单位：元

项目	A产品	B产品	C产品
销售量（件）	10 000	10 000	10 000
单位售价	5	4	3.5
单位变动成本	2.5	2.5	1.5
固定成本	30 000		

要求：分析企业应开发哪一种产品？

【解析】新产品投产并不增加固定成本，所以，固定成本属于无关成本，决策时不需要考虑。由于新产品的生产会使老产品减产，生产B产品会使A产品减产50%，即5 000件；生产C产品会使A产品减产75%，即7 500件。所以，无论开发哪一种产品，都应把老产品减产的损失作为机会成本加以考虑。在决策时，可以先计算投产B产品或投产C产品这两种方案的边际贡献，然后分别减去因投产新产品而造成的A产品的减产损失（即机会成本），进而判断生产哪一种产品对企业有利。具体分析见表5-11。

表5-11　　开发新产品分析表　　单位：元

项目	新产品B	新产品C
销售收入	10 000×4=40 000	10 000×3.5=35 000
变动成本	10 000×2.5=25 000	10 000×1.5=15 000
边际贡献	15 000	20 000
A产品减产的损失（机会成本）	10 000×（5-2.5）×50%=12 500	10 000×（5-2.5）×75%=18 750
增加的利润	2 500	1 250

表5-11的计算分析表明，虽然投产C产品比投产B产品能实现更多的边际贡献，但由于投产C产品而造成的A产品减产损失比投产B产品多。所以投产B产品为宜，它能给企业创造较多的利润。

同步任务5-6——练一练

某车间的生产经营能力为30 000机器工时，其中20 000机器工时用于生产老产品A产品，现准备利用剩余生产能力10 000机器工时开发新产品B产品和C产品。该车间的年固定资产折旧费为7 000元。A产品、B产品和C产品的单价分别为300元、120元和200元；单位变动成本分别为250元、80元和120元；生产单位产品定额机器工时分别为200工时、40工时和100工时。请就以下两种独立不相关的情况进行决策。

1.剩余生产能力应开发B产品还是C产品？

2.假定开发新产品B产品，需要另行购买一套专用模具价值4 000元，开发C产品会使A产品的产量减少20%，请问此时剩余生产能力应开发B产品还是C产品？

二、亏损产品应否停产或转产的决策

亏损产品是指销售利润为负数的产品。从完全成本计算法的角度看，由于销售收入小于全部成本，应该停产。但从变动成本计算法的角度看，变动成本随销售量正比例增长，而固定成本部分，不论企业是否生产，总要发生，属于不可避免成本。当一种产品停产后，其原来负担的固定成本必然由其他产品负担。此类问题一般采用差量分析法或边际贡献分析法。

【例5-9】某企业生产甲、乙、丙三种产品，上年度有关资料见表5-12。

表5-12　**上年度的售价及成本资料**　单位：元

项目	甲产品	乙产品	丙产品
销售数量（件）	1 000	1 200	2 000
销售单价	10	15	11
单位变动成本：			
变动生产成本	2.5	3	8
变动销售与管理费用	1.5	1	1.2
固定成本：			
固定制造费用	11 750		
固定销售与管理费用	4 000		

要求：做出亏损产品是否停产的决策。

【解析】企业上年度的利润情况见表5-13（固定成本按销售收入分摊）。

表5-13　**上年度的利润情况表**　单位：元

项目	甲产品	乙产品	丙产品	合计
销售收入	10 000	18 000	22 000	50 000
变动成本：				
变动生产成本	2 500	3 600	16 000	22 100
变动销售与管理费用	1 500	1 200	2 400	5 100
边际贡献	6 000	13 200	3 600	22 800
固定成本：				
固定制造费用	2 350	4 230	5 170	11 750
固定销售与管理费用	800	1 440	1 760	4 000
利　润	2 850	7 530	（3 330）	7 050

从表5-13可以看出，丙产品亏损3 330元。如果丙产品停产，企业的利润是否会增加呢？具体分析见表5-14。

表5-14　　亏损产品停产后的利润表　　单位：元

项目	甲产品	乙产品	合计
销售收入	10 000	18 000	28 000
变动成本：			
变动生产成本	2 500	3 600	6 100
变动销售与管理费用	1 500	1 200	2 700
边际贡献	6 000	13 200	19 200
固定成本：			
固定制造费用	4 196	7 554	11 750
固定销售与管理费用	1 429	2 571	4 000
利　润	375	3 075	3 450

从表5-14可以看出，丙产品停产后，企业的利润不但没有增加，反而降低了。其原因是，固定成本是为了维持整个企业的生产经营能力所发生的，与各种产品的生产和销售无直接联系，不论丙产品是否继续生产，固定成本都将继续存在，只不过在丙产品停产后“转嫁”给了其他产品负担而已。运用此原理，我们可以得出这样的结论：只要亏损产品能够为企业提供边际贡献，就能为企业的利润增加做贡献，就不应当停产。所以，此类问题可以用边际贡献分析法或差量分析法进行。对丙产品生产与否的差别收入与差别成本的对比分析如下：

差别收入（2 000×11）　　22 000元

差别成本（按变动成本计算）

　　变动制造成本（2 000×8）　　16 000元

　　变动销售与管理成本（2 000×1.2）　　2 400元

合计　　18 400元

差别利润　　3 600元

计算表明，丙产品虽然最终发生亏损，但其差别收入超过差别成本3 600元，仍为整个企业增加了利润。在这种情况下，停止丙产品的生产，不但不能使企业增加利润，反而会使企业的利润在原有基础上减少3 600元。所以，从经济上看，丙产品继续生产为宜。

此题亦可以直接采用边际贡献分析法，即直接计算亏损产品是否能为企业带来边际贡献，计算分析如下：

$Tcm_{丙}$=2 000×（11-9.2）=3 600>0

即生产丙产品，能为企业带来增量边际贡献3 600元，因此丙产品不应停产。

同步任务5-7——练一练

1.【例5-9】中，假定亏损的丙产品停产后，腾出的生产能力可以获得租金收益4 000元，此时，丙产品是否可以停产呢？请用差量分析法或边际贡献分析法计算说明。

2. 企业生产甲、乙、丙三种产品，其中只有丙产品为亏损产品，亏损额为10 000元，丙产品的全部成本总额为30 000元，其变动成本率为80%，问丙产品是否应停产？若丙产品停产后，腾出的生产能力可以转产丁产品，转产的丁产品能创造边际贡献5 000元，问此时丙产品是否应停转产？请用差量分析法或边际贡献分析法计算说明。

三、追加订货的决策

追加订货，是指企业在满足正常渠道的销售后，生产能力尚有剩余，有时会接到出价低于正常价格，甚至低于计划产销量水平平均成本的特殊订货。这类问题的决策思路是，只要特殊订货的出价不会影响企业正常销售渠道的正常价格，则只要该追加订货能增加企业的当期利润水平，该特殊订货就可以考虑接受，具体有以下几种决策情形。

（一）剩余生产能力许可范围内的特殊订货

当企业利用剩余生产能力接受追加订货时（特殊订货量小于或等于剩余生产能力），不会妨碍正常的销售任务，所以，在决策时需要考虑的因素主要有销售单价、单位变动成本和专属固定成本。决策方法应当采用差量分析法或边际贡献分析法。决策的标准是：只要特殊订货的售价大于变动成本和专属固定成本之和，即可以接受。

【例5-10】某企业生产能力为400 000件，目前只生产和销售300 000件，单位售价4元，固定成本总额240 000元，单位变动成本2.50元，利润表见表5-15。

表5-15　利润表　单位：元

销售收入（300 000×4）	1 200 000
变动成本（300 000×2.50）	750 000
边际贡献	450 000
固定成本	240 000
息税前利润	210 000
单位成本	3.30

根据目前的生产情况，每年有25%的生产能力未被利用，现有一客户订货80 000件，但每件只出价3.10元，问：要不要接受这笔订货？

【解析】从财务会计计算的单位成本3.30元来看，接受这笔订货将产生净损失16 000元［80 000×（3.10−3.30）］，此笔订货不能接受。这里所犯的错误就是在决策中纳入了无关成本，单位成本3.30元包含所分摊的240 000元的固定生产成本，而该成本在是否接受这笔订货的决策中属于无关成本，无须加以考虑。此类决策可以采用差量分析法进行。

如果接受订货，增加的收入=80 000×3.10=248 000（元）

增加的成本=80 000×2.50=200 000（元）

增加的收益=248 000−200 000=48 000（元）

接受该订单能为企业增加48 000元的收益，因此，该笔订单应该接受。

如果有顾客提出追加订货的要求，但出价较低，并对此项订货有特殊要求，即企业需要增加固定成本的投入。此时企业是否可以接受这种追加订货？

【例5−11】假设企业计划期的销售量为10 000件，只使用了生产能力的80%，单位变动成本20元，单位产品售价30元，固定成本总额100 000元。现企业为了利用闲置的生产能力，承揽了2 000件特殊订货，每件售价25元，为此项订货另需追加专属固定成本2 000元。问：能否接受这批订货？

【解析】如用完全成本分析法，接受订货后，每件产品的平均单位成本应为28.5元（20+102 000÷12 000），出价低于平均成本，无法接受订货。但接受该订货会增加企业的当期利润，具体分析见表5−16。

表5−16　追加订货分析表　单位：元

项　目	原计划	追加订货	合计
销售收入	300 000	50 000	350 000
变动成本	200 000	40 000	240 000
边际贡献	100 000	10 000	110 000
固定成本	100 000	2 000	102 000
利　润	0	8 000	8 000

表5−16的资料表明，当企业的生产能力利用80%时，只能达到不亏不盈。因为此时的销售量正好是盈亏平衡点销售量10 000件［100 000÷（30−20）］。接受追加订货后，尽管特殊订货的出价低于平均单位成本，但企业可增加8 000元的利润，因此企业应接受追加订货。

显然，对追加订货决策，可以采用边际贡献分析法，直接计算特殊订货产生的边际贡献：

$Tcm_{追加订货}$=2 000×（25-20）-2 000=8 000（元）>0

因为该特殊订货可以为企业带来增量边际贡献8 000元，因此可以接受该订货。

（二）超出剩余生产能力范围的特殊订货

特殊订货超出剩余生产能力，则接受特殊订货需要压缩正常订货，这时，压缩正常订货损失的边际贡献，构成接受特殊订货的机会成本。

同步任务5-8——练一练

某公司生产A产品的生产能力为10 000件，目前的正常订货量为8 000件，单价为10元，单位产品完全成本为8元，成本构成如下：

直接材料	3元
直接人工	2元
变动制造费用	1元
固定制造费用	2元

现有客户要向该企业追加订货，价格为每件7元。有以下几种独立情形：

（1）订货2 000件，剩余生产能力无法转移，且追加订货不需要追加专属成本。

（2）订货2 000件，剩余生产能力无法转移，但追加订货需追加专属成本1 000元。

（3）订货2 000件，剩余生产能力可以用于出租，可获取租金收入3 000元，且追加订货不需要追加专属成本。

（4）订货2 500件，剩余生产能力无法转移，且追加订货不需要追加专属成本。

要求：针对上述独立的不同情况，请用边际贡献分析法，为企业做出是否应接受订货的决策？

四、半成品是否深加工的决策

有些企业的产品加工成半成品后就可以出售，也可继续加工为产成品后再出售。当然，产成品的价格要高于半成品的价格，但也需要追加一定的成本。在这种情况下，需要对两种方案进行比较以决定取舍。

在这类决策中，关键是区分相关成本和无关成本。生产半成品之前发生的成本，无论是变动成本还是固定成本，都属于无关成本，在决策时不需要考虑。而半成品进一步深加工所追加的成本是可避免成本，属于相关成本。因此，如果产成品出售的收入减去追加成本后的余额大于半成品的销售收入，应该选择深加工；反之，应选择出售半成品。决策分析方法可采用差量分析法。

【例5-12】某公司生产丁产品，形成半成品后可直接对外销售，产销量为5 000件，单位售价12元。单位产品完全成本为8.5元，具体构成为：

直接材料　　　　4元

直接人工　　　　2元

变动制造费用　　1.5元

固定制造费用　　1元

如继续加工为成品出售，单位售价可提高到15元。单位产品需追加直接材料1.30元，直接人工0.80元，专属固定成本1 200元。此半成品是否要进行深加工？

【解析】采用差量分析法，列式计算过程如下：

进一步加工与出售半成品的差量收入=5 000×（15−12）=15 000（元）

进一步加工与出售半成品的差量成本=5 000×（1.3+0.8）+1 200=11 700（元）

进一步加工与出售半成品的差量损益=15 000−11 700=3 300（元）

列表计算见表5−17。

表5−17　　　　**差量分析表**　　　　单位：元

项目	半成品出售	产成品出售	差额
差量收入	5 000×12=60 000	5 000×15=75 000	15 000
差量成本：			
变动成本	0	5 000×2.1=10 500	10 500
专属固定成本	0	1 200	1 200
差量利润	—	—	3 300

计算结果表明，继续加工为产成品出售比出售半成品可多得利润3 300元，所以，公司应选择继续加工后再出售。

同步任务5−9——练一练

1.某企业生产了某种半成品1 000件，此时的半成品可以立即出售，也可以深加工之后再出售（企业有深加工的生产能力，且不需要增加固定成本）。若现在出售每件售价18元，若继续加工后再出售，每件售价25元，但是要多付加工费9 500元。管理者应做出何种决策？

____

____

____

2.昆仑炼油厂从原油中提炼出来的煤油，既可作为煤油出售，也可以进一步通过裂化加工形成汽油和柴油后再出售。煤油经过裂化加工的收益率是：汽油85%，柴油5%，损失10%。假定裂化加工的加工费是每加仑0.80元，三种油每加仑的售价分别为煤油2.20元、汽油3.80元、柴油1.90元，假定该厂现有煤油20 000加仑，煤油的提炼成本是每加仑1.10元。

要求：对煤油裂化加工的方案进行决策分析。

五、自制或外购零部件的决策

产品制造过程中所需要的零部件，可以由企业的辅助生产车间自行加工，也可以从市场上购买。此类决策不需要考虑收入，只要保证零部件的成本最低即可。也就是说，零部件自制或外购的决策，主要是将零部件的自制成本与外购成本进行比较，选出成本最低的方案。

自制零部件的成本主要包括：变动成本、专属固定成本以及生产能力转移的机会成本等。外购零部件的相关成本一般包括：买价、运杂费、保险费、合理损耗等。而固定成本一般作为无关成本处理。

进行零部件自制或外购决策时，如果零部件的需要量为已知数，一般采用差量分析法；如果零部件的需要量为未知数，可采用平衡分析法。

【例5-13】 某企业生产产品需要甲、乙、丙三种零部件。如果自制，需购置一台专用设备，购价3 500元。其他有关资料见表5-18。如果外购，生产能力不能转移。问：这些零部件应自制还是外购？

表5-18　零部件的需要量及成本资料　单位：元

项目	每月需要量（个）	单位零部件购买成本	单位零部件变动成本
甲零部件	1 200	5	3.5
乙零部件	2 000	7	6
丙零部件	500	8	7

【解析】 由于需要量已知，所以，可采用差量分析法进行决策。具体计算过程如下：

自制成本：

甲零部件（变动成本）　（1 200×3.5）　4 200元

乙零部件　（2 000×6）　12 000元

丙零部件　（500×7）　3 500元

专属固定成本　3 500元

合计　23 200元

外购成本（1 200×5+2 000×7+500×8）　24 000元

自制而非外购的差量收益（24 000−23 200）　800元

通过对比可知，外购三种零部件的成本高于自制，所以，以自制为宜。

同步任务5-10——练一练

某公司生产A产品，每年需要耗用甲零件10 000件。该企业目前的剩余生产能力可以制造甲零件，自制甲零件的单位完全生产成本为：直接材料20元，直接人工13元，变动制造费用2元，分摊的单位固定制造费用5元。若外购，甲零件的单价为32元，运费为40 000元，试问：

1. 若企业的剩余生产能力不能转移，自制甲零件需要追加专属设备投资8 000元，这时企业应自制还是外购甲零件？

2. 若企业的剩余生产能力可以用于出租，年租金收入为5 000元，那么企业是自制还是外购甲零件？

【例5-14】 某公司所需D零部件的自制及外购资料见表5-19。当生产能力无法转移时，确定该零部件何时应自制，何时应外购。

表5-19　　D零部件的成本资料　　单位：元

项目	金额
自制零部件的单位成本	
直接材料	5
直接人工	2
变动制造费用	1
单位变动成本合计	8
专属固定成本合计	5 000
外购单位成本	
2 000件以内	12
2 000件以上	10

【解析】 因为零部件的需要量未知，所以采用平衡分析法进行分析。

设零部件需要量为X，图5-3与图5-4分别为需要量在2 000件以内和2 000件以上的函数模型图。

以X_1代表2 000件以内的成本平衡点，X_2代表2 000件以上的成本平衡点，分别计算这种零部件在2 000件以内和2 000件以上的成本平衡点，列式如下：

$5\,000+8X_1=12X_1$　（$X\leqslant 2000$）

$5\,000+8X_2=10X_2$　（$X>2000$）

可据以确定：$X_1=1\,250$，$X_2=2\,500$

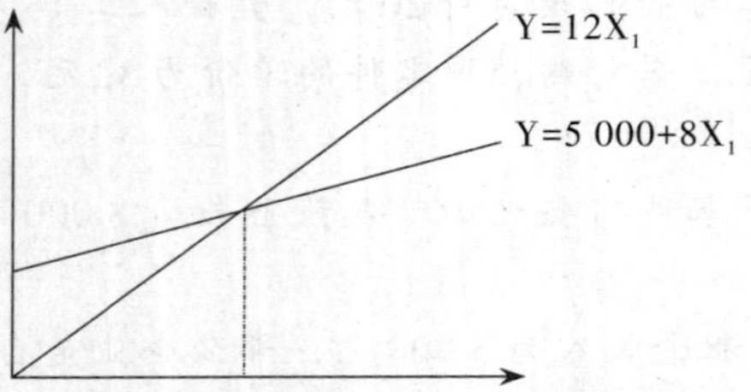

图5-3　2 000件以内函数模型图

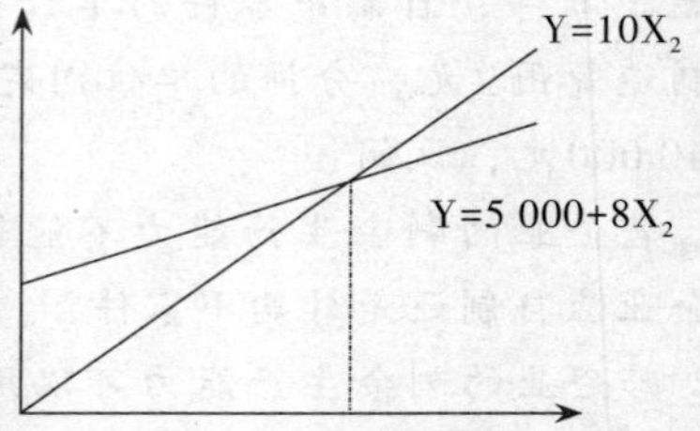

图5-4　2 000件以上函数模型图

计算结果表明：如这种零部件的需要量小于1 250件宜外购；需要量大于1 250件小于2 000件宜自制；需要量大于2 000件小于2 500件宜外购；需要量超过2 500件宜自制。

同步任务5-11——练一练

企业需要A零件，有生产能力可以自制，也可以外购。如果自制，单位产品的直接材料成本12元，直接人工成本8元，单位变动制造费用5元，分配的单位固定制造费用10元。如果不自制，腾出的生产能力可以出租，每年租金收入12 000元。外购的单位成本是35元。

要求：为该企业做出A零件的年需要量在何范围内应自制，在何范围内应外购的决策。

六、不同生产方式的选择

同一种产品往往可以采用不同的生产方法或不同的生产设备来加工制造，但加工的成本却有较大的差别。一般来讲，普通简易设备与高级专用设备相比，一次调整所需的调整准备费较少，但加工一件产品所需的加工费较多。调整准备费属于固定成本，而产品的加工费属于变动成本。所以，为了降低产品的总成本，应将不同类型设备的选择同产品的生产批量大小联系起来进行考虑：当生产批量较小时，用简易的普通设备比较合算；当生产批量达到一定数量时，由于调整准备费摊薄，用高级的专用设备比较合算。具体分析方法应采用平衡分析法。

【例5-15】某企业生产一定规格的轴套，可以用普通车床、六角车床或自动化专用车床进行加工，不同类型的车床一次调整所需的调整准备费和加工一件轴套所需的加工费见表5-20。

表5-20 各种车床的成本资料表 单位：万元

车床类型	一次调整所需的调整准备费	一件轴套的加工费
普通车床	2.5	0.45
六角车床	5	0.2
自动化专用车床	15	0.04

企业应采用何种设备进行加工？

【解析】 计算不同类型的车床加工批量的成本平衡点：设X_1代表普通车床与六角车床之间的加工批量成本平衡点；X_2代表六角车床与自动化专用车床之间加工批量的成本平衡点；X_3代表普通车床与自动化专用车床之间加工批量的成本平衡点。

根据上表资料可得方程组：

$2.5+0.45X_1=5+0.2X_1$

$5+0.20X_2=15+0.04X_2$

$2.5+0.45X_3=15+0.04X_3$

解方程组可得：$X_1=10$件，$X_2\approx63$件，$X_3\approx30$件

如图5-5所示，计算结果表明，如果一次加工的批量小于10件，用普通车床进行加工成本较低；如果一次加工的批量大于10件而小于63件，用六角车床进行加工成本较低；如果一次加工的批量大于63件，用自动化专用车床进行加工成本较低。

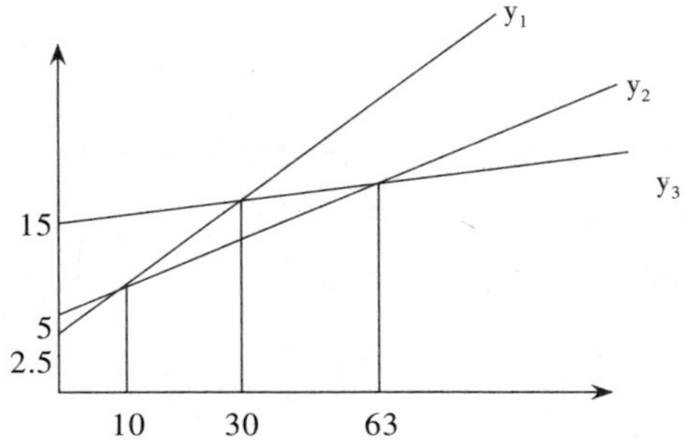

图5-5 加工方式选择函数模型图

同步任务5-12——练一练

某公司生产S产品，有两种加工方案可供选择，分别为机械加工与自动化设备加工。有关资料见表5-21。

表5-21 各种加工方式成本资料表 单位：元

加工方案	固定成本	变动成本
机械加工	12 000	20
自动化设备加工	37 000	10

要求：为该企业做出什么范围应选择何种加工方案的决策。

典型案例5-1

中瑞公司的接受订单决策

中瑞公司是一家贴牌运动鞋生产商，其现时的生产能力只能应付下一季度已签订合约的订单。

现有一连锁店集团向中瑞公司订购10 000双或14 000双贴连锁店商标的运动鞋。该订单的成本预测如下：每双鞋的原材料成本为8元，直接人工成本为2元，销售及包装成本为4.8元，制造费用为人工成本的400%，管理费用为制造费用的40%。管理层决定采用完全成本加成定价法，如订单为10 000双，则定价为44.69元，如订单为14 000双，则定价为41.50元。经过生产组织一定调整，公司可以在下一季度增加15 000双的生产能力应付此订单。

同时，现有知名的运动鞋公司KA公司发来要求中瑞公司供应12 000双运动鞋，每双50元的询价单。经审查以前此规格设计的直接成本：材料成本每双10元，人工成本每双3.5元，销售及包装成本每双5.5元。若中瑞公司接受此订单，便不能接受连锁店的订单。

为增加生产能力15 000双，制造和管理费用的增量成本为65 000元。若只增加生产能力10 000双，制造和管理费用的增量成本为60 000元。这是费用成本的唯一改变。

要求：

1.用相关成本和相关收入比较销售给连锁店10 000双、140 000双，以及销售给KA公司12 000双运动鞋的订单。

2.讨论如何帮助管理层衡量每一张订单，以及管理层接受订单可能会遇到的困难。

典型案例5-1

参考答案

巩固与练习

一、判断题

1.固定成本总额由于不随着业务量的变化而变化，所以固定成本都是决策的非相关成本。 （ ）

2.机会成本是指应由中选的最优方案负担的，按所放弃的其他方案最低收益计算的那部分资源损失。 （ ）

3.采用成本无差别点法时，方案决策标准为：当业务量小于成本无差别点时，应选择固定成本大、单位变动成本小的方案；当业务量大于无差别点时，应选择固定成本小、单位变动成本大的方案。 （ ）

4.按照管理会计的理论，即使追加订货的价格低于正常订货的单位完全生产成本，也不能轻易做出拒绝或接受该项追加订货的决策。 ( )

5.对于那些应当停止生产的亏损产品，不存在是否应当增产的问题。 ( )

6.为了提高企业的利润，所有的亏损产品都应停产或转产，而不应继续生产。 ( )

7.对于接受追加订货的决策分析，如果其形成的边际贡献补偿专属固定成本，再扣减机会成本后的金额是正数，则该追加订货可接受。 ( )

8.企业在进行零部件自制或外购的决策分析时，当零部件需要量已知，可把自制的成本与外购的成本进行对比，选择成本较低的方案。 ( )

9.在有关业务量不确定的情况下，可以利用成本无差别点法进行零部件自制还是外购的决策。 ( )

10.产成品进一步加工决策主要是研究进一步加工后增加的收入是否超过进一步加工时所追加的成本。 ( )

二、单项选择题

1.在管理会计中，将决策分析区分为短期经营决策与项目投资决策所依据的分类标志是（ ）。

A.决策的重要程度 B.决策条件的肯定程度

C.决策涉及时期的长短 D.决策解决的问题

2.当生产量发生无限小的变化时所增加的成本是（ ）。

A.边际成本 B.机会成本 C.差量成本 D.重置成本

3.不构成企业的实际支出，但在经营决策中必须考虑的成本是（ ）。

A.付现成本 B.机会成本 C.不可避免成本 D.边际成本

4.在决策时，因选择了最优方案而放弃了次优方案所丧失掉的潜在的收益是所选方案的（ ）。

A.机会成本 B.专属成本 C.沉没成本 D.增量成本

5.下列属于非相关成本的是（ ）。

A.专属成本 B.共同成本 C.机会成本 D.可避免成本

6.应增产哪一种产品，主要考虑（ ）。

A.产品的销售收入 B.产品的利润

C.边际贡献总额 D.单位边际贡献

7.对亏损产品甲产品是否停产，应根据（ ）原则来决策。

A.看甲产品亏损额是否能由其他盈利产品弥补，如能弥补，企业总利润为正数，继续生产

B.即使甲产品的亏损额能由其他盈利产品弥补，也应停止生产

C.如果甲产品的边际贡献为正数，就应继续生产

D.即使甲产品的边际贡献为正数，也应停止生产

8.下列各项中，亏损产品肯定停产的条件是（ ）。

A.亏损产品的边际贡献大于零，但小于固定成本

B.亏损产品的销售收入大于变动成本

C.亏损产品的边际贡献小于零

D.亏损产品的边际贡献大于零

9.在进行亏损产品转产的决策分析时，其中一个条件是，如果转产的产品所提供的边际贡献（　　）原产品的边际贡献，说明转产不合算。

A.小于　　B.大于　　C.等于　　D.不能确定

10.某企业做出了接受特殊价格追加订货的决策，可以判定，该项追加订货必然满足的条件是（　　）。

A.其单价大于单位变动成本，并能补偿专属机会成本，并覆盖机会成本

B.其单价高于正常订货的单价

C.其数量超过正常订货量

D.其数量超过剩余生产能力

11.在生产能力允许的范围内，接受特殊订货的条件是（　　）。

A.特殊订货所增加的边际贡献大于减少正常生产的边际贡献

B.特殊订货所增加的边际贡献小于减少正常生产的边际贡献

C.特殊订货所增加的边际贡献大于所增加的固定成本

D.特殊订货有新增加的边际贡献

12.在零部件是自制还是外购的决策中，如果零部件的需要量不确定，应当采取的决策方法是（　　）。

A.相关成本分析法　　B.差量分析法

C.成本无差别点法　　D.相关损益分析法

三、多项选择题

1.下列与决策无关的成本有（　　）。

A.沉没成本　　B.不可避免成本　　C.付现成本

D.边际成本　　E.机会成本

2.下列与决策相关的成本有（　　）。

A.差量成本　　B.机会成本　　C.沉没成本

D.专属成本　　E.共同成本

3.短期经营决策的方法主要有（　　）。

A.差量分析法　　B.边际贡献分析法　　C.成本无差别点法

D.销售利润率法　　E.概率分析法

4.下列关于亏损产品生产决策的说法中，正确的有（　　）。

A.在剩余生产能力无法转移时，只要亏损产品的边际贡献大于零就可以继续生产

B.在剩余生产能力能够转移时，只要亏损产品的边际贡献大于转产产品的边际贡献就应转产

C.如果亏损产品停产后，生产亏损产品的设备可以出租，只要租金大于亏损产品的边际贡献，就应停产而出租设备

D.如果具备增产亏损产品的能力，而且生产能力无法转移又不增加专属成本，只要亏损产品的边际贡献大于零就可增产

E.如果亏损产品停产后，闲置的生产能力可以被利用，就应该比较不同方案所提供的边际贡献的大小，然后做出决策

5.下列对机会成本的描述中，正确的有（　　）。

A.接受订货将租入设备，则租入设备支付的租金是接受订货方案的机会成本

B.不接受订货可将设备出租，则设备租金是接受订货方案的机会成本

C.如果接受订货，由于生产能力不足而减少正常订货所丧失的边际贡献是接受该订货的机会成本

D.如果接受订货，由于生产能力不足而减少正常订货所丧失的边际贡献是不接受该订货的机会成本

E.如果不接受订货，剩余生产能力用于生产其他产品，可获得的边际贡献是接受订货的机会成本

6.半成品是否进一步加工的决策应考虑的成本有（　　）。

A.自制半成品的原材料成本　　B.半成品进一步加工的变动成本

C.半成品进一步加工的机会成本　　D.半成品进一步加工的专属成本

E.自制半成品的加工成本

7.可用成本无差别点法进行决策的有（　　）。

A.自制或外购的决策　　B.亏损产品的决策

C.生产工艺选择方案的决策　　D.追加订货的决策

E.开发新产品的决策

8.零部件自制与外购决策分析中，下列说法正确的有（　　）。

A.自制成本包括直接材料、直接人工和变动制造费用

B.自制成本包括直接材料、直接人工和全部制造费用

C.专属成本、机会成本也是决策中应考虑的因素

D.当产量大于成本无差别点业务量时应选择自制

E.当产量大于成本无差别点业务量时应选择外购

四、计算分析题

1.完成以下关于相关性的问题。

（1）公司经营成品石油贸易，现有库存成品油10 000吨，每吨进价2 000元。销售定价原则是进价加成20%。由于国际油价变化，现进价为2 300元每吨。则这批成品油销售的定价决策中，哪些成本是相关成本？为什么？

（2）某企业秘书部门的职工接受过有关专门培训，现考虑由其接管原由企业专门聘请的法律顾问承担的法律事务，接管该工作后，他们的工资不会增加，原来的工作仍要

完成。这些职工的年工资总额为20万元。这20万元的年工资是否与取代专业法律顾问的决策相关？为什么？

(3) 企业库存A原材料，单位成本为10元，该材料可用于生产某项特殊订单，也可以按每千克11元出售，在是否接受该特殊订单的决策中，A材料的相关成本是10元还是11元？为什么？

(4) 为完成某项特殊订单，企业需要100千克A材料。现有A材料存货150千克，单位成本为10元，在接受特殊订单之前，正打算将其作为废品处理，因为已经过时。在是否接受该特殊订单的决策中，A材料的相关成本是多少？为什么？

2.假定A公司生产甲、乙、丙三种产品，其中甲、乙两种产品是盈利产品，丙产品是亏损产品，有关销售及成本资料见表5-22。

表5-22　甲、乙、丙产品销售收入与成本资料　单位：元

项目	甲产品	乙产品	丙产品
销售收入	6 000	8 000	14 000
生产成本：			
直接材料	800	1 400	3 100
直接人工	700	800	2 300
变动制造费用	600	600	1 900
固定制造费用	1 000	1 600	3 700
非生产成本：			
变动销售成本	900	1200	2 700
固定销售成本	600	800	1 800
成本合计	4 600	6 400	15 500
利润	1 400	1 600	(1 500)

要求：

(1) 假定丙产品停产后，其生产设备不能移作他用，做出丙产品是否停产的决策。

(2) 假定丙产品停产后，其生产设备可以出租给别的工厂，预计每年可获得租金净收入1 800元，做出丙产品是否停产的决策。

3.某企业新产品开发计划中有A、B两种产品，有关资料见表5-23。

表5-23　A、B产品生产资料

项目	A产品	B产品
单价定额机器小时（小时）	50	15
预计新产品单价（元）	14 000	17 400
单位变动成本（元）	12 000	15 000
固定成本总额（元）	1 500 000	

用于新产品开发的机器小时最多为30 000小时，其他因素无限制。

要求：确定企业应生产何种产品。

4.某公司原来生产老产品甲产品，现拟利用现有生产能力开发新产品A产品或B产品。若开发A产品，甲产品需减产1/3；如开发B产品，甲产品需减产2/5。这三种产品的产量、售价和成本资料见表5-24。

表5-24 产品相关资料

项目	甲产品（实际数）	A产品（预计数）	B产品（预计数）
生产量（件）	6 000	2 000	2 500
销售单价（元）	300	400	365
单位变动成本（元）	200	280	255
固定成本总额（元）	200 000		

要求：根据上述资料为该公司进行开发哪种新产品较为有利的决策分析。

5.某公司专门生产机床，全年最大生产能力为5 000台，正常产销数量为4 000台，机床的销售单价为48 000元，其单位成本资料见表5-25。

表5-25 机床成本资料 单位：元

直接材料	13 000
直接人工	10 800
制造费用	16 000
其中：变动制造费用	6 200
固定制造费用	9 800
单位产品成本	39 800

要求：（1）现有客户前来订货1 000台，只愿出价每台31 600元，请问该项订货能否接受？请用数据加以说明。

（2）若客户订货1 100台，这时该厂如接受订货，需减少正常的产品销售量100台，但对方出价仍为每台31 600元，请问这项订货能否接受？请用数据加以说明。

6.某公司专门生产向国外销售的排球，原设计生产能力为每年7 000盒（每盒4只球）。根据国际市场调查，原拟在2022年生产并销售5 000盒，销售单价为100元，其预计的简易利润表见表5-26。

表5-26 某公司2022年度简易利润表 单位：元

销售收入	500 000
销售成本	400 000
销售毛利	100 000
销售及管理费用	110 000
息税前利润	（10 000）

表5-26中“销售成本”项目中包括每盒40元的变动成本，其余为固定制造费用；在“销售及管理费用”项目中，包括每盒10元的销售佣金，其余为固定费用。现在某国外公司向该公司订货1 000盒，每盒出价78元。这笔交易无须支付销售佣金，但需要支付代理机构安排交易的酬金5 000元。

要求：根据上述资料做出追加订货的决策分析，并将计算数据填入表5-27。

表5-27 追加订货的决策分析表

项目	拒绝订货	接受订货	差量
销售收入			
变动成本			
变动制造成本			
变动销售及管理成本			
小计			
边际贡献总额			
固定成本			
固定制造成本			
固定销售及管理成本			
小计			
息税前利润			

7.某厂在同一生产过程中产出A、B、C三种联产品（联产品是指用同一种原材料，通过同一个生产过程，同时生产出的两种或两种以上经济价值较大的主要产品），其有关资料见表5-28。

表5-28 联产品资料表

产品名称	产量（吨）	联合成本（元）	分离后立即出售的单价（元）	分离后进一步加工后的成本（元）	加工后的销售单价（元）
A	8 000	160 000	52	272 000	96
B	4 000	480 000	760	720 000	980
C	2 000	40 000	36	40 000	50

要求：根据上述资料，计算出哪些联产品分离后立即出售有利？哪些联产品进一步加工后再行出售有利？

8.某厂专门制造机床，其中甲零件过去都是自制，全年需要量为6 000个。现有一厂愿意提供该零件，索价每个50元。生产部经理要求财会部门就此项零件编制最近一年的实际成本单，以便决定取舍。成本单的数据见表5-29。

表5-29 **甲零件成本单** 单位：元

成本项目	金额
直接材料	18
直接人工	14
变动制造费用	8
固定制造费用	
其中：专属固定制造费用	6
共同固定制造费用	10
单位成本	56

要求：

（1）假定该厂停止生产该项零件，其有关生产设备无其他用途，那么该厂应否购入该项零件？请用数据说明。

（2）假定该厂停止生产该项零件，其有关生产设备可用于生产另一新产品，每年可提供边际贡献总额31 600元。在这种情况下，该厂应否购入该零件？请用数据说明。

项目5

自测

项目自测

请扫码完成项目5自测，并填写项目自测表，自行评价成绩，见表5-30。

表5-30 **项目自测表**

题型	分值	自测成绩	错题编号
一、判断题（10题）	20		
二、单选题（10题）	20		
三、多选题（5题）	20		
四、计算分析题（4题）	40		

项目5学习报告

班级：　　　　姓名：　　　　学号：　　　　成绩：

<table>
<tr><td>学习目标</td><td>学习要点</td></tr>
<tr><td>知识目标</td><td>请完成图5-6相关成本与无关成本思维导图，给出相关成本与无关成本的定义，并列举至少五项相关成本和无关成本。

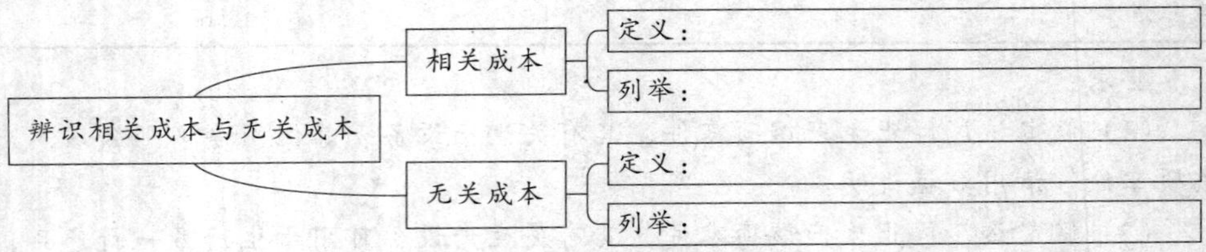

图5-6　相关成本与无关成本思维导图</td></tr>
<tr><td>技能目标</td><td>请完成图5-7产品生产决策思维导图，给出各类营运管理决策问题宜采用的分析方法。

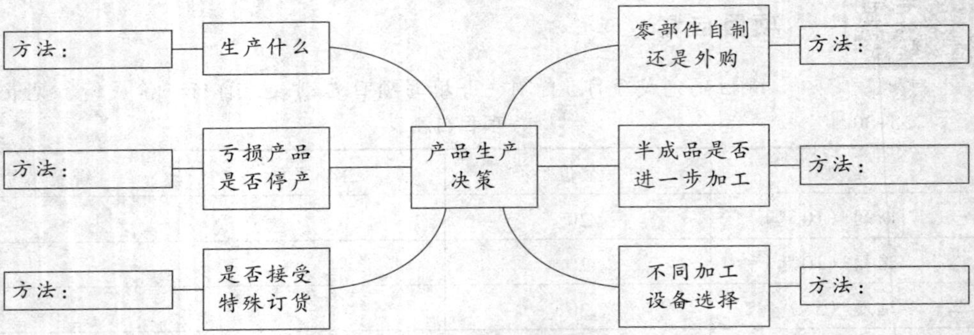

图5-7　产品生产决策思维导图</td></tr>
<tr><td>素养目标</td><td>在企业生产决策时，首先要保证方案实施的法律基础，排除违反法律的方案，在坚持法律与道德底线的基础上比较各个方案的收益。请收集我国管理会计相关案例，并结合具体案例谈谈你对此决策标准的理解。</td></tr>
</table>

项目 6

预算管理——凡事预则立，不预则废

思政引领

凡事预则立，不预则废。——《礼记·中庸》

解释：做任何事情，事前有准备就可以成功，没有准备就会失败。

管理者在企业的生产经营过程中主要承担着三种职责：一是制定公司战略目标——公司总体的长远目标；二是编制长期与短期计划，对所确定的战略目标进行具体化；三是通过实际和预算的对比，评价企业实际经营管理的业绩。这是一个战略—计划—控制—评价的连续循环过程，如图 6-1 所示。

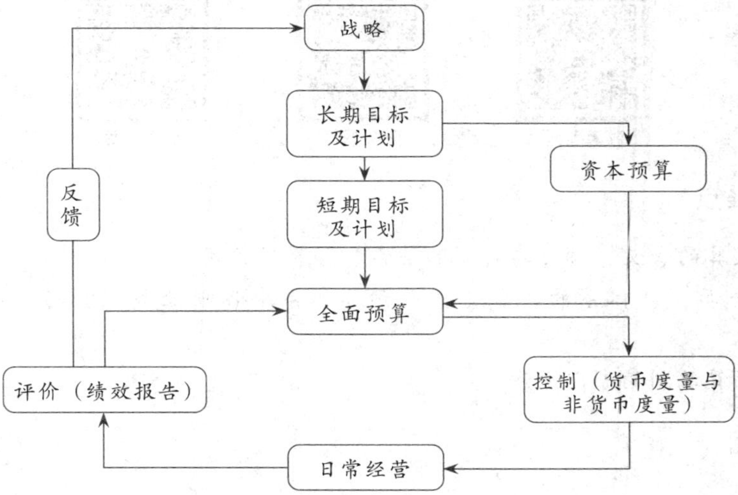

图6-1　企业预算管理流程

这一循环过程的特点是：最富有前瞻性的是战略，一个企业如果没有高瞻远瞩、高屋建瓴的战略，就无法充分利用和保持竞争优势。围绕企业的战略，制定长期计划、短期计划及其相应的预算，其中的长期计划和资本预算，指明了企业未来几年的发展方向；而短期计划和年度预算，则指导企业当前经营能力下的日常经营活动安排。在实际工作中，如果分别编制长期预算和短期预算，关注短期预算的管理者可能忽略长期目标，而关心长期预算的管理者可能会对日常事务处置不当。因此企业需要一个可以让管理者在关注短期预算的同时，能兼顾长期预算的媒介，全面预算应运而生。

全面预算是一套详细表述未来一个经营周期的全部生产经营活动以及长期投资、筹资等财务活动的阶段性计划及预算。全面预算包括业务预算与财务预算，全面预算的各预算表之间相互关联，牵一发而动全身，因此，编制全面预算，一方面要梳理清楚未来的中长期、短期工作计划与战略目标之间的关系；另一方面要梳理清楚各自的财务关系及各部门之间的业绩关系，保证预算之间严谨统一，前后呼应。全面预算是全面贯彻企业战略的一项综合性管理工具，它兼具计划、协调、控制、评价功能，在企业内部管理控制中日益发挥核心作用。作为未来的职业管理会计师，同学们当前务必掌握全面预算编制的技能技巧，同时注重培养自己的全局观、平衡观，以及谨慎细致、注意细节的良好习惯。此外，亦可将预算管理应用于个人的职业规划管理，进一步给自己制定一份长远的职业发展规划，也对自己进行掷地有声的目标管理，通过实践检验考量，以全面落实自己各阶段计划目标的实现。

关键词

关键词解析 预算管理　　关键词解析 业务预算　　关键词解析 财务预算

重点与难点

1. 掌握预算的含义、预算与控制的关系、预算的作用。

2. 掌握全面预算体系的构成与全面预算体系中各项业务预算与各财务预算表的编制。

3. 掌握预算编制的专门方法。

项目导图

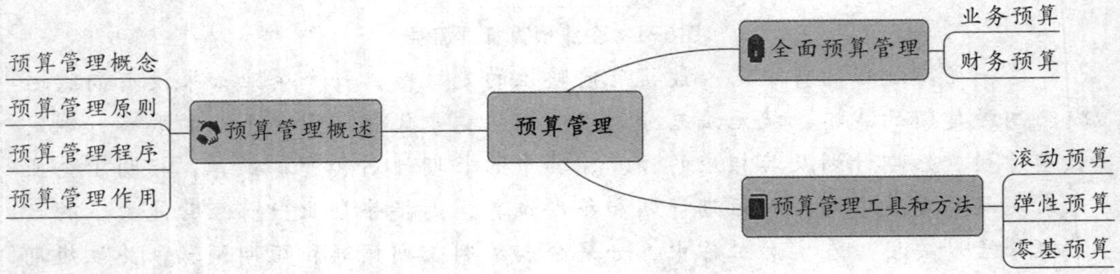

导入案例

马明哲细剖平安流水线：预算、决策、执行、考核四大环节

“平安从开业之初就实行国际化标准、专业透明的规范的法人治理结构，较早引入外资股东的多元化股权结构，高度负责的监事会，国际化的董事会及完善的董事会决策机制。”中国平安保险（集团）股份有限公司（简称平安公司）创始人、创办人、董事长马明哲说，平安公司的内部管理流程分为预算、决策、执行、考核四个主要环节，风险控制贯穿整个管理流程，建立了以会议为枢纽的沟通体系。

在预算方面，由预算委员会确定集团整体战略规划，并制定战略规划的指引，各部门及专业公司根据指引制订年度预算及年中预算调整方案。如有重大金额的预算追加则须经预算管理委员会会同其他相关专业决策管理委员会研究后确定。公司重大事务的决策由各专业决策管理委员会完成，实行主任负责制下的集体决策模式，由专业委员会结合公司发展规划确定各部门及子公司的工作目标。

在执行上，公司在各部门及子公司设执行官，各级执行官之间既有分工，又相互协作，各自对其职责领域负责，同时应尽最大努力帮助其他执行官完成其职责。重大事项须经团队共同决策，并由一名分管的执行官牵头落实，并对结果负责。

在考核上，各执行官全权负责领域内业务的考核结果，其中既有明确的短期经营指标，又有3～5年中长期发展目标。公司对子公司的经营监督以月度经营报告为核心，通过严格的绩效问责，确保集团整体经营目标达成。

本案例中，平安公司从战略规划到预算、决策、执行、考核，形成闭环管理。加强预算管理是众多跨国公司不断发展壮大的成功经验。预算代表了企业的经营目标，是控制企业日常生产经营活动的主要依据，主要包括业务预算和财务预算。本单元将全面介绍预算管理的概念、原则、程序、工具方法，以及全面预算的体系与预算的具体编制。

任务6.1 预算管理概述

一、预算的含义

《管理会计应用指引第200号——预算管理》第二条指出：预算管理，是指企业以战略目标为导向，通过对未来一定期间内的经营活动和相应的财务结果进行全面预测和筹划，科学、合理配置企业各项财务和非财务资源，对执行过程进行监督和分析，并对执行结果进行评价和反馈，指导经营活动的改善和调整，进而推动企业战略目标实现的管理活动。

预算实际上是以货币形式表达的关于企业收入、支出、资本运用的一份正式的商业计划。预算应当在预算期之前编制完成并获得审批。“预算期”表示预算涵盖的时间。

预算期在一个营业周期（通常是一年）内的，称为短期预算；预算期超过一个营业周期的，称为长期预算。

同步任务6-1——课堂问答

请问预测与预算是一回事吗？请以销售预测与销售预算为例，说一说预测与预算二者之间的区别与联系。

____

____

____

二、预算管理的原则

（一）战略导向原则

预算管理应围绕企业的战略目标和业务计划有序开展，引导各预算责任主体聚焦战略、专注执行、达成绩效。

（二）过程控制原则

预算管理应通过及时监控、分析等把握预算目标的实现进度并实施有效评价，对企业经营决策提供有效支撑。

（三）融合性原则

预算管理应以业务为先导、以财务为协同，将预算管理嵌入企业经营管理活动的各个领域、层次、环节。

（四）平衡管理原则

预算管理应平衡长期目标与短期目标、整体利益与局部利益、收入与支出、结果与动因等关系，促进企业可持续发展。

（五）权变性原则

预算管理应刚性与柔性相结合，强调预算对经营管理的刚性约束，又可根据内外环境的重大变化调整预算，并针对例外事项进行特殊处理。

三、预算管理的程序与管理会计工具方法的整合

（一）预算管理程序

企业应用预算管理工具方法，一般按照预算编制、预算控制、预算调整、预算考核等程序进行。

1.预算编制

企业应建立和完善预算编制的工作制度，明确编制依据、编制内容、编制程序和编制方法，确保预算编制依据合理、内容全面、程序规范、方法科学。

一般按照分级编制、逐级汇总的方式，采用自上而下、自下而上、上下结合的流程编制预算。预算编制完成后，应按照相关法律法规及企业章程的规定报企业预算管理决

策机构审议批准，以文件形式下达执行。

2.预算控制

企业花费大量的人力、物力、财力等编制了预算，如若不进行控制，执行中大手大脚，不考虑预算，这样的预算纯粹是浪费人、财、物，因此，预算重在控制。

预算控制是指通过规范的预算编制流程，形成具有广泛共识的、可实现的预算控制目标，按照预算额度和企业内部相关流程进行逐级审批并执行，对销售、回款、存货等不涉及现金支出的预算，以预算分析报告的方式进行监控。

企业应建立健全授权控制制度，明确预算审批权限和要求、预算执行情况分析与报告等内容，强化预算责任，严格预算控制。企业应建立预算执行情况分析制度，定期召开预算执行分析会议，通报预算执行情况，研究解决预算执行中存在的问题，提出改进措施。

3.预算调整

预算调整是指在预算执行时，由各预算责任主体根据经营管理要求、环境或政策变化，提出预算目标调整申请，经审批后，对预算进行修订的过程。

企业经批准下达的预算应保持稳定，由于客观因素导致预算执行发生重大差异确需调整的，应明确预算调整的条件、主体、权限和程序等事宜。

4.预算考核

预算考核侧重对财务指标和定量指标的考核，是企业绩效考核的重要组成部分。企业应建立健全预算考核制度，对各预算责任主体进行预算考核，并将预算考核结果纳入绩效考核体系，切实做到有奖有惩、奖惩分明。

预算考核应以客观事实为依据，考核结果客观公正。奖惩措施应公平合理，并得到及时落实。

（二）预算管理与其他管理会计工具方法的整合

管理会计工具方法并非完全独立。企业可根据其战略目标、业务特点和管理需要，结合不同工具方法的特征及适用范围，选择恰当的工具方法综合运用。

（1）企业可以整合预算与战略管理领域的管理会计工具方法，强化预算对战略目标的承接分解。

以预算管理工具与战略地图工具的综合应用为例，预算管理与战略地图同为企业战略实施与控制的工具。二者区别在于，战略地图是诠释战略的，预算是让战略落地的。因此，战略地图的编制过程就是预算的编制过程。“三分战略，七分执行”，企业战略制定得再好，如果得不到有效实施，终不能将美好蓝图和愿景转变为现实，甚至可能因实际运营背离战略目标而导致经营失败。通过预算管理，将根据发展战略制定的长期目标与年度经营目标进行分解、落实，可以使企业的长期战略规划和年度具体行动方案紧密结合，从而实现“化战略为行动”。通过战略地图实施，将战略目标与执行有效绑定，再融入年度运营计划或企业预算，渗透到企业的日常经营当中，服务企业战略实施。

（2）企业可以整合预算与成本管理、风险管理领域的管理会计工具方法，强化预算对战略执行的过程控制。

（3）企业可以整合预算与营运管理领域的管理会计工具方法，强化预算对生产经营的过程监控。

（4）企业可以整合预算与绩效管理领域的管理会计工具方法，强化预算对战略目标的标杆引导。

四、预算与控制的关系

我们已经把预算定义为“以货币量表述的一份正式的商业计划”。预算也可称为预算控制。预算控制可以简单地概括为“比较实际业绩与预算业绩，并据以采取措施”。

所有的控制，包括预算控制，都是通过建立“控制循环”来实现的。控制循环的运作机制如图6-2所示。

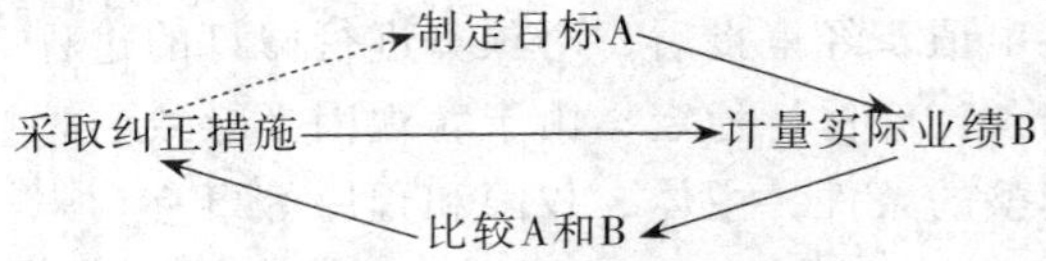

图6-2　控制循环

图6-2说明，预算的编制过程就是制定目标的过程。预算控制是通过计量实际业绩并将其与预算业绩相比较来完成的。依据两种业绩的比较，管理人员可以做出管理决策，纠正不利趋势使实际业绩超过预算业绩，达到最优化。在采取了相应措施后，经理人员还应当继续监控实际业绩，并与预算业绩比较，使控制循环继续发挥作用。上图虚线箭头，是从纠正措施回到制定目标阶段，表明有时企业环境会发生变化，或原始预算不再符合实际情况，管理人员必须重新确立企业的目标，否则，整个预算控制循环就会变得毫无意义。

五、预算的作用

持怀疑态度的管理者声称：“我面临的形势有太多的不确定性和变数，所以没法做出有价值的预算。”但实际情况是，计划和预算在不确定的环境中尤为重要。预算可以使我们对变化做出系统而非混乱的判断。一项完善的预算，能在企业的经营管理过程中起到以下作用。

1.明确目标

在企业管理过程中经常发生的情形是：管理者们忙于应付每天的工作，平息一场又一场生意上的冲突，没有时间考虑明天的问题。用这种“过一天算一天”的方式管理企业，管理者们只把目光集中于目前，而不对未来做出规划，目标从未被具体化。而没有目标，公司的经营就缺少方向，问题不能事先预测，事后也难以对结果做出合理解释。

要想达到事半功倍的效果，管理者应首先设定经营目标，然后制定策略并编制成预算来帮助他们达到目标。目标是目的地，预算是引领管理者到达目的地的地图。

2.评价业绩

预算可以促使各级管理者明确每个人的责任，并以此评价他们的业绩。一般来说，预算是判断实际结果好坏的最佳依据。例如，将公司今年1亿元的销售额与去年8 000万元的销售额相比较，难以表明公司的业绩，也难以表明公司是否完成了目标——今年的销售额预算可能本应是1.1亿元。经济状况、竞争状况、技术、认知和其他因素的变化，都会使与去年或历史指标的比较受到限制，也会使业绩的评价流于形式。

比较实际业绩与预算业绩应当定期进行。可以每个月或每个星期进行一次，如果必要的话，也可以每天进行一次。这样进行定期比较，可以使管理人员知悉预算目标的完成程度，据此采取措施设法保证目标的实现。

3.沟通与协调

预算能帮助管理者们协调行动，使企业各部门的目标与整体目标协调一致。总经理在他的预算中明确了企业的经营目标并将目标进行分解。这样中低层管理者和员工就会依据此预算制订自己的工作计划，工作的积极性会更高。

预算还可帮助管理者协调目标。例如，要顺利实现生产目标，原材料的采购预算必须满足生产预算的要求。同样，生产预算必须与销售预算相衔接，才能满足预期的客户需要。因此，编制预算可以使各部门之间、部门与整个公司之间的经济活动互相协调、配合，实现企业和谐、可持续发展。

任务6.2 全面预算

一、全面预算体系的构成

全面预算由计划期内一整套相互关联的预算组成。一般制造业的全面预算主要由业务预算和财务预算组成。

（一）业务预算

业务预算，也称经营预算，是关于所有日常经营活动的预算，如销售、生产、采购等需要多少资源，以及如何获得这些资源。业务预算的最终结果是预计利润表。业务预算具体包括以下各项职能预算。

1.销售预算

销售预算是指在销售预测的基础上，规划预算期内销售活动的一种业务预算。它是编制全面预算的关键和起点。销售预算根据企业年度目标利润确定的预计销售量、销售价格和销售额等参数编制。

2. 生产预算

生产预算是根据销售预算，按产品品种分别编制的，确定产品生产数量及其安排的预算。预算期产品生产量应与其销售量相对应，同时考虑预算期期初和预算期期末产成品存货。生产预算是全面预算体系中唯一不使用货币计量的预算。

3. 直接材料预算

直接材料预算是一项采购预算，它取决于材料的预计耗用量和材料的存货量，应当在生产预算的基础上编制。

4. 直接人工预算

直接人工预算反映预算期内人工工时的消耗水平和人工成本，应当在生产预算的基础上编制。

5. 制造费用预算

制造费用预算应按变动制造费用和固定制造费用分别编制。

6. 单位产品成本与期末产成品存货预算

单位产品成本与期末产成品存货预算是在生产预算、直接材料预算、直接人工预算、制造费用预算的基础上进行汇总编制而成的。

7. 销售及管理费用预算

销售及管理费用预算是为产品销售活动和一般行政管理活动以及有关的经营活动编制的预算。

（二）财务预算

财务预算是确定经营活动所需资金的来源以及在预算期内如何将资金用于预算活动的计划，财务预算通常包括资本预算、现金预算和财务报表预算（包含预计利润表和预计资产负债表）。由于很多融资活动都要在业务预算编制好以后才能进行预测，所以应先编制业务预算，再编制财务预算。

1. 资本预算

资本预算是用于规划和控制资本支出的预算，是对资本性项目进行价值评估的预算，包括筹资预算与投资预算。

2. 现金预算

现金预算是用来反映预算期内企业现金流转状况的预算，是各项经济活动有关现金收支方面的汇总反映。

3. 预计利润表

预计利润表是根据预算期内全部产销活动的业务预算汇总编制的，它反映预算期内的预计经营成果。

4. 预计资产负债表

预计资产负债表是反映企业在预算期结束时财务状况的预算，它反映各有关资产、负债及所有者权益项目的预算执行结果。

以上全面预算的各个组成部分并不是截然分开的，各分预算构成一个相互依存、相互承起的完整体系。其中销售预算是整个预算的关键和起点，它决定了生产预算、现金收入预算和预计利润表的数额。生产预算又是编制直接材料、直接人工、制造费用、现金支出预算以及预计资产负债表和预计利润表数额的依据。资本支出预算影响现金支出预算和预计资产负债表的编制。图6-3列示了制造业全面预算的各个组成部分及其相互关系。

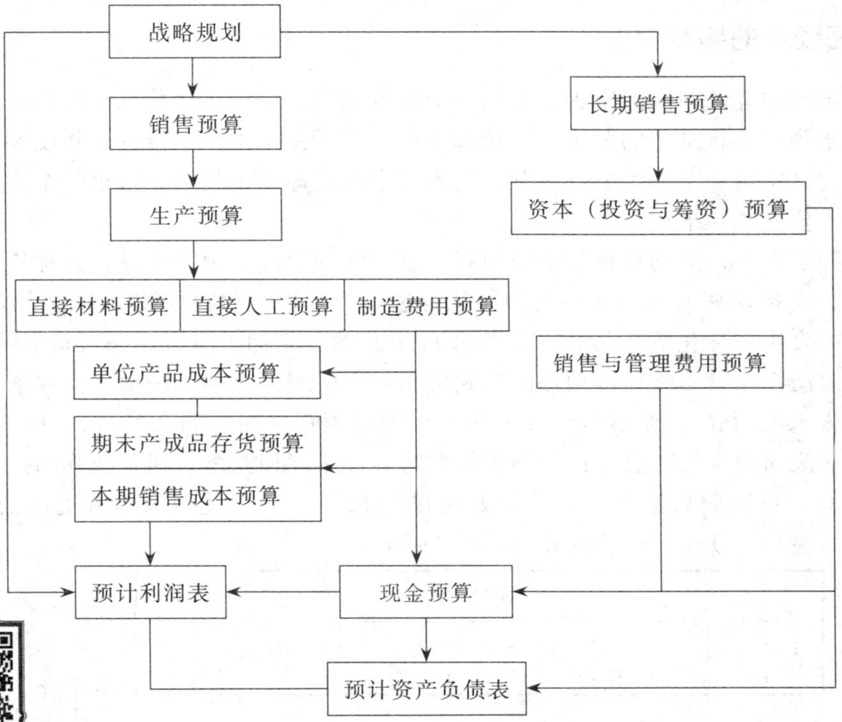

图6-3　全面预算体系

同步思考1

二、全面预算编制的程序

全面预算的编制工作量大、涉及面广、操作复杂，为了保证预算工作的顺利进行，一般要在企业内部专设一个预算管理委员会，负责预算编制并监督实施。预算管理委员会包括总经理及分管销售、生产、财务等方面的副总经理和会计主管等高级管理人员。其主要任务包括：制定和颁布有关预算制度的各项政策；审查和协调各部门的预算申报工作；解决预算编制过程中可能发生的矛盾和争执；批准最终预算；在预算开始后监控预算的实施并在预算期末评价经营成果。同时执行预算的各有关部门也要积极参与预算的制定，只有执行人参与预算的编制，才能使预算成为他们自愿努力完成的目标。预算不是单纯的技术问题，在预算的编制过程中，还应贯彻“以人为本”的管理思想。

全面预算的编制程序一般为：

（1）由预算管理委员会拟订预算总目标和分目标，如利润目标、销售目标、成本目标等，并以书面方式下发到有关部门；

（2）各有关部门按具体目标的要求编制本部门预算草案；

（3）会计主管平衡和协调各部门的预算草案，并进行汇总和分析；

（4）预算管理委员会审议预算草案，并上报董事会及股东大会，最后通过企业的全面预算；

（5）将经过批准的预算下达到各部门执行。

三、全面预算的编制期

编制全面预算的时间通常为一年或一个营业周期，这样可使预算年度与会计年度相一致，便于预算执行结果的分析、评价和考核。为了便于预算的修订，年度预算通常按季度编制，其中第一个季度分月编制；当第二个季度即将来临时，将第二个季度的预算按月分解，依此顺序推进。

在实际工作中，滚动预算是全面预算编制的常用形式。滚动预算，又称连续预算或永续预算，是指预算期为一年，凡预算执行过一个月后，即根据前一个月的经营成果，结合执行中发生的变化等新信息，对剩余11个月的预算加以修订，并自动后续一个月，逐期向后滚动，连续不断地以预算的形式规划未来的经营活动。滚动预算要求管理者们总是考虑未来12个月，而不是仅仅关注一个固定预算周期的剩余月份，更增添了预算的适用性。滚动预算的特点是：它将预算期与会计年度相脱离，随着预算的执行不断延伸补充预算，逐期向后滚动。预算期始终保持12个月，也使预算具有更高的透明度、更强的灵活性和连续性。滚动预算如图6-4所示。

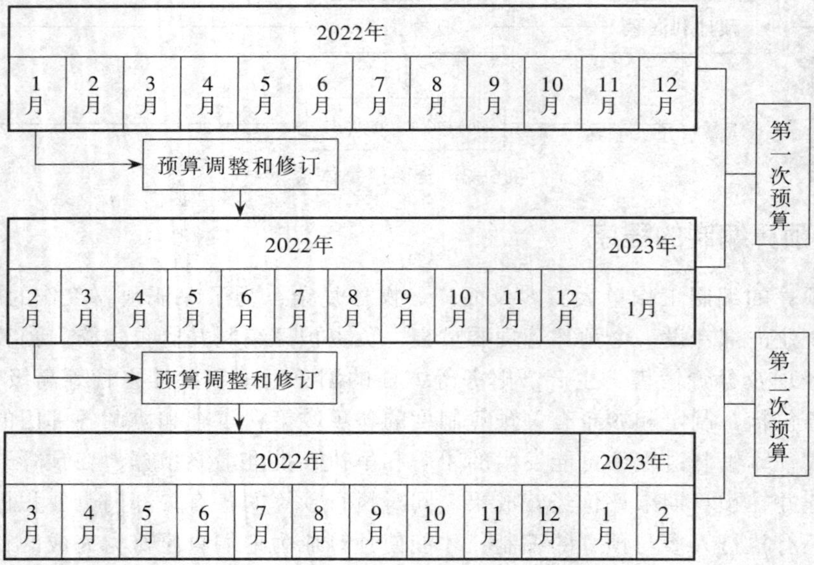

图6-4　滚动预算

滚动预算能及时地反映企业的实际情况。因为在增加新的月份时，会对现有预算做出一些调整和修正。采用滚动预算的不足之处是编制预算的工作量较大。因此，也可以按季编制滚动预算，以简化预算的编制工作，如图6-5所示。

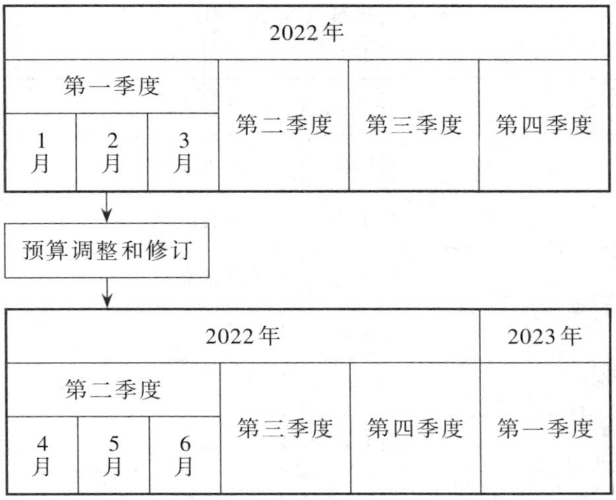

图6-5　按季编制滚动预算

四、全面预算的编制

全面预算是以销售预算为起点，其他预算相互承起的一套完整体系。销售预算是其他业务预算和绝大多数财务预算的基础。下面举例说明全面预算的编制过程。在前面章节中，我们已介绍了变动成本法，并和完全成本法进行了比较。为了将各种成本计算方法与预算的编制相结合，便于企业的经营管理，在下例中分别采用了变动成本法和完全成本法编制预算。

【例6-1】佳丽公司只生产甲产品，其有关资料如下：

资料1：2021年末的资产负债表见表6-1和表6-2。

表6-1　**资产负债表（完全成本法）**

2021年12月31日　　单位：万元

流动资产	金额	流动负债	金额
现金	110	短期借款	
应收账款	300	应付账款	100
存货	112	流动负债合计	100
原材料	50		
库存商品	62		
流动资产合计	522	股东权益	
固定资产		普通股	1 000
固定资产原价	11 500	留存收益	6 622
减：累计折旧	4 300	股东权益合计	7 622
固定资产净值	7 200		
资产总计	7 722	负债及股东权益总计	7 722

表6-2 资产负债表（变动成本法）

2021年12月31日 单位：万元

流动资产	金额	流动负债	金额
现金	110	短期借款	
应收账款	300	应付账款	100
存货	104	流动负债合计	100
原材料	50		
库存商品	54		
流动资产合计	514	股东权益	
固定资产		普通股	1 000
固定资产原价	11 500	留存收益	6 614
减：累计折旧	4 300	股东权益合计	7 614
固定资产净值	7 200		
资产总计	7 714	负债及股东权益总计	7 714

资料2：2022年各季度的预计销售量和销售单价资料见表6-3。

表6-3 2022年度预计销售量及销售单价

项目	季度				
	一	二	三	四	全年
预计销售量（万件）	3 000	6 000	6 000	3 000	18 000
单价（元/件）	0.7	0.7	0.8	0.8	0.75

销售方式采用一半以现金结算，一半赊销的方法，70%的赊销款在当季收讫，其余的30%在下季度收讫。2021年第四季度的销售额为2 000万元。

资料3：产成品存货情况：公司要求第一、四季度应保持100万件的期初存货，第二、三季度应保持500万件的期初存货，第四季度末的存货量应为100万件。

资料4：生产甲产品的材料有6种，为计算方便，将所有原材料作为一个整体，假定每一件甲产品需要2.7千克原材料，每千克0.1元。公司的存货政策为第三、四季度末原材料存货为500万千克，第一、二季度末为800万千克，第一季度初为500万千克。购料款中80%以现金结算，20%的余款在下季度支付。2021年第四季度购料款为500万元。

资料5：生产产品每件需要0.015直接人工小时，每小时人工成本为10元。

资料6：变动制造费用分配率为8元/小时，固定制造费用预算数为全年1 296万元

（每季度324万元，其中折旧费用200万元）。

资料7：单位变动性销售及管理费用为0.05元/件，固定性销售及管理费用预算第一、二、四季度为65万元，第三季度为80万元，其中包括每季度折旧费用15万元。

资料8：有关现金预算的其他资料如下：

（1）2022年的资本预算表明，公司计划在东北建一座分厂，所需现金支出600万元将于2022年第一季度发生。必要时借入短期借款。

（2）全年所得税约为360万元，都在第四季度末支付。

（3）借款发生在季初，还款在季末，年利率6%。借款期限为9个月，一次还本付息。借款本金以百万元为计算单位（100万元的整数倍）进行借入与偿还。期末现金余额最低保留100万元。

要求：根据上述资料，分别用变动成本法和完全成本法编制2022年度的全面预算。

【解析】分别采用变动成本法和完全成本法编制的全面预算如下（两种方法编制的多项预算都是相同的，相同的预算不再重复列示）。

（一）销售预算

销售预算需要在销售预测的基础上，根据企业年度目标利润确定的预计销售量和销售价格等参数进行编制。根据销售预测，在确定了预算期间的销售量和销售单价后，就可以进行销售预算表的编制了。销售预算的主要内容是销量、单价和销售收入、预计现金销售收入。

预计销售收入=预计销售量×预计销售单价

预计销量是根据市场预测或者销售合同并结合企业生产能力确定的；预计销售单价是通过价格决策确定的；预计销售收入是两者的乘积。

在实际工作中，产品销售往往不是现销的，采用赊销方式的比较多，因此可能产生大量应收账款。所以，销售预算中通常还包括预计现金销售收入的计算，其目的是为编制现金预算提供必要的资料。根据资料2编制的销售预算见表6-4。

表6-4　**销售预算**

2022年度

项目	季　　度				
	一	二	三	四	全年
预计销售量（万件）	3 000	6 000	6 000	3 000	18 000
单价（元/件）	0.7	0.7	0.8	0.8	0.75
预计销售额（万元）	2 100	4 200	4 800	2 400	13 500
预计现金销售收入					
现销（万元）	1 050	2 100	2 400	1 200	6 750
收到赊销款情况					

续表

项目	季度				
	一	二	三	四	全年
2021年第四季度	300				300
2022年第一季度	735	315			1 050
2022年第二季度		1 470	630		2 100
2022年第三季度			1 680	720	2 400
2022年第四季度				840	840
现金收入总额（万元）	2 085	3 885	4 710	2 760	13 440

该销售预算显示了公司的销售额呈季节性变化。由于单价有变化，反映全年业务活动的单价是用平均价格0.75元（13 500÷18 000）计量的。第四季度末还有应收账款360万元。

（二）生产预算

生产预算需要根据预计的销售量，并考虑预计期初存货和预计期末存货等因素按品种分别编制。这一预算中只涉及实物量，而无现金付出。通常，企业的生产和销售不可能做到“同步同量”，生产数量除了满足销售数量外，还需要设置一定量的存货，以保证在出现意外需求时按时供货，并可均衡生产，节省赶工的额外开支。

编制生产预算的公式为：

预计生产量=预计销售量+期末存货-期初存货

根据资料3编制的生产预算见表6-5。

表6-5 **生产预算**

2022年度

单位：万件

项目	季度				全年
	一	二	三	四	
预计销售量	3 000	6 000	6 000	3 000	18 000
加：预计期末存货	500	500	100	100	100
合计	3 500	6 500	6 100	3 100	18 100
减：预计期初存货	100	500	500	100	100
预计生产量	3 400	6 000	5 600	3 000	18 000

（三）直接材料预算

直接材料预算属于采购预算，它取决于材料的预计耗用量和需保持的材料库存水平。计算公式为：

预计生产需要量（耗用量）=预计生产量×单位产品材料耗用量

直接材料预计采购量=预计生产需要量+预计期末材料库存-预计期初材料库存

上式中，直接材料的预计需要量取决于产品的生产需求量，预计期初、期末直接材料的库存数量取决于企业的材料库存政策，通常根据所用的存货控制模型加以确定，其目的在于避免直接材料存货不足而影响生产，同时，也防止因存货过多而形成资金的积压和浪费。

直接材料预计采购金额的计算公式为：

直接材料预计采购金额=直接材料预计采购量×预计材料采购单价

预计材料采购单价一般是指该材料的平均价格，此数据可以从采购部门获得。材料采购的货款一部分会形成应付账款，一部分用现金支付，因此，直接材料预算表应附有预计现金支出表，为现金预算提供资料。

根据资料4和生产预算及其他相关资料，编制该公司2022年度的直接材料预算见表6-6。

表6-6　**直接材料预算**

2022年度

项目	季度				全年
	一	二	三	四	
预计生产量（万件）	3 400	6 000	5 600	3 000	18 000
单位产品所需直接材料（千克）	2.7	2.7	2.7	2.7	2.7
预计材料需要量（万千克）	9 180	16 200	15 120	8 100	48 600
加：预计材料期末存货（万千克）	800	800	500	500	500
合　计	9 980	17 000	15 620	8 600	49 100
减：预计材料期初存货（万千克）	500	800	800	500	500
预计材料采购量（万千克）	9 480	16 200	14 820	8 100	48 600
单　价（元）	0.1	0.1	0.1	0.1	0.1
预计直接材料采购额（万元）	948	1 620	1 482	810	4 860
直接材料现金支出预算					
现金支付（万元）	758.4	1 296	1 185.6	648	3 888
支付赊销款情况（万元）					
2021年第四季度	100				100
2022年第一季度		189.6			189.6
2022年第二季度			324		324
2022年第三季度				296.4	296.4
2022年第四季度	—	—	—	—	—
直接材料现金支出总额（万元）	858.4	1 485.6	1 509.6	944.4	4 798

第四季度末还有应付账款162万元。

（四）直接人工预算

直接人工预算列示了根据预计生产量进行生产所需的直接人工小时以及相应的人工成本费用。其计算公式为：

预计直接人工成本=预计生产量×单位产品直接人工小时×小时工资率

此计算公式中，小时工资率一般用每小时平均工资计算。

根据资料5和生产预算编制的直接人工预算见表6-7，预算表中的“预计的直接人工”就是本年需用现金支付的人工费，无须另附现金预算表。

表6-7 **直接人工预算**

2022年度

项目	季度				全年
	一	二	三	四	
预计生产量（万件）	3 400	6 000	5 600	3 000	18 000
单位产品直接人工小时（小时）	0.015	0.015	0.015	0.015	0.015
预计需要的直接人工小时（万小时）	51	90	84	45	270
每小时平均工资（元）	10	10	10	10	10
预计的直接人工（万元）	510	900	840	450	2 700

（五）制造费用预算

制造费用是在直接材料和直接人工以外为生产产品而发生的间接费用。在预算编制过程中通常按成本性态把制造费用分为变动制造费用和固定制造费用两大类。

固定制造费用通常包括厂房和机器设备的折旧费、租金、车间管理费用及财产税等。它们形成企业总体的生产经营能力，而且一经形成，在较长一段时间内会保持不变。

变动制造费用通常包括动力、维修费、间接材料、间接人工费等。计算变动制造费用的关键在于确认哪些具体项目是可变的，并选择成本分配的基础，如机器工时、人工小时、产量、作业量等。需要先计算出变动制造费用分配率，再分配变动制造费用。

预计制造费用=预计变动制造费用+预计固定制造费用

=预计业务量（机器工时、人工小时等）×预计变动制造费用分配率+预计固定制造费用

为了给现金预算提供信息，在制造费用预算表中应包括现金支出预算。固定资产折旧费在计算期内无须支付现金，因此，编制制造费用现金预算时，应将折旧费用这一项目扣除。

预计需要支付现金的制造费用=制造费用预算数-折旧费用

根据资料6和直接人工预算编制的制造费用预算见表6-8。

表6-8 **制造费用预算**

2022年度

项目	季度				全年
	一	二	三	四	
预计直接人工工时（万小时）	51	90	84	45	270
变动制造费用分配率（元/小时）	8	8	8	8	8
预计变动制造费用（万元）	408	720	672	360	2 160
预计固定制造费用（万元）	324	324	324	324	1 296
预计制造费用合计（万元）	732	1 044	996	684	3 456
减：折旧费用（万元）	200	200	200	200	800
制造费用的现金支出（万元）	532	844	796	484	2 656

（六）期末产成品存货预算

期末产成品存货预算不仅为编制预计资产负债表提供所需信息，也为编制预计利润表提供产品销售成本数据。

其编制的基本步骤为：

（1）计算确定产成品单位成本（根据前面直接材料、直接人工和制造费用的预算资料确定）；

（2）预计期末产成品存货金额。

预计期末产成品存货金额=单位产成品成本×预计期末产成品存货数量

根据前述有关资料编制的期末产成品存货预算见表6-9和表6-10。

表6-9 **期末产成品存货预算（完全成本法）**

2022年12月31日

单位产成品成本	
直接材料（2.7千克×0.1元/千克）	0.27元
直接人工（0.015小时×10元/小时）	0.15元
制造费用	
变动制造费用（0.015小时×8元/小时）	0.12元
固定制造费用（0.015小时×4.8元/小时）	0.072元
单位产成品成本合计	0.612元
期末产成品存货（100万件×0.612元/件）	61.2万元

注：预计固定制造费用分配率=预计全年固定制造费用÷预计直接人工小时=1 296÷（0.015×18 000）=4.8元/小时。

表6-10 **期末产成品存货预算（变动成本法）**

2022年12月31日

单位产成品成本	
直接材料（2.7千克×0.1元/千克）	0.27元
直接人工（0.015小时×10元/小时）	0.15元
变动制造费用（0.015小时×8元/小时）	0.12元
单位产成品成本合计	0.54元
期末产成品存货（100万件×0.54元/件）	54万元

（七）销售与管理费用预算

销售与管理费用预算包括预算期内为组织、管理企业的生产经营活动而发生的各项费用。销售与管理费用也划分为变动和固定费用两部分列示。变动销售与管理费用通常包括销售佣金、运杂费和物料用品费等；固定销售与管理费用在一定范围内不受销售量的影响，如租金、保险费、折旧费和管理人员工资等。销售与管理费用预算的编制方法与制造费用预算基本相同。根据资料7和销售预算编制的销售与管理费用预算见表6-11。

表6-11 **销售与管理费用预算**

2022年度

项目	季度				全年
	一	二	三	四	
预计销售量（万件）	3 000	6 000	6 000	3 000	18 000
单位变动销售与管理费用（元）	0.05	0.05	0.05	0.05	0.05
预计变动销售与管理费用（万元）	150	300	300	150	900
固定销售与管理费用（万元）					
工资	35	35	35	35	140
广告费	10	10	10	10	40
折旧费	15	15	15	15	60
保险费	—	—	15	—	15
差旅费	5	5	5	5	20
固定销售与管理费用合计（万元）	65	65	80	65	275
预计销售与管理费用（万元）	215	365	380	215	1 175
减：折旧费用（万元）	15	15	15	15	60
预计现金支付的销售与管理费用（万元）	200	350	365	200	1 115

（八）现金预算

为了保证企业生产经营的正常进行，持有一定数额的现金是必要的。编制现金预算，管理者能够了解生产经营活动所需要的现金，当预计现金不能满足时，可以提前寻找融资渠道，以避免负担过高的融资成本；当预计有多余现金时，应积极进行投资筹划，争取获得最高收益。因此，现金预算是全面预算中的一个非常重要的环节。

现金预算一般由现金收入、现金支出、现金多余或不足以及资金的筹集和运用四部分组成，其基本关系是：

当前可动用现金合计＝期初现金余额+本期现金收入

现金溢余（或短缺）＝当前可动用现金合计-本期现金支出

期末现金余额＝现金溢余（或短缺）+资金的筹集-资金的运用

本期预计的现金收入主要来源于：现销、应收账款的收回、应收票据到期兑现、票据贴现收入、出售长期资产、收回长期投资等业务。

本期预计的现金支出主要产生于：直接材料预算、直接人工预算、制造费用预算、销售与管理费用预算、预计应缴税金、预计应付投资者利润以及资本性支出等。短期借款的利息支付不应列入该项，而是列示于资金筹集和运用栏内。

现金溢余（或短缺）是当前可动用现金合计数与现金支出合计数的差额。

资金的筹集与运用是根据预算期现金收支的差额和企业有关资金管理的各项政策来确定的。如果预计现金不足，可向银行取得借款或通过其他方式筹措资金，并预计还本付息的期限和数额；如果现金多余，除了可用于偿还借款外，还可用于购买有价证券进行投资。

根据资料8、销售预算、直接材料预算、直接人工预算、制造费用预算和销售与管理费用预算编制现金预算，见表6-12。

表6-12　**现金预算**

2022年度　单位：万元

项目	季度				全年
	一	二	三	四	
期初现金余额	110	194.6	100	167.9	110
加：现金收入（表6-4）	2 085	3 885	4 710	2 760	13 440
可供使用现金总额	2 195	4 079.6	4 810	2 927.9	13 550
减：现金支出					
直接材料（表6-6）	858.4	1 485.6	1 509.6	944.4	4 798
直接人工（表6-7）	510	900	840	450	2 700
制造费用（表6-8）	532	844	796	484	2 656
销售与管理费用（表6-11）	200	350	365	200	1 115

续表

项目	季度				全年
	一	二	三	四	
所得税	—	—	—	360	360
资本支出	600	—	—	—	600
现金支出总额	2 700.4	3 579.6	3 510.6	2 438.4	12 229
现金溢余（短缺）	（505.4）	500	1 299.4	489.5	1 321
最低现金余额	100	100	100	100	100
筹资与运用					
借款（期初）	700				700
还款（期末）			（700）		（700）
利息			（31.5）		（31.5）
投资		（400）	（400）	（300）	（1 100）
期末现金余额	194.6	100	167.9	189.5	189.5

注：利息=700×6%×9÷12=31.5（万元）。

（九）预计利润表

在上述经营预算的基础上，根据权责发生制原则编制利润表，见表6-13和表6-14。

表6-13　**利润表（完全成本法）**

2022年度　单位：万元

销售收入	13 500
减：产品销售成本	11 016.8
期初存货（0.62×100）	62
加：本期产品成本（0.612×18 000）	11 016
减：期末存货成本（0.612×100）	61.2
销售毛利	2 483.2
减：销售与管理费用	1 175
息税前利润	1 308.2
减：利息费用	31.5
税前利润	1 276.7
减：所得税	360
税后净利	916.7

表6-14 利润表（变动成本法）

2022年度 单位：万元

销售收入	13 500
减：变动成本	10 620
变动制造成本（0.54×18 000）	9 720
变动销售与管理成本（0.05×18 000）	900
边际贡献	2 880
减：固定成本	1 571
固定制造费用	1 296
固定管理与销售成本	275
息税前利润	1 309
减：利息费用	31.5
税前利润	1 277.5
减：所得税	360
税后净利	917.5

（十）预计资产负债表

预计资产负债表是反映企业预算期期末财务状况的总括性预算，它是依据当前的实际资产负债表和全面预算中的其他预算所提供的资料来编制的。它可以为企业管理当局提供会计期末的预计财务状况信息，据此，管理当局能预测未来期间的经营状况，并采取适当的改进措施。

根据2022年年初资料和前面各项预算编制资产负债表，见表6-15和表6-16。

表6-15 资产负债表（完全成本法）

2022年12月31日 单位：万元

资产	年初数	年末数	负债及股东权益	年初数	年末数
流动资产			流动负债		
现金	110	189.5	应付账款	100	162
交易性金融资产		1 100	短期借款		
应收账款	300	360	流动负债合计	100	162
存货	112	111.2			
原材料	50	50			
产成品	62	61.2	股东权益		
流动资产合计	522	1 760.7	普通股	1 000	1 000
固定资产	11 500	12 100	留存收益	6 622	7 538.7
减：累计折旧	4 300	5 160	股东权益合计	7 622	8 538.7
固定资产合计	7 200	6 940			
资产总计	7 722	8 700.7	负债及股东权益总计	7 722	8 700.7

注：累计折旧期末数为期初数、表6-8和表6-11中的折旧费用之和。

期末留存收益=6 622+916.7=7 538.7（万元）。

表6-16　　资产负债表（变动成本法）

2022年12月31日　　单位：万元

资产	年初数	年末数	负债及股东权益	年初数	年末数
流动资产			流动负债		
现金	110	189.5	应付账款	100	162
交易性金融资产		1 100	短期借款		
应收账款	300	360	流动负债合计	100	162
存货	104	104			
原材料	50	50			
产成品	54	54	股东权益		
流动资产合计	514	1 753.5	普通股	1 000	1 000
固定资产	11 500	12 100	留存收益	6 614	7 531.5
减：累计折旧	4 300	5 160	股东权益合计	7 614	8 531.5
固定资产合计	7 200	6 940			
资产总计	7 714	8 693.5	负债及股东权益总计	7 714	8 693.5

任务6.3　预算管理工具方法

预算管理领域应用的管理会计工具方法主要包括滚动预算、零基预算、弹性预算、作业预算等。

一、固定预算和弹性预算

在上一节中，为了便于说明全面预算的各个组成部分之间的相互关系，我们只按预算期内的一种业务量水平来确定相应的数据，这种预算称为固定预算或静态预算。

【例6-2】尼恩公司是一家只有一个部门的企业，它生产和销售受飞机机组人员欢迎的可折叠带轮行李箱。尽管这种产品有不同的型号，但为了便于研究，我们只研究单位售价为31元的这一型号产品。2022年6月份预计销售量为9 000件，所以所有的预算数据都是依据9 000件的预计销售量编制的，实际执行结果也与此预算数进行比较。假如实际产销量为7 000件，没有期初和期末存货，6月份生产的产品在该月全部售出。我们以利润表为例来评价6月份的业绩，见表6-17。

表6-17 尼恩公司的业绩报告（利润表）

2022年6月 单位：元

项目	实际结果	全面预算	差异
	(1)	(2)	(3)
销售量（件）	7 000	9 000	-2 000
销售额	217 000	279 000	-62 000
变动费用：			
变动生产费用	151 270	189 000	-37 730
运输费用（销售）	5 000	5 400	-400
管理费用	2 000	1 800	200
变动费用合计	158 270	196 200	-37 930
边际贡献	58 730	82 800	-24 070
固定费用：			
固定制造费用	37 300	37 000	300
固定管理与销售费用	33 000	33 000	0
固定费用合计	70 300	70 000	300
税息前利润	（11 570）	12 800	-24 370

假如公司经理要求你解释为什么预算的利润为12 800元，而实际却发生了11 570元的经营损失。你应如何给出合理的解释。很显然，是销售额比预期降低了62 000元所致。但是，有利的变动成本差异37 930元却让人迷惑不解，在销售额低于计划水平的情况下，成本控制真的令人满意吗？差异额真的能解释实际业绩的好坏吗？当然不能。因此，实际结果与固定预算的比较对于例外管理来说并不是很有用。

从【例6-2】中可以看出，企业的生产经营活动及其所处的环境并不是稳定的，在预算的执行过程中，有许多因素会影响实际的经营结果，使其与原定的预算产生差异。作为控制手段的预算，在编制预算的过程中必须根据其特点采取不同的形式，而弹性预算的产生正好弥补了此缺陷。弹性预算是预算控制的重要方法，它使实际业绩与预算业绩的比较更有意义。

弹性预算，又称变动预算，是指在成本按其性态分类的基础上，以业务量、成本和利润之间的依存关系为依据，按照预算期可预见的各种业务量水平，编制能够适应不同业务量的预算。按弹性预算方法编制的预算不再是只适应一个业务量水平的预算，而是能够随业务量水平的变动做出机动调整的一组预算。其基本特征有两个：一是其按预算期内某一相关范围内可预见的多种业务量水平确定不同的预算额，即“给我任何一个你选择的作业水平，我将提供这一特定水平的预算额”；二是实际业务量发生后，其可将实际指标与实际业务量相应的预算额进行对比，使预算执行情况的评价与考核建立在更加客观可比的基础上，从而更好地发挥预算的控制作用。

弹性预算的编制程序如下：

（1）选择经营活动水平的计量标准（如产量、直接人工小时、机器小时等）；

（2）确定相关范围，预期在未来期间业务量水平将在“相关范围”内变动；

（3）根据成本与业务量之间的依存关系，将成本划分为固定成本和变动成本，并确定预算期内各业务量水平。

假设尼恩公司的业务活动水平每月在7 000～9 000件的相关范围内是有效的，尼恩公司的总成本性态模型图如图6-6所示。

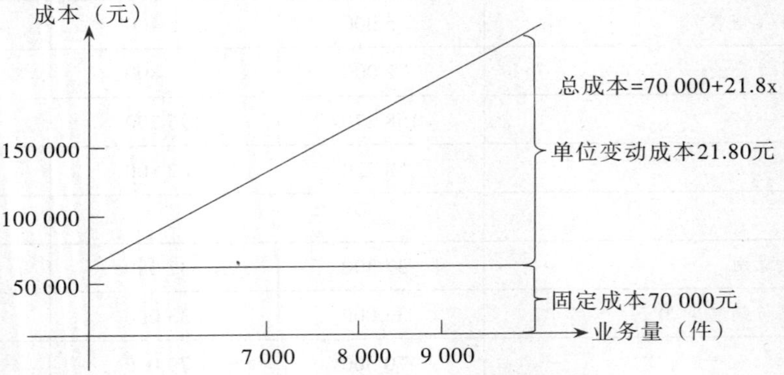

图6-6 尼恩公司的总成本性态模型图

（4）利用多栏式的表格分别编制不同业务量水平下的预算。表6-18为尼恩公司的利润表弹性预算。

表6-18 利润表弹性预算 单位：元

项目	数额	不同业务量水平下的弹性预算		
		7 000件	8 000件	9 000件
销售额	31（单价）	217 000	248 000	279 000
变动成本				
变动生产成本	21	147 000	168 000	189 000
运输费用（销售）	0.6	4 200	4 800	5 400
管理费用	0.2	1 400	1 600	1 800
变动成本总额	21.8	152 600	174 400	196 200
边际贡献	9.2	64 400	73 600	82 800
固定成本				
固定制造费用	37 000	37 000	37 000	37 000
固定销售与管理费用	33 000	33 000	33 000	33 000
固定成本总额	70 000	70 000	70 000	70 000
息税前利润		（5 600）	3 600	12 800

值得注意的是，在相关范围内固定成本是保持不变的，不具有弹性，只能就其总额进行控制。

同步任务6-2——写一写

当业务量从7 000件增加到8 000件时，为什么业务量增加了大约12.5%，而息税前利润增加了256%？解释这种不对称增长的原因。

同步思考2

从表6-18中可以看出，弹性预算在全面预算和实际结果之间架起了一座解释的桥梁。通过比较实际产量下的预算成本与实际成本，管理当局能立即发现问题所在，找出原因，并采取措施防止再出现类似问题。

二、增量预算与零基预算

预算的编制以上年的预算数为基础，根据预算期内业务量变动情况加上（或减去）一定的数额来编制新的预算（即“去年基数加成法”），这种预算编制方法称为增量预算。传统的预算一般采用此种方法，其特点是以承认现状的合理性为基础。也就是说在确定预算数时，只对新的业务活动进行成本效益分析，而对以往已进行过的业务活动则视为理所当然，不再分析。增量预算的缺点是没有剔除以前预算中不合理的部分，不利于企业资源的充分利用。所以，近年来，在编制预算时，零基预算作为一种全新的预算编制方法受到了管理者的青睐。

零基预算是指在编制预算时，不考虑以往会计期间所发生的费用项目或费用数额，所有的预算均以零为基础，规划预算期内各项费用开支标准的一种方法。它是由美国德州仪器公司于20世纪70年代提出的，目前已被大多数企业所采用。

零基预算以零作为分配成本的起点，因此，负责成本支出的部门经理就有责任去研究预算中每项成本支出大于零的必要性。也就是说，一项成本支出只有在数量上和性质上都对企业有益，该项支出才是合理的。由此可见，零基预算从根本上说是对预算中各成本要素进行成本效益分析的过程。

（一）零基预算的特点

零基预算不同于“传统”的增量预算，其特点主要有：

1.适用性

直接成本（如直接材料、直接人工）的支出计划不适宜用零基预算编制，因为直接成本与产量的关系是显而易见的。例如，假设直接人工单位成本为8元，企业某月计划生产100件该种产品，则该期人工成本预算为800元，没有必要再做任何判断。增量预算更适宜编制直接成本预算，它只需要花费时间和财力对前期预算数据的变动情况进行判断，而无需浪费时间对已由成本部门证明了的成本支出合理性再进行分析。

零基预算更适宜于编制间接成本的支出计划，因为这些成本支出是否合理，主要由管理当局决定，并不受业务量的影响，如前面相关章节中介绍的酌量成本。

2.节约成本，提高管理效率

零基预算比增量预算更能提高管理效率，更能节约成本。它要求经理人员考虑在现行条件下节约成本的各种方案，把那些对企业无益的任务予以舍弃，这样，零基预算就在更大程度上提高了管理效率。而增量预算则往往把前期预算存在的成本浪费因循沿袭至以后各年。

3.有利于成本控制

采用零基预算更有利于成本控制。编制零基预算会迫使经理人员分析判断所有成本支出的合理性，如此详细地分析成本支出，会使经理人员对其行动所导致的成本支出有更清醒的认识，因而也就提高了成本控制的效果。增量预算仅仅要求对预算支出的增量进行分析，所以相对于分析全部成本项目，其成本控制效果要差得多。

4.加强意见沟通

零基预算法就其性质而言，要求高级经理人员与基层经理人员就所有成本项目进行分析、判断，并在更大范围内交换意见，可使高级经理人员更了解企业的详细生产经营情况及成本性态。而增量预算仅要求对预算中的预期增量进行沟通。

5.实施成本高

采用零基预算的成本（不论是花费的时间还是消耗的财力）要比增量预算大得多。因此，一个折中的办法是：每3～5年编制一次零基预算，以后几年作适当调整即可，以减少浪费并避免低效。

（二）编制零基预算的基本步骤

（1）根据企业预算期目标利润、销售目标和生产指标，分析预算期各项费用项目。

依据目标，各级经理人员确定预算期各部门需要完成哪些工作，分析有哪些不同的方式能完成这些工作，选择成本最低的方法，并预测其费用水平。

（2）拟订预算期各项费用的预算方案，对每一项需要完成的工作进行成本效益分析，权衡轻重，区分层次，划出等级，识别先后次序。

任何成本超过效益的方案，都应当舍弃，并将效益超过成本的工作依照企业的受益程度依次排列。基层预算单位的业务项目通常分为三个层次：第一层次是必要项目，即非实施不可的项目；第二层次是需要项目，即有助于提高质量、效益的项目；第三层次是改善工作条件的项目。成本效益分析的目的在于判断基层预算单位各个项目费用开支的合理性、先后次序以及对企业经营活动的影响。

（3）按企业预算期预算费用控制总额目标，依据项目层次、等级和次序，分配资金，落实预算。

【例6-3】 华影公司在编制下年度销售与管理费用预算时，拟采用零基预算。

【解析】 编制预算的具体步骤如下：

1.根据公司的具体任务，经理认为计划期间的费用项目及预计开支水平如下：

广告费	9 000元
培训费	8 000元
房屋租金	4 000元
差旅费	1 000元
办公费	2 000元

2.经过分析认为，房屋租金、差旅费、办公费属计划期间必不可少的费用开支，须全额保证；对广告费和培训费按历史资料进行成本效益分析，结果如下：

	成本金额	收益金额
广告费	1元	20元
培训费	1元	30元

3.对各项费用排列顺序：第一层为房屋租金、差旅费和办公费；第二层为培训费；第三层为广告费。

4.若该公司可动用财力资源为15 000元，则各项费用应分配的金额如下：

房屋租金	4 000元
差旅费	1 000元
办公费	2 000元
培训费	4 800元
广告费	3 200元

广告费和培训费可支出的金额为15 000-（4 000+1 000+2 000）=8 000（元）。按成本效益比例分配：

培训费=8 000×3÷5=4 800（元）

广告费=8 000×2÷5=3 200（元）

（三）零基预算的优缺点

编制零基预算能使管理人员打破陈规，以零为起点从一个全新的视角来审视各项工作，观察分析一切费用开支项目，确定预算金额。因而具有以下优点：

（1）促使经营者审查所有业务元素，有助于提高管理人员的投入产出意识，有助于创造一个高效精简的企业。

（2）目标明确，可区别各方案的轻重缓急，可以合理、有效地进行资源分配。

（3）有助于企业内部的沟通、协调，提高各基层单位参与预算编制的积极性和主动性。

零基预算的缺点在于：一切从零出发，从头开始，不参照以前的指标，编制工作量大，又没有明确依据，可能会争执不休。

典型案例6-1

印刷部门的弹性预算与作业成本核算

康狄联合保险公司新设的印刷部门为公司的其他部门提供印刷服务。在建立单独的印刷部门之前，各个部门和外部的印刷机构签订文印工作合同。公司对于印刷的政策是，以印刷的页数为基础，控制使用部门的变动印刷成本。印刷服务从外部转回内部，使印刷的固定成本从原先的外部价格中分离出来。印刷部门第一年的预算以部门预期总成本除以计划的印刷页数为基础。计划的年印刷页数为420 000张，预算的总变动成本为420 000元。大多数政府账单和所有的内部工作单预计都是单色印刷的，而商业账单主要是四色印刷。变动成本是以印刷1页4种颜色的、1/4为图表说明、3/4为文字说明的文件所需的平均变动成本为基础估计的。预计各部门的年度印刷成本见表6-19。

表6-19 预计年度印刷成本

部门	计划的印刷页数（页）	预算费用（元）
政府账单	120 000	90 000
商业账单	250 000	300 000
中心行政机构	50 000	30 000
总额	420 000	420 000

在内部印刷部门服务1个月后，该部门宣布估计的每页文件1元的变动成本太低了——第一个月实际印刷了40 000张，实际总成本为50 000元。第一个月的实际印刷情况见表6-20。

表6-20 第一个月实际印刷情况

项目	实际印刷页数（页）
政府账单	9 000
商业账单	27 500
中心行政机构	3 500

实际成本高于预计成本的原因是：所有部门使用的印刷服务都超过了计划水平，而且政府账单和内部工作单使用的四色印刷和图表说明比预期多。印刷部门还认为，如果四色印刷需求持续增长，就得再购买一部四色印刷设备。

要求：

1.比较刚结束的月份印刷部门的实际结果、固定预算及弹性预算。

2.讨论导致印刷部门固定预算不准确的可能原因。

3.公司顾问完成的作业成本核算研究表明，印刷成本的驱动因素是印刷的页数（每页0.30元）和使用的色彩（彩印每页另付1元）：

（1）讨论将作业成本核算的结果应用于印刷部门预算和控制可能产生的后果和影响。

（2）讨论暗含在作业成本核算研究结果中的关于成本性态的假设。

（3）第一个月的商业账单（27 500页）每页都使用四色印刷，比较在原先的成本系统和作业成本系统下商业账单的成本。

典型案例6-1

参考答案

巩固与练习

一、判断题

1.企业应该按照公开、公平、公正的原则实施预算管理。 ( )

2.企业实施预算管理的基础环境包括战略目标、业务计划、组织架构、内部管理制度、信息系统等。 ( )

3.企业制定战略目标，一般只需要关注企业的利润目标即可。 ( )

4.业务计划是基于公司宗旨制定战略，对战略进行目标分析并制定具体措施的中长期规划。 ( )

5.销售预算是编制全面预算的起点。 ( )

6.销售预测和销售预算是一回事。 ( )

7.预算在相对确定的环境中是有用的，但在电子产品这种变化很快的行业中，编制预算就是浪费时间。 ( )

8."我反对滚动预算，因为它使目标不断变化，以至于管理者们不知道目标到底是什么。"这一认识是正确的。 ( )

9.生产预算仅以实物量作为计量单位编制预算，不涉及现金收支。 ( )

10.企业在编制零基预算时，需要以现有的费用项目为依据，但不以现有的费用水平为基础。 ( )

11.现金预算中必须反映预算期内企业规划筹措用于抵补收支差额的现金，确保一定数额的现金余额，以及通过买入、卖出有价证券等来调节现金余缺等内容。 ( )

12.由于企业生产经营活动是从采购活动开始的，所以全面预算体系也是从采购预算开始。 ( )

13.预计财务报表的编制程序是先编制预计资产负债表，再编制预计利润表。 ( )

14.在一定业务量范围内，固定制造费用不随业务量的变动而变动。所以，对固定制造费用的控制是没有意义的。 ( )

15.对于很多管理者来说预算是一个不必要的负担——它占用了解决重要日常问题的时间。 ( )

二、单项选择题

1.编制全面预算的期间通常为（ ）。

A.1星期　B.1个月　C.1个季度　D.1年

2.全面预算的编制起点是（ ）。

A.采购预算　B.生产预算　C.销售预算　D.现金预算

3.生产预算是根据（ ）编制的。

A.销售预算　B.直接材料预算　C.采购预算　D.现金预算

4.在全面预算的编制工作中，唯一用业务量来计量的是（ ）。

A.销售预算　B.生产预算　C.采购预算　D.期间预算

5.为克服传统的固定预算的缺点，人们设计了一种可适用于多种情况的预算方法，称为（　　）。

A.固定预算　　B.弹性预算　　C.零基预算　　D.滚动预算

6.直接材料预算、直接人工预算和制造费用预算是根据（　　）确定的。

A.销售预算　　B.全面预算　　C.生产预算　　D.预计财务报表

7.（　　）预算同时以实物量指标和价值量指标反映。

A.销售预算　　B.生产预算　　C.现金预算　　D.预计财务报表

8.编制零基预算时所有的预算支出均以（　　）为基础。

A.销售预算　　B.生产预算　　C.上期资料　　D.零

9.现金预算的组成部分不包括（　　）。

A.现金收入　　B.现金支出　　C.现金多余或不足　　D.销售预算

10.生产预算中，预计生产量可按（　　）公式计算。

A.预计销售量+预计期初产品结存量-预计期末产品结存量

B.预计生产量+预计期末产品结存量-预计期初产品结存量

C.预计销售量-预计期末产品结存量-预计期初产品结存量

D.预计销售量+预计期末产品结存量-预计期初产品结存量

三、多项选择题

1.进行预算管理，一般应遵循（　　）原则。

A.战略导向　　B.过程控制　　C.融合性

D.平衡管理　　E.权变性

2.下列各项中，属于预算管理内容的有（　　）。

A.经营预算　　B.财务预算　　C.专门决策预算

D.零基预算　　E.滚动预算

3.全面预算具有（　　）的作用。

A.明确工作目标　　B.协调各部门工作　　C.评价工作成果　　D.评价工作业绩

4.全面预算一般包括（　　）。

A.经营预算　　B.决策预算　　C.财务预算　　D.综合预算

5.现金预算由（　　）组成。

A.现金收入　　B.现金支出　　C.现金多余或不足　　D.资金融通

6.以下说法中，正确的有（　　）。

A.滚动预算可以保持预算的连续性与完整性，能从动态角度把握企业的未来，了解企业的总体规划和近期目标

B.零基预算指以零为基础编制的预算，它考虑了过去的历史情况，受到过去费用水平的影响

C.固定预算是根据固定不变的业务水平，不考虑预算期内生产经营活动可能发生的变动而编制的一种预算

D.弹性预算适用于业务水平比较稳定的企业

7.产品成本预算是在（ ）的基础上编制的。

A.生产预算　B.直接材料预算　C.直接人工预算

D.制造费用预算　E.现金预算

8.直接材料预算中预计材料采购量可以按照（ ）的公式计算。

A.预计产品产量+预计期末库存材料-预计期初库存材料

B.预计材料耗用量+预计期初库存材料-预计期末库存材料

C.预计生产量×单位产品材料耗用量+预计期末库存材料-预计期初库存材料

D.预计材料耗用量+预计期末库存材料-预计期初库存材料

四、计算分析题

1.某公司只生产一种产品，单价为100元，预计一、二、三、四季度的销售量分别为1 000件、1 200件、1 100件和1 500件，该企业销售产品的货款当季收回50%，另外50%在下季收回。年初应收账款为40 000元。

要求：（1）请完成一、二、三季度销售预算表的填制，见表6-21。

表6-21　**销售预算表**

项目		一季度	二季度	三季度
预计销售量（件）				
预计单位售价（元）		100	100	100
预计销售金额（元）				
预计现金收入	期初应收账款（元）	40 000		
	一季度销售收入（元）			
	二季度销售收入（元）			
	三季度销售收入（元）			
	现金收入合计（元）			

（2）年初产成品存货量为200件，期末产成品存货量按下季预计销售量的20%设置。请完成一、二、三季度生产预算表的填制，见表6-22。

表6-22　**生产预算表**　单位：件

项目	一季度	二季度	三季度
预计销售量			
减：预计期初存货			
加：预计期末存货			
预计生产量			

（3）生产该产品只耗用一种原材料，单位产品材料消耗定额为1千克，材料价格为20元/千克。采购材料的货款在当季支付80%，其余20%在下季支付。期末材料库存量按下季生产需要量的20%设置。年初材料库存量为208千克，年初应付账款为3 000元。请完成一、二季度的直接材料采购预算表的填制，见表6-23。

表6-23　　直接材料采购预算表

项目		一季度	二季度
预计生产量（件）			
单耗（千克）		1	1
材料用量（千克）			
加：预计期末存料量（千克）			
减：预计期初存料量（千克）		208	
预计材料采购量（千克）			
单价（元）		20	20
预计采购金额（元）			
预计现金支出	期初应付账款（元）	3 000	
	一季度购料（元）		
	一季度购料（元）		
	现金支出合计（元）		

2.表6-24是某企业现金预算的一部分，请在括号内填上恰当的数字。假设该企业要求最低现金余额为10 000元，银行借款起点为1 000元，借款年利率为12%，还本时付息，假定于季初借入，于季末偿还。

表6-24　　企业现金预算　　单位：元

摘　要	一 季 度	二 季 度
期初现金余额	11 000	（　）
加：销售现金收入	（　）	84 000
可供使用现金	100 000	（　）
减：直接材料	40 000	36 000
销售费用	（　）	25 000
所得税	5 000	（　）
现金支出合计	（　）	（　）
现金多余或不足	−2 000	24 000
向银行借款	（　）	——
还银行借款	——	（　）
还银行利息	——	（　）
期末现金余额	（　）	（　）

3.某企业正常生产能力为10 000工时，此时变动制造费用为800 000元，固定制造费用总额为100 000元。

要求：按正常生产能力的70%、80%、90%、100%和110%编制制造费用弹性预算。

项目6
自测

项目自测

请扫码完成项目6自测，并填写项目自测表，自行评价成绩，见表6-25。

表6-25 项目自测表

题型	分值	自测成绩	错题编号
一、判断题（10题）	20		
二、单选题（10题）	20		
三、多选题（5题）	20		
四、计算分析题（3题）	40		

项目6学习报告

班级：　　　　姓名：　　　　学号：　　　　成绩：

学习目标	学习要点
知识目标	请完成图6-7预算管理思维导图的填写。 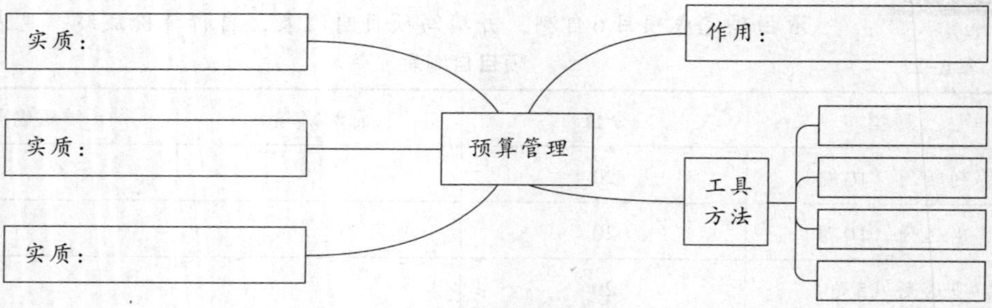 图6-7　预算管理
技能目标	掌握业务预算的编制方法，请填写图6-8业务预算思维导图，给出主要的数据获取方式或相关预算编制公式。 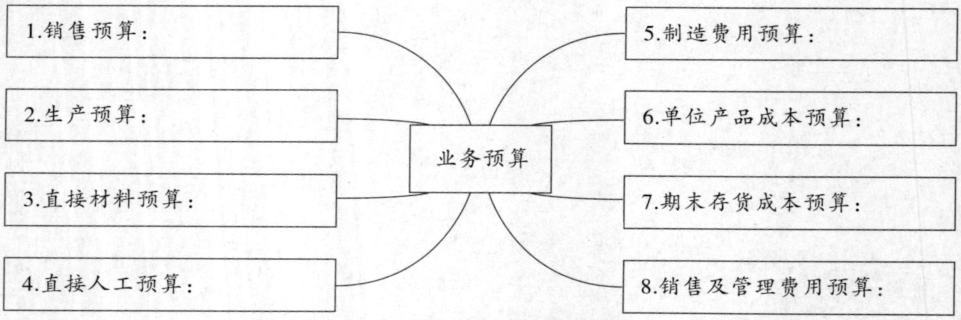 图6-8　业务预算思维导图
素养目标	财务预算是业务预算导致的财务结果预算，请结合企业经营实践案例，分析业务预算与财务预算的关系，并以预算管理的思维，谈谈你的个人职业规划目标与计划。

项目 7

成本管理——开源增效，节支降耗

思政引领

节其流，开其源——《荀子·国富》

解释：一方面节省财政开支，一方面开发经济来源，引申为“开源节流”。这个成语的意思是既要广开财源，增加收入，又要节省支出，双管齐下，效果更好。

成本是企业管理的永恒主题，企业是否能够盈利，主要取决于成本的高低；成本的高低也决定了企业是否能够在行业中稳定发展，所以一个企业的生存和发展，很大程度上取决于该企业的成本管理水平。

成本管理包括事前管理、事中管理与事后管理三部分，事前管理包括成本的预测、决策与计划三个环节；事前工作做得再完美，实施中不予落实执行，则成本预测、决策与计划纯粹是浪费人财物，因此事中的成本控制是重中之重；事后的成本分析与成本考核，则是成本计划实现的保障，缺失该环节，成本责任就无法落实，成本目标就会落空。成本管理工作流程如图 7-1 所示。

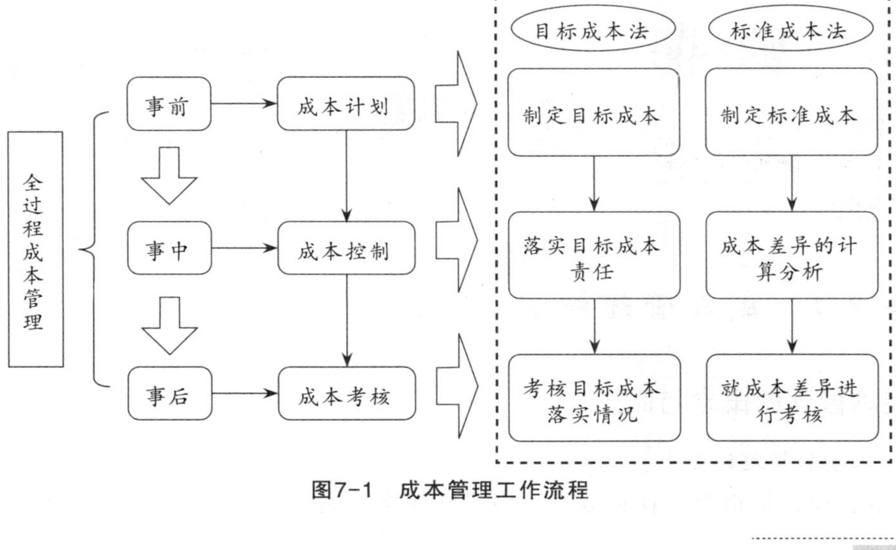

图7-1　成本管理工作流程

随着企业内外部环境的不断变化，成本管理工具方法也在不断演进和创新，不同的成本管理工具方法，应用的是不同的成本管理理念。目标成本法是从当前市场价格出发制定目标成本，并通过目标成本的责任分解，保证目标成本计划的实现；而标准成本则是在正常高效运转的情况下企业应该达到的成本，它通过分析与考核实际成本与标准成本之间的差异，使该标准成本得以实现。不同的成本管理理念，不同的成本管理方法，对企业的经营管理决策，以及最终经济效益会产生巨大影响。因此，同学们当前一方面应掌握成本管理的专业知识和技能；另一方面应掌握成本管理理念及其系统思维及方法，关注成本管理前沿发展动态，以期未来能够运用先进的成本管理手段，将企业的成本管理工作落实到位。

关键词

关键词解析 成本管理

关键词解析 目标成本法

关键词解析 标准成本法

重点与难点

1. 掌握成本管理概念、原则与程序；
2. 掌握目标成本法的含义、特点、应用程序；
3. 掌握标准成本控制体系，即标准成本的制定，以及成本差异的计算分析。

项目导图

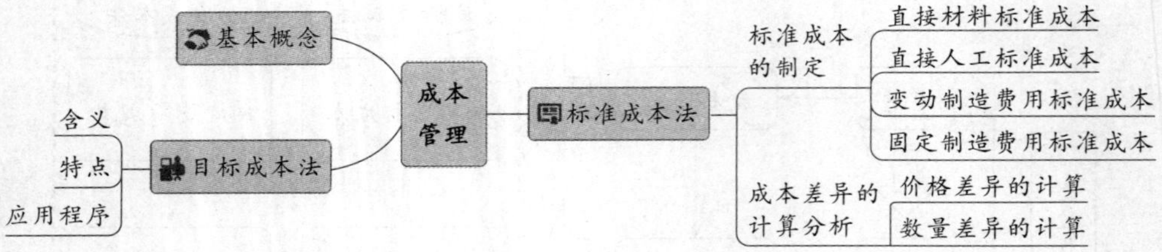

任务 7.1　成本管理概述

一、成本管理的概念与原则

（一）成本管理的概念

成本管理，是指企业在营运过程中实施成本预测、成本决策、成本计划、成本控制、成本核算、成本分析和成本考核等一系列管理活动的总称。

（二）成本管理的原则

企业进行成本管理，一般应遵循以下原则：

1.融合性原则

成本管理应以企业业务模式为基础，将成本管理嵌入业务的各领域、各层次、各环节，实现成本管理责任到人、控制到位、考核严格、目标落实。

2.适应性原则

成本管理应与企业生产经营特点和目标相适应，尤其要与企业发展战略或竞争战略相适应。

3.成本效益原则

成本管理应用相关工具方法时，应权衡其为企业带来的收益和付出的成本，避免获得的收益小于投入的成本。

4.重要性原则

成本管理应重点关注对成本具有重大影响的项目，对于不具有重要性的项目可以适当简化处理。

二、成本管理的工具方法

（一）目标成本法

目标成本法，是指企业以市场为导向，以目标售价和目标利润为基础确定产品的目标成本，从产品设计阶段开始，通过各部门、各环节乃至与供应商的通力合作，共同实现目标成本的成本管理方法。

目标成本法下，企业应以创造和提升客户价值为前提，成立由研究与开发、工程、供应、生产、营销、财务、信息等有关部门组成的跨部门团队，负责目标成本的制定、计划、分解、下达与考核，以成本降低或成本优化为主要手段，谋求竞争中的成本优势，保证目标利润的实现。

（二）标准成本法

标准成本法，是指企业以预先制定的标准成本为基础，通过比较标准成本与实际成本，计算和分析成本差异、揭示成本差异动因，进而实施成本控制、评价经营业绩的一种成本管理方法。

实施标准成本法，要求企业处于较稳定的外部市场经营环境，且市场对产品的需求相对平稳；就企业本身而言，应用标准成本法，要求企业能够及时、准确地取得标准成本制定所需要的各种财务和非财务信息。企业应成立由采购、生产、技术、营销、财务、人力资源、信息等有关部门组成的跨部门团队，负责标准成本的制定、分解、下达、分析等。

（三）变动成本法

变动成本法，是指企业以成本性态分析为前提条件，仅将生产过程中消耗的变动生产成本作为产品成本的构成内容，而将固定生产成本和非生产成本作为期间成本，直接由当期收益予以补偿的一种成本管理方法。

企业应用变动成本法所处的外部环境，一般应具备以下特点：一是竞争环境激烈，需要频繁进行短期经营决策；二是市场相对稳定，产品差异化程度不大，以利于企业进行价格等短期决策。就企业本身特征而言，变动成本法一般适用于同时具备以下特征的企业：一是固定成本比重较大，当产品更新换代的速度较快时，分摊计入产品成本中的固定成本比重大，采用变动成本法可以正确反映产品盈利状况；二是企业规模大，产品或服务的种类多，固定成本分摊存在较大困难；三是企业经营保持相对稳定。

（四）作业成本法

作业成本法，是指以“作业消耗资源、产出消耗作业”为原则，按照资源动因将资源费用追溯或分配至各项作业，计算出作业成本，然后再根据作业动因，将作业成本追溯或分配至各成本对象，最终完成成本计算的成本管理方法。

企业应用作业成本法所处的外部环境，一般应具备以下特点之一：一是客户个性化需求较高，市场竞争激烈；二是产品的需求弹性较大，价格敏感度高。就企业本身特征而言，作业成本法一般适用于具备以下特征的企业：作业类型较多且作业链较长；同一生产线生产多种产品；企业规模较大且管理层对产品成本准确性要求较高；产品、客户和生产过程多样化程度较高；间接或辅助资源费用所占比重较大等。

企业应结合自身的成本管理目标和实际情况，在保证产品的功能和质量的前提下，选择应用适合企业的成本管理工具方法或综合应用不同成本管理工具方法，以更好地实现成本管理的目标。综合应用不同成本管理工具方法时，应以各成本管理工具方法具体目标的兼容性、资源的共享性、适用对象的差异性、方法的协调性和互补性为前提，通过综合运用成本管理的工具方法实现最大效益。

三、成本管理的程序

企业应用成本管理工具方法，一般按照事前管理、事中管理、事后管理等程序进行。

事前管理主要是对未来的成本水平及其发展趋势所进行的预测与规划，一般包括成本预测、成本决策和成本计划等步骤。

事中管理主要是对营运过程中发生的成本进行监督和控制，并根据实际情况对成本预算进行必要的修正，即成本控制步骤。

事后管理主要是在成本发生之后进行的核算、分析和考核，一般包括成本核算、成本分析和成本考核等步骤。

四、成本管理的应用环境

成本管理的应用环境包括管理制度、流程以及相关外部环境等。为确保成本管理的有序开展，企业应建立健全成本管理的制度体系，包括费用申报制度、定额管理制度、责任成本制度等，加强存货的计量验收管理，建立存货的计量、验收、领退及清查制度。

企业应建立健全成本相关原始记录，加强和完善成本数据的收集、记录、传递、汇总和整理工作，确保成本基础信息记录真实、完整。此外，企业还应充分利用现代信息技术，规范成本管理流程，提高成本管理效率。

任务7.2 目标成本法

一、目标成本法的含义

（一）目标成本法的概念

目标成本法是一种以市场为导向，以目标售价和目标利润为基础，确定产品的目标成本，从产品设计阶段开始，通过各部门、各环节乃至与供应商的通力合作，共同实现目标成本的成本管理方法。概括而言，目标成本法是确定目标成本以及围绕目标成本落实而展开的一系列成本控制活动的总称。

从本质上讲，目标成本法不是一种单纯的成本计算方法，它将成本目标、成本计划、成本控制、成本计算与分析、成本优化有机结合，更直接地体现为一种成本规划与成本管理方法。

（二）目标成本法的特点

1.鲜明的市场导向

目标成本以创造和提升顾客价值为前提，由价格引导，基于某一特定产品的销售价格，在考虑必要的利润因素后，以目标价格扣除目标利润，倒推出的产品目标成本。例如，经过对产品的目标定位（包括价格、功能、质量等），得出某产品的竞争性目标价格是100元，利润率15%，则该产品的目标成本是85元。

2.以产品生产前的开发设计阶段为产品成本控制重点

目标成本计算的目的，是在产品研发及设计阶段就设计好产品的成本。因为有效的成本控制，应该发生在产品设计与工序设计阶段，而到了产品生产阶段，大部分成本已经成为约束性成本。与传统成本管理方法单纯以会计方法为主要手段不同，目标成本法的独特之处在于其采用综合性方法与手段，以跨部门团队方式，将成本计算、产品设计开发、产品生产工艺等一体化地加以分析运营，帮助各部门管理者在未开始生产产品前，就衡量产品的功能、消费者需要、产品的成本与利润。

3.利润规划

它不仅是一种成本控制方法，也是在既定营销策略下实施利润规划的一种方法。

（三）适用范围

目标成本法一般适用于制造业企业，也可在物流、建筑、服务等行业应用。

二、目标成本法的应用环境

（一）应用目标成本法的产品要求

企业应用目标成本法，要求处于比较成熟的买方市场环境，且产品的设计、性能、质量、价值等呈现出较为明显的多样化特征。

（二）应用目标成本法的企业目标要求

企业应以创造和提升客户价值为前提，以成本降低或成本优化为主要手段，谋求竞争中的成本优势，保证目标利润的实现。

（三）应用目标成本法的团队要求

企业应成立由研究与开发、工程、供应、生产、营销、财务、信息等有关部门组成的跨部门团队，负责目标成本的制定、计划、分解、下达与考核，并建立相应的工作机制，有效协调有关部门之间的分工与合作。

（四）应用目标成本法的信息要求

企业应能及时、准确取得目标成本计算所需的产品售价、成本、利润以及性能、质量、工艺、流程、技术等方面财务和非财务信息。

三、目标成本法的应用程序

企业应用目标成本法，一般按照确定应用对象、成立跨部门团队、收集相关信息、计算市场容许成本、设定可实现的目标成本、分解可实现的目标成本、落实目标成本责任、考核成本管理业绩以及成本管理的持续改善等程序进行。目标成本法应用程序如图7-2所示。

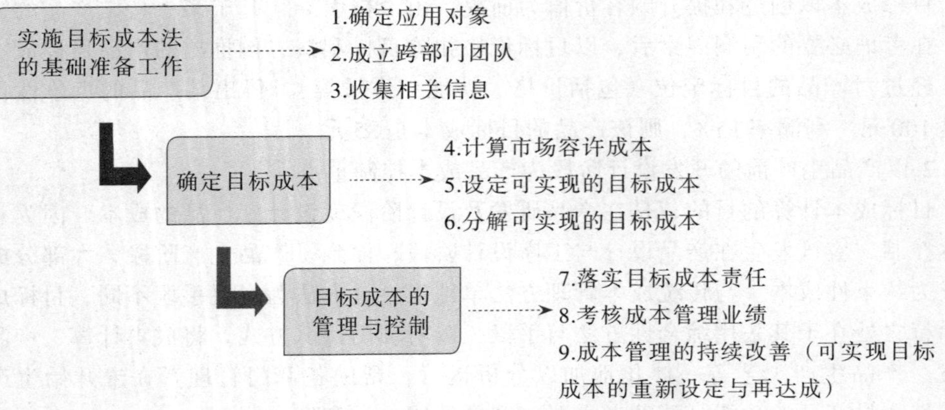

图7-2　目标成本法应用程序

（一）实施目标成本法的基础准备工作

1.确定应用对象

企业确定目标成本法的应用对象时，应考虑重要性原则，选择对企业经营绩效有重大影响的产品，以及成本有重大改进空间的产品。以下产品适合作为目标成本法的应用对象：

（1）企业拟开发的新产品。

（2）功能与设计存在较大的弹性空间、产销量较大且处于亏损状态或盈利水平较低、对企业经营业绩具有重大影响的老产品。

2.成立跨部门团队

在企业负责目标成本管理的跨部门团队下，可建立成本规划、成本设计、成本确认、成本实施等小组，各小组根据管理层授权协同合作完成相关工作。

（1）成本规划小组由业务及财务人员组成，负责设定目标利润，制定新产品开发或老产品改进方针，考虑目标成本等。该小组的职责主要是收集相关信息、计算市场驱动产品成本等。

（2）成本设计小组由技术及财务人员组成，负责确定产品的技术性能、规格，对比各种成本因素，考虑价值工程，进行设计图上成本降低或成本优化的预演等。该小组的职责主要是可实现目标成本的设定和分解等。

（3）成本确认小组由有关部门负责人、技术及财务人员组成，负责分析设计方案或试制品评价的结果，确认目标成本，进行生产准备、设备投资等。该小组的职责主要是可实现目标成本设定与分解的评价和确认等。

（4）成本实施小组由有关部门负责人及财务人员组成，负责确认实现成本策划的各种措施，分析成本控制中出现的差异并提出对策，对整个生产过程进行分析、评价等。该小组的职责主要是落实目标成本责任、考核成本管理业绩等。

3.收集相关信息

目标成本法的应用需要收集与应用对象相关的信息，这些信息来自各部门，因此，需要跨部门团队人员提供信息。这些信息一般包括：

（1）产品成本构成及料、工、费等财务和非财务信息。

（2）产品功能及其设计、生产流程与工艺等技术信息。

（3）材料的主要供应商、供求状况、市场价格及其变动趋势等信息。

（4）产品的主要消费者群体、分销方式和渠道、市场价格及其变动趋势等信息。

（5）本企业及同行业标杆企业产品盈利水平等信息。

（6）其他相关信息。

【例7-1】M公司是某电子集团下属的一手机生产厂商，2015年前一直为诺基亚、三星、LG等手机品牌代工生产手机。2016年开始，为打造自有品牌，M公司购进某著名手机品牌，计划从代工制造逐步转型为具有研发与制造能力的自有品牌公司。之前该公司主要采用传统方法控制产品成本，而现代企业统计数据表明，产品成本的70%～80%是在研发阶段决定的。因此，实施目标成本法，从设计阶段就严控成本，制造阶段改善与节约成本，成为M公司成本控制的大方向。

为改变传统的成本管理方式，M公司建立了项目小组，全面推行目标成本管理。项目小组包括：总指挥、总干事、执行制造、执行厂部、执行干事。角色成员来自企业的研发部门、采购部门、制造部门、品质部门等相关部门。各角色职能见表7-1。

表7-1 目标成本项目组角色职能表

总指挥	确定项目推行方向，协调部门间的矛盾，定期检讨推行成果
总干事	取得KPI参数，汇总各厂部改善成果，传达总指挥的指示
执行制造	推动并监督下属厂部成本改善工作
执行厂部	针对未达标的制程参数展开改善活动
执行干事	定期统计实际的制程参数状况，协助服务厂部开展改善活动

（二）确定目标成本

1.计算市场容许成本

市场容许成本=目标售价-目标利润

目标售价的设定应综合考虑客户感知的产品价值、竞争产品的预期相对功能和售价，以及企业针对该产品的战略目标等因素。

目标利润的设定应综合考虑利润预期、历史数据、竞争地位等因素。

2.设定可实现的目标成本

企业应将容许成本与新产品设计成本或老产品当前成本进行比较，确定差异并分析原因，设定可实现的目标成本。

企业一般采取价值工程、拆装分析、流程再造、全面质量管理、供应链全程成本管理等措施和手段，消除当前成本或设计成本偏离容许成本的差异，使容许成本转化为可实现的目标成本。

3.分解可实现的目标成本

企业应按主要功能对可实现的目标成本进行分解，确定产品所包含的每一零部件的目标成本。

（1）确定主要功能的目标成本，寻求实现这种功能的方法，并把主要功能和主要功能级的目标成本分配给零部件，形成零部件级目标成本。

（2）将零部件级目标成本转化为供应商的目标售价。

【例7-2】承例【7-1】，以M公司正在代工生产的一款手机摄像头后盖的制造过程为例，该客户报价为146元，当前实际成本为132.8元，目标毛利率为12%。其目标成本确定如下。

市场容许成本=146-146×12%=128.48（元）

该企业综合各方面情况，最终确定将128.48元确定为手机后盖可实现的目标成本，并将目标成本128.48元进行拆解，见表7-2。

表7-2 手机后盖目标成本分解表 单位：元

销售收入	146.00
变动制造成本	114.98
直接材料	36.53
直接人工	58.53
变动制造费用	19.92
固定制造成本	13.5
间接人工	2.7
折旧和摊销	5.4
其他固定制造费用	5.4
单位成本合计	128.48
毛利	17.52

（三）目标成本的管理与控制

1.落实目标责任成本

将设定的可实现目标成本、功能级目标成本、零部件级目标成本和供应商目标售价进一步量化为可控制的财务和非财务指标，落实到各责任中心，形成各责任中心的责任成本和成本控制标准。

2.考核成本管理业绩

依据各责任中心的责任成本和成本控制标准，定期进行成本管理业绩的考核与评价。

3.进行差异对比，推动成本管理的持续优化

企业应定期将产品实际成本与设定的可实现目标成本进行对比，确定其差异及其性质，分析差异的成因，提出消除各种重要不利差异的可行途径和措施，进行可实现的目标成本的重新设定、再达成，推动成本管理的持续优化。

【例7-3】承【例7-2】，M公司代工生产手机后盖的目标成本管理控制过程如下。

首先，将拆解后的目标责任成本，下发给各部门遵照执行。其中，原材料降低目标由采购部门负责；制造部门管控费用开销降低制造费用；生产单位优化生产参数降低生产成本；品质部门严控产品良品率降低报废率；研发设计部门开发新材料降低生产成本。以部分原材料成本的管控过程为例，表7-3给出目标成本分解落实到采购部门后部分原材料的目标采购成本。

表 7-3　　手机后盖原材料目标成本表

制程	原物料描述	单价（元）	用量	单 PCS 成本（元）
DDG	铝挤型材	5.358	1	5.358
注塑成型	塑胶粒 PPS	0.1439	23	3.3097
焊接	镀金弹片 1	0.2068	9	1.8612
	镀金弹片 2	0.2188	1	0.2188
组装	闪光灯镜片	0.1733	1	0.1733
	音量键	2.9236	1	2.9236
	电源键	2.266	1	2.266
	喇叭防尘网	0.0812	1	0.0812
	保护膜	0.082	1	0.082

其次，考核成本管理业绩，将实际成本与目标成本进行对比，推动成本管理的持续优化。M 公司电池后盖目标成本落实流程如图 7-3 所示。

工作内容	每月根据账务资料，选出需要成本改善的原材料料号	提供基于KPI的制程参数	比较实际参数与KPI参数，好者维持，差者改善	每周末反馈改善结果，直至达成目标成本
责任单位	厂部经管	经管报价部	现场经管	现场经管

图7-3　原材料目标成本落实流程

最后，在 M 公司目标成本达成过程中，原材料降低目标由采购部门执行，制造部门管控费用开销降低制造费用，各生产单位优化生产参数降低生产成本，品质部门严控产品良品率降低报废率，研发设计部门开发新材料、新设计降低产品成本，跨部门协作，共同努力达到目标成本。定期召开项目 KPI 达成检讨会，如此循环往复，直至目标成本达成。

四、目标成本法的应用评价

目标成本法较之传统成本法、作业成本法，有一定突破。传统成本法局限于事后的成本反映，而没有对成本形成的全过程进行监控；作业成本法局限于对现有作业的成本监控，没有将供应链的作业环节与客户的需求紧密结合。目标成本法的主要优缺点如下。

（一）目标成本法的主要优点

（1）突出从原材料到产品出货全过程成本管理，有助于提高成本管理的效率和效果。

（2）强调产品寿命周期成本的全过程和全员管理，有助于提高客户价值和产品市场竞争力。

（3）谋求成本规划与利润规划活动的有机统一，有助于提升产品的综合竞争力。

（二）目标成本法的主要缺点

目标成本法的应用，不仅要求企业具有各类人才，更需要各有关部门和人员通力合作，对管理水平要求较高；另外，在实施目标成本法时也存在潜在的问题，特别是在为集中力量达成目标成本而转移了对公司整体目标有影响的其他要素的关注时。

任务7.3　标准成本法

一、标准成本法的含义

标准成本法，是指企业以预先制定的标准成本为基础，通过比较标准成本与实际成本，计算和分析成本差异、揭示成本差异动因，进而实施成本控制、评价经营业绩的一种成本管理方法。

企业应用标准成本法的主要目标是：通过标准成本与实际成本的比较，揭示和分析标准成本与实际成本的差异，并按例外管理原则，纠正不利差异，保持有利差异，以提高工作效率，不断降低产品成本。

二、标准成本的种类

（一）标准成本基准的选择

制定标准成本，首先应确定选择什么水平的成本作为现行标准成本。可供选择的标准成本基准，主要包括理想标准成本、基本标准成本和正常标准成本三种。

1.理想标准成本

理想标准成本是指以现有生产技术、设备和经营管理的最佳状态为基础制定的标准成本。它是排除机器故障、工作停顿等一切不利因素后，尽最大的努力才能实现的成本。这种标准成本只能提供一个完美无缺的目标，但标准过于严格，因此按此标准揭示的成本差异没有实际意义。

2.基本标准成本

基本标准成本是以产品某一年的实际成本为基础制定的标准成本。该标准成本一经制定，只要生产基本条件无重大变化，就不予变动。其优点是基本标准成本相对固定，使各期成本在同一基础上比较，充当稳定成本变动趋势的尺度。但其最大的缺点是不能反映工作效率和经营状况的不断变化，很难发挥成本控制的作用。因此，在实际工作中也较少被采用。

3.正常标准成本

正常标准成本是在现有的生产技术水平和正常生产经营能力的前提下应达到的标准成本。该标准成本是考虑了正常的原材料浪费、机器偶然故障以及人员失误等一些不可避免的不利因素后所确定的成本，是员工经过努力可以达到的成本标准。这种标准成本达到了先进性和现实性的统一，是实践中成本控制的标准成本尺度。

（二）标准成本的度量

标准成本是预算控制的基础。从预算角度而言，标准成本有两个度量尺度：一种指“单位产品标准成本”，它是根据产品的标准消耗量和标准单价计算出来的，即：

单位产品标准成本=单位产品标准消耗量×标准单价

另一度量尺度，是“实际产量标准成本”，它是根据实际产品产量和单位产品标准成本计算出来的，即：

实际产量标准成本=实际产量×单位产品标准成本

单位产品标准成本，一般是编制预算的基础；实际产量标准成本，则是预算控制的基础。例如，预计业务量8 000件，有了单位产品标准成本，在成本预算时，只需要用单位产品标准成本乘以预计业务量即可得到预算总成本。如果实际执行的实际业务量是7 000件，则成本控制分析将实际成本与标准成本比较时，这个标准成本应该用实际业务量7 000件乘以单位产品标准成本得到的实际产量标准成本作为比较基准，而不能用以8 000件为计算基础求得的预算总成本作为成本控制分析的基准。

三、标准成本的制定

（一）确定“标准产品”或“标准服务”项目

“标准产品”或“标准服务”，是标准成本的对象，即为谁制定标准成本，如钢材、石油冶炼、汽车制造以及修理业务。

（二）制定“标准产品”或“标准服务”的标准成本

标准成本，通常是指单位产品的标准成本，以制造业为例，标准成本既可以同完全成本法结合使用，也可以同变动成本法结合使用，如果采用变动成本法，标准成本项目只包括直接材料、直接人工、变动制造费用，不包括固定制造费用。下面的标准成本制定，均以完全成本法为基础。

$$\text{单位产品标准成本}=\text{直接材料标准成本}+\text{直接人工标准成本}+\text{变动制造费用标准成本}+\text{固定制造费用标准成本}$$

在制定标准成本时，无论哪个成本项目，都需要分别确定其价格标准和用量标准，两者相乘以后，得出单位产品的标准成本。

1.直接材料标准成本

直接材料标准成本由两个因素决定：材料的价格和材料的用量。材料的用量是现有技术条件下生产单位产品所需要的材料数量，它根据生产设计工艺现状，考虑必不可少的损耗后确定；材料的标准价格，包括发票价、运费及途中损耗等，一般由采购部门确定。

直接材料标准成本=材料的标准单价×单位产品标准耗用量

2.直接人工标准成本

直接人工的用量标准是单位产品的标准工时，由技术管理部门（或类似的其他部门）确定；直接人工的价格标准是标准小时工资率，一般由劳动人事部门确定。

直接人工标准成本=标准小时工资率×单位产品标准工时

标准小时工资率=预计支付直接人工标准工资总额÷标准总工时

3.变动制造费用标准成本

影响变动制造费用的因素有：变动制造费用预算总额和单位产品标准工时。

变动制造费用标准成本=单位产品标准工时×单位工时变动制造费用标准分配率

单位工时变动制造费用标准分配率=变动制造费用预算总额÷直接人工（或机器）标准总工时

4.固定制造费用标准成本

如果企业采用变动成本法，固定制造费用不计入产品成本，单位产品标准成本不包括固定制造费用的标准成本。采用完全成本法，固定制造费用要计入单位产品的标准成本中。

固定制造费用的用量标准，与变动制造费用的用量标准相同，可采用直接人工工时、机器工时或其他用量标准，并且两者要保持一致，以便进行差异分析，该用量标准，一般在制定直接人工用量标准时已经确定。

单位产品固定制造费用标准成本=单位产品标准工时×单位工时固定制造费用标准分配率

单位工时固定制造费用标准分配率=固定制造费用预算总额÷标准总工时

通过以上分析可以看出，标准成本的基本形式是，以“用量”标准（如单位产品标准耗用量、单位产品标准工时等）乘以“价格”标准（如材料的标准单价、标准小时工资率、单位工时标准分配率等）得出有关成本项目的标准成本，具体见表7-4。

表7-4　**各成本项目的标准成本**

成本项目	用量标准	价格标准	标准成本
直接材料	单位产品标准耗用量	材料的标准单价	材料的标准单价×单位产品标准耗用量
直接人工	单位产品标准工时	标准小时工资率	标准小时工资率×单位产品标准工时
变动制造费用	单位产品标准工时	单位工时变动制造费用标准分配率	单位产品标准工时×单位工时变动制造费用标准分配率
固定制造费用	单位产品标准工时	单位工时固定制造费用标准分配率	单位产品标准工时×单位工时固定制造费用标准分配率

同步任务7-1——填一填

1.完成变动成本法下A产品标准成本卡的编制，见表7-5。

表7-5　　A产品标准成本卡

产品名称：A　　计划产量：50件

成本项目	用量标准	价格标准	单位产品标准成本（元）
直接材料	20千克	15元/千克	（　）
直接人工	5工时	16元/工时	（　）
变动制造费用	5工时	8元/工时	（　）
合　计			（　）

2.已知A产品计划期期初存货量为10件，单位成本为400元，期末存货量为20件，存货计价采用先进先出法，则本期生产成本预算总额是（　　）元，本期销售成本预算是（　　）元。

3.如果实际生产产品60件，实际耗费直接材料成本17 400元，则直接材料成本差异是（　　）元。

四、成本差异的计算与分析

（一）成本差异计算通用模型

计算、分析成本差异以及处理成本差异，是标准成本法的重要组成部分，它反映的是实际成本脱离标准成本的差额。需要注意的是，成本差异是指实际成本与实际产量下的标准成本两者之间的差额，如果实际成本低于标准成本，形成的差异为有利差异，也称为顺差或节约差；如果实际成本高于标准成本，形成的差异为不利差异，也称为逆差或超支差。对于管理当局而言，成本差异是一个重要"信号"，可据此发现管理过程中的问题，进而采取相应的措施，消除不利差异，发展有利差异，实现对成本的有效控制。

由于标准成本是根据标准用量和标准价格计算的，实际成本是根据实际用量和实际价格计算的，所以，尽管影响差异的原因很多，但归纳起来不外乎数量和价格两个因素。由用量因素形成的差异统称为数量因素，由价格因素形成的差异统称为价格因素。成本差异的通用公式可通过以下方式推导得出：

$$\begin{aligned}\text{成本差异}&=\text{实际成本}-\text{实际产量下的标准成本}\\&=(\text{实际单价}\times\text{实际耗用量})-(\text{标准单价}\times\text{标准耗用量})\\&=\left(\begin{matrix}\text{实际}\\\text{单价}\end{matrix}\times\begin{matrix}\text{实际}\\\text{耗用量}\end{matrix}-\begin{matrix}\text{标准}\\\text{单价}\end{matrix}\times\begin{matrix}\text{实际}\\\text{耗用量}\end{matrix}\right)+\left(\begin{matrix}\text{标准}\\\text{单价}\end{matrix}\times\begin{matrix}\text{实际}\\\text{耗用量}\end{matrix}-\begin{matrix}\text{标准}\\\text{单价}\end{matrix}\times\begin{matrix}\text{标准}\\\text{耗用量}\end{matrix}\right)\\&=\text{实际耗用量}\times(\text{实际单价}-\text{标准单价})+\text{标准单价}\times(\text{实际耗用量}-\text{标准耗用量})\\&=\text{价格差异}+\text{用量差异}\end{aligned}$$

计算差异的目的是在保持价格或者耗用量不变的基础上，分离另一因素的影响。在计算价格差异时，把耗用量保持在实际耗用量的水平上；在计算用量差异时，把价格保持为标准价格。可以套用口诀记忆：价差乘以实际数量；量差乘以标准价格。最终，价格差异和用量差异之和等于实际成本与标准成本的差额。成本差异计算通用模型如图7-4所示。

实际价格×实际用量①
价格差异（=①-②）
标准价格×实际用量②
数量差异（=②-③）
成本差异（=①-③）
标准价格×标准用量③

图7-4　成本差异计算通用模型

（二）成本差异的计算与分析

1.直接材料成本差异的计算和分析

直接材料成本差异是指一定产品产量下直接材料的实际成本与标准成本之间的差额。它包括直接材料用量差异和直接材料价格差异。根据差异计算的通用公式可以得到直接材料成本差异的公式。

直接材料成本差异=实际成本-实际产量下的标准成本
=实际耗用量×（实际单价-标准单价）+标准单价×（实际耗用量-标准耗用量）
=直接材料价格差异+直接材料用量差异

直接材料用量差异一般由生产部门负责，反映生产部门的业绩。直接材料价格差异一般由采购部门负责，如采购的批量、交货方式、运输方法、有无数量折扣以及材料的品质等，其中任何一方面的因素脱离制定标准成本时的预定要求，都会形成直接材料价格差异。

【例7-4】甲产品A材料的标准价格为45元/千克，用量标准为3千克/件。假定企业本月投产甲产品8 000件，领用A材料32 000千克，其实际价格为40元/千克。

要求：计算甲产品的材料成本差异并验证。

【解析】

直接材料成本差异=32 000×40-8 000×3×45=200 000（元）（超支差异）

其中：

材料价格差异=32 000×（40-45）=-160 000（元）（节约差异）

材料用量差异=（32 000-8 000×3）×45=360 000（元）（超支差异）

验证：20 0000=-160 000+360 000

2.直接人工成本差异的计算与分析

直接人工成本差异是指一定产品产量直接人工的实际成本与标准成本之间的差额。因为直接人工成本与工时的耗用、小时工资率相关，所以，它的价格差异称为直接人工工资率差异，它的用量差异称为直接人工效率差异。直接人工工资率差异是实际工资率与标准工资率之间的差额乘以实际工时，直接人工效率差异是实际工时与标准工时之间的差额乘以标准工资率。其计算公式如下：

直接人工成本差异=实际成本-实际产量下的标准成本

直接人工工资率差异=（实际工资率-标准工资率）×实际工时

直接人工效率差异=（实际工时-标准工时）×标准工资率

直接人工工资率差异一般很少产生，因为企业制定的工资率标准很少变动，除非员工的整体工资水平有了提高。直接人工效率差异是企业生产过程中实际投入量与标准投入量的差异，反映了劳动生产率的高低。

【例7-5】尼恩公司直接材料和直接人工的标准成本见表7-6。

表7-6 直接材料和直接人工的标准成本

成本项目	标准成本		
	单位产品的预期标准耗用量	单位产品的预期标准价格	单位产品的预期标准成本
直接材料	5千克	2元/千克	10元
直接人工	0.5小时	16元/小时	8元

本期实际产量为7 000件，发生的实际支出如下：

直接材料：实际耗用材料36 800千克，实际价格1.9元/千克；

直接人工：实际耗用工时3 750小时，实际小时工资率16.4元/小时。

要求：计算直接材料与直接人工各成本差异并验证。

【解析】

直接材料成本差异=36 800×1.9-7 000×10=-80（元）（有利差异）

具体分析引起直接材料成本差异的原因：

直接材料价格差异=（1.9-2）×36 800=-3 680（元）（有利差异）

直接材料用量差异=（36 800-7 000×5）×2=3 600（元）（不利差异）

直接材料价格差异（-3 680）与直接材料用量差异（3 600）的合计数等于直接材料成本差异（-80）。

直接人工成本差异=3 750×16.4-7 000×8=5 500（元）（不利差异）

具体分析引起直接人工成本差异的原因：

直接人工工资率差异=（16.4-16）×3 750=1 500（元）（不利差异）

直接人工效率差异=（3 750-7 000×0.5）×16=4 000（元）（不利差异）

直接人工效率差异（4 000）与直接人工工资率差异（1 500）的合计数等于直接人工成本差异（5 500）。

价格差异和用量差异是企业经营管理过程中非常有用的信息，但在使用时应注意以下两点：一是这些差异不应该是用于决策、控制或评价的唯一信息。例如，若采购者仅强调材料的价格差异，就会与全面质量管理目标相抵触。采购者可能会购买大批低质量的材料，以获取有利的材料价格差异，结果会产生超额的存货管理成本和机会成本，并且会因材料的质量问题增加次品数量。同理，仅仅强调人工价格和用量差异，会使主管们使用技术水平较低的工人，或迫使工人加速完成任务，而产品和服务的质量可能会受到影响。二是差异本身并不能说明预算经营收益达到与否，但是它们能提出问题、提供线索并引起注意。【例7-5】中，尼恩公司这组差异一个可能的解释是：管理者可能进行了权衡，以有利价格购买了低于标准质量的材料，节约了3 680元（直接材料价格差异），但超额浪费几乎抵消了这一节约额，就如3 600元不利的直接材料用量差异和80元有利的直接材料成本差异所显示的那样。材料的浪费会引起人工的超额使用，如果4 000元的不利直接人工效率差异中，多于80元是因为材料有缺陷返工而引起的，那么管理者的权衡就是不成功的，即使用低于标准的材料引起的不利成本差异超过了低价带来的有利成本差异。

同步任务7-2——练一练

甲产品标准工资率为10.8元/小时，单位产品工时标准为1.5小时。假定企业本月实际生产甲产品8 000件，用工10 000小时，实际应付直接人工工资110 000元。

要求：计算甲产品的人工成本各项差异并验证。

3.变动制造费用差异的计算和分析

变动制造费用差异是指实际发生的变动制造费用与实际产量下标准变动制造费用之间的差额。它是由变动制造费用耗费差异和变动制造费用效率差异构成的。其计算公式如下：

变动制造费用差异=实际成本-实际产量下的标准变动制造费用

变动制造费用耗费差异=（变动制造费用实际分配率-变动制造费用标准分配率）×实际工时

变动制造费用效率差异=（实际工时-标准工时）×变动制造费用标准分配率

变动制造费用耗费差异是变动制造费用分配率差异引起的，属于价格差异；变动制造费用效率差异是工时差异引起的，属于用量差异。

【例7-6】接【例7-5】，尼恩公司变动制造费用按直接人工工时分配，标准分配率为1.2元/小时，单位产品的标准人工工时为0.5小时，变动制造费用实际支出4 700元。

要求：计算变动制造费用的各项差异并验证。

【解析】

变动制造费用差异=4 700-7 000×1.2×0.5=500元（元）（不利差异）

变动制造费用耗费差异=（4 700÷3 750-1.2）×3 750=200（元）（不利差异）

变动制造费用效率差异=（3 750-7 000×0.5）×1.2=300（元）（不利差异）

变动制造费用效率差异（300）与变动制造费用耗费差异（200）的合计数等于变动制造费用差异（500）。

同步任务7-3——练一练

甲产品标准变动制造费用分配率为3.6元/小时，单位产品的工时标准为1.5小时。假定企业本月实际生产甲产品8 000件，用工10 000小时，实际发生变动制造费用40 000元。

要求：计算甲产品的变动制造费用各项差异并验证。

4.固定制造费用差异的计算和分析

固定制造费用差异是指实际固定制造费用与实际产量下标准固定制造费用之间的差额。固定制造费用主要是企业为了获得生产能力以及维持这种生产能力而发生的费用，它具有在相关范围内不变的特性，所以在控制上也具有不同于变动费用的特点。

固定制造费用的开支是节约还是超支不能用单位工时的固定费用多少来判断，而应该用总额直接比较判断。在成本差异的分析上，必须能分解出反映固定制造费用控制水平或耗费水平的差异，称为固定制造费用耗费差异（即价格差异），它应直接用固定制造费用实际发生数减去预算总额计算（这是因为固定制造费用主要受长期决策影响，所以，固定制造费用耗费差异不考虑业务量的变动，以原来的预算数作为基础），而总成本差异扣除耗费差异后就是生产能量差异（即用量差异）。生产能量差异是指固定制造费用预算数与固定制造费用标准成本的差额，或者说是生产能量与实际业务量下的标准工时的差额用标准分配率计算的金额。它反映未能充分使用现有生产能量而造成的损失。具体计算公式如下：

固定制造费用差异=实际固定制造费用-实际产量下标准固定制造费用

固定制造费用耗费差异=实际固定制造费用-预算固定制造费用

固定制造费用能量差异=预算固定制造费用-实际产量×标准单位产品工时×标准固定制造费用分配率

=（生产能量-实际产量下的标准工时）×标准固定制造费用分配率

上述公式为二因素分析法，也可以采用三因素分析法。所谓三因素分析法是将固定制造费用成本差异分为耗费差异、效率差异和闲置能量差异三部分。耗费差异的计算与二因素分析法相同，所不同的是将固定制造费用能量差异作了进一步的分解，分解为固定制造费用闲置能量差异与固定制造费用效率差异。具体计算公式如下：

固定制造费用闲置能量差异=预算固定制造费用-实际产量×实际单位产品工时×固定制造费用标准分配率

固定制造费用效率差异=实际产量×（实际单位产品工时-标准单位产品工时）×标准固定制造费用分配率

固定制造费用闲置能量差异是由于实际工时未达到标准能量引起的；固定制造费用

效率差异是实际工时脱离标准工时引起的。

图7-5有助于理解与记忆固定制造费用成本差异的构成及计算。

- 固定制造费用差异 =①-④
  - 固定制造费用耗费差异 =①-②
    - 实际分配率×实际工时①
    - 标准分配率×预算工时②
  - 固定制造费用闲置能量差异 =②-③
    - 标准分配率×预算工时②
    - 标准分配率×实际工时③
  - 固定制造费用效率差异 =③-④
    - 标准分配率×实际工时③
    - 标准分配率×标准工时④
  - 固定制造费用能量差异 =②-④

图7-5 固定制造费用成本差异构成及计算

【例7-7】 接【例7-6】，尼恩公司固定制造费用预算数为全年3 600元，实际开支固定制造费用3 400元。年初预计产量的标准工时为4 000小时（8 000×0.5）。固定制造费用标准分配率为0.9元/小时（3 600÷4 000）。由变动制造费用的资料可知，实际工时3 750小时，预算工时为3 500小时（7 000×0.5）。要求：分别用二因素分析法和三因素分析法计算固定制造费用各项差异并验证。

【解析】 二因素分析法：

固定制造费用差异=3 400-0.9×3 500=250（元）（不利差异）

固定制造费用耗费差异=3 400-3 600=-200（元）（有利差异）

固定制造费用能量差异=3 600-0.9×3 500=450（元）（不利差异）

验证：固定制造费用差异（250）=固定制造费用耗费差异（-200）+固定制造费用能量差异（450）

三因素分析法：

固定制造费用闲置能量差异=3 600-3 750×0.9=225（元）（不利差异）

固定制造费用效率差异=3 750×0.9-0.9×3 500=225（元）（不利差异）

验证：固定制造费用差异（250）=固定制造费用耗费差异（-200）+固定制造费用闲置能力差异（225）+固定制造费用效率差异（225）

同步任务7-4——练一练

甲产品固定制造费用标准分配率为12元/小时，标准工时为1.5小时/件。假定企业甲产品预计产量为10 400件，实际生产甲产品8 000件，用工10 000小时，实际发生固定制造费用190 000元。

要求：分别用二因素分析法和三因素分析法计算甲产品的固定制造费用各项差异并验证。

五、标准成本法评价

（一）标准成本法的主要优点

（1）能及时反馈各成本项目不同性质的差异，有利于考核相关部门及人员的业绩。

（2）标准成本的制定及其差异和动因等信息可以使企业预算的编制更为科学和可行，有助于企业的经营决策。

（二）标准成本法的主要缺点

（1）要求企业产品的成本标准比较准确、稳定，在使用条件上存在一定的局限性。

（2）对管理水平要求较高，系统维护成本较高。

（3）标准成本需要根据市场价格波动频繁更新，导致成本差异可能缺乏可靠性，降低成本控制效果。

典型案例7-1　医院的成本以及对差异的解释

仁和医院的急诊部门使用以病人数量为基础的弹性预算。在任何时间都要保持有足够的护理人员和急救医生，因此，病人的救治工作不会影响医生的轮班安排，但护士的工作时间随着病人数量的变化而变化。每位病人耗用护士的时间标准设定为0.5小时，支付给护士的工资为每小时9元至18元，平均工资为每小时15元。所有的原料都被看作物料及其他间接费用的一部分，且没有直接材料。一项统计研究表明，物料及其他变动间接费用主要与护理时间正比例相关。标准物料及其他变动间接费用成本共计每小时10元。

罗曼是急诊部门的主任医生，他对部门的成本控制负责。10月急诊部门诊治了4 000位病人，预算及实际成本见表7-7。

表7-7　急诊部门预算及实际成本表　金额单位：元

项目	实际	预算	差异
病人数（位）	4 000	3 800	200
护士的工作时间（小时）	2 075	1 900	175
护理成本	33 125	28 500	4 625
物料及其他变动间接费用	20 320	19 000	1 320
固定成本	92 600	92 600	0
总成本	146 045	140 100	5 945

典型案例7-1

参考答案

要求：

1.请列出4 000位病人的弹性预算和实际成本。

2.计算护理成本价格差异和用量差异。

3.计算物料及其他变动间接费用的支出差异及效率差异。

4.罗曼医生被要求向机构总裁解释差异产生的缘由，请帮他做出可能的解释。

巩固与练习

一、判断题

1.成本管理是指企业在营运过程中实施成本预测、成本决策、成本计划、成本控制、成本核算、成本分析和成本考核等一系列管理活动的总称。 （　　）

2.成本控制是成本管理者根据预定的目标，对成本发生和形成过程以及影响成本的各种因素条件施加主动的影响或干预，把实际成本控制在预期目标内的成本管理活动。 （　　）

3.事后成本管理阶段主要是在成本发生之后进行的监督、分析和考核，一般包括成本监督、成本分析和成本考核等步骤。 （　　）

4.日常运行良好的企业不需要成本管理。 （　　）

5.材料用量差异的形成应完全由生产部门负责。 （　　）

6.直接材料价格标准是指该种材料的市场价格。 （　　）

7.成本控制只应对产品制造过程中发生的全部费用进行控制，而对其他的成本费用一律不予反映。 （　　）

8.材料价格差异是在采购过程中形成的，所以应由采购部门负责。 （　　）

二、单项选择题

1.（　　）是以现有条件为前提，在历史成本资料的基础上，根据未来可能发生的变化，利用科学的方法，对未来的成本水平及其发展趋势进行描述和判断的成本管理活动。

A.成本预测　　B.成本控制　　C.成本核算　　D.成本分析

2.（　　）是以营运计划和有关成本数据、资料为基础，根据成本决策所确定的目标，通过一定的程序，运用一定的方法，针对计划期企业的生产耗费和成本水平进行的具有约束力的成本筹划管理活动。

A.成本预测　　B.成本控制　　C.成本核算　　D.成本计划

3.（　　）是根据成本核算对象，按照国家统一的会计制度和企业管理要求，对营运过程中实际发生的各种耗费按照规定的成本项目进行归集、分配和结转，取得不同成本核算对象的总成本和单位成本，向有关使用者提供成本信息的成本管理活动。

A.成本预测　　B.成本控制　　C.成本核算　　D.成本计划

4.（　　）是对成本计划及其有关指标实际完成情况进行定期总结和评价，并根据考核结果和责任制的落实情况，进行相应奖励和惩罚，以监督和促进企业加强成本管理责任制，提高成本管理水平的成本管理活动。

A.成本控制　　B.成本核算　　C.成本分析　　D.成本考核

5.（　　）成本管理阶段主要是对营运过程中发生的成本进行监督和控制，并根据实际情况对成本预算进行必要的修正，即成本控制步骤。

A.事前　　B.事中　　C.事后　　D.不确定

6.不属于事前成本管理阶段内容的是（　　）。

A.成本决策　　B.成本计划　　C.成本预测　　D.成本核算

7.在经济变化无常的情况下，大多采用的标准成本是（　　）。

A.基本标准成本　　B.正常标准成本

C.现行标准成本　　D.理想标准成本

8.直接人工效率差异的计算公式是（　　）。

A.直接人工效率差异=（实际工时-标准工时）×标准工资率

B.直接人工效率差异=（实际工时-标准工时）×实际工资率

C.直接人工效率差异=（实际工资率-标准工资率）×实际工时

D.直接人工效率差异=（实际工资率-标准工资率）×标准工时

9.制定产品标准成本时，确定数量标准的部门是（　　）。

A.会计部门　　B.采购部门　　C.工程技术部门　　D.人力资源部门

10.采用变动成本法时，不包括在单位产品的标准成本中的是（　　）。

A.直接材料　　B.固定制造费用　　C.变动制造费用　　D.直接人工

11.由于实际工时脱离标准工时而引起的工资成本差异叫作（　　）。

A.生产能力差异　　B.直接人工效率差异

C.工资率差异　　D.生产成本差异

三、多项选择题

1.成本管理是指企业在营运过程中实施成本预测、（　　）和成本考核等一系列管理活动的总称。

A.成本控制　　B.成本核算　　C.成本分析

D.成本决策　　E.成本计划

2.成本管理应遵循（　　）原则。

A.融合性　　B.成本效益　　C.重要性

D.及时性　　E.适应性

3.企业应用成本管理工具方法，一般按照（　　）等程序进行。

A.事前管理　　B.事中管理　　C.事后管理

D.过程管理　　E.绩效管理

4.成本管理领域应用的管理会计工具方法，一般包括（　　）。

A.目标成本法　　B.标准成本法　　C.变动成本法

D.作业成本法　　E.完全成本法

5.固定制造费用差异可以分解为（　　）。

A.耗费差异　　B.价格差异　　C.效率差异

D.能力差异　　E.能量差异

6.标准成本系统包括（　　）三个部分。

A.标准成本　　B.成本差异分析　　C.差异处理

D.质量管理　　E.控制管理

7.影响直接材料标准成本的因素有（　　）。

A.单位产品的用料标准　　B.标准工时

C.标准耗用量　　D.材料的标准价格

E.标准工资率

8.制定标准成本的意义，主要体现在（　　）。

A.便于分清各部门的责任　　B.便于决策产品的生产

C.可以简化产品的成本核算　　D.便于控制成本

E.可以降低产品成本

四、计算分析题

1.某厂本月生产甲产品4 000件，实际耗用A材料10 800千克，实际成本10 260元，该厂甲产品标准成本资料为：单位甲产品耗用A材料2.5千克，A材料价格为0.88元/千克。

要求：请计算甲产品的材料成本差异并验证。

2.A产品本月实际产量800件，相关资料见表7-8。

表7-8　　**A产品生产资料表**

	实际	标准
单位产品材料耗用量	4千克	5千克
材料单价	11元	10元
单位产品人工小时	2.1小时	2小时
小时工资率	3.2元/小时	3元/小时
变动制造费用分配率	0.8元/小时	1元/小时

要求：计算直接材料、直接人工和变动制造费用的成本差异并进行验证。

3.某企业制造费用预算总额为1 000 000元，其中变动制造费用和固定制造费用各占50%，标准产量为5 000件，单位产品标准生产工时为10工时，本月实际生产产品4 000件，实际耗用总工时44 000工时，实际发生制造费用总额880 000元，其中变动制造费用占45%。

要求：分别计算变动制造费用和固定制造费用（分别采用二因素分析法和三因素分

析法）的成本差异并验证。

项目自测

请扫码完成项目7自测，并填写项目自测表，自行评价成绩，见表7-9。

项目7

自测

表7-9 项目自测表

题型	分值	自测成绩	错题编号
一、判断题（5题）	20		
二、单选题（6题）	30		
三、多选题（5题）	20		
四、计算分析题（2题）	30		

项目7学习报告

班级：　　　　　　　　　姓名：　　　　　　　　　学号：　　　　　　　　　成绩：

学习目标　　学习要点

知识目标

请完成图7-6成本管理思维导图的填写。

图7-6　成本管理思维导图

技能目标

请完成图7-7标准成本法思维导图，填入变动成本法下标准成本的制定、成本差异计算公式。

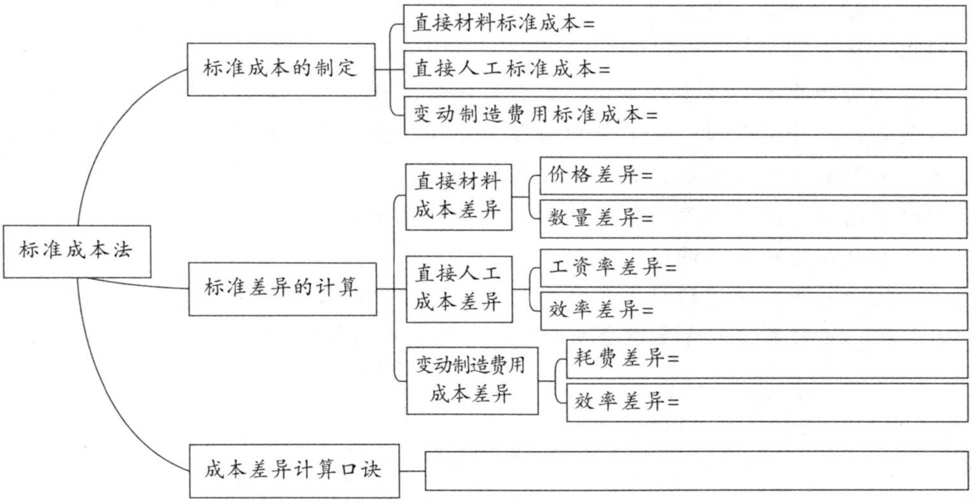

图7-7　成本管理思维导图

素养目标

目标成本法与标准成本法在降低成本上，采用了不同的管理思路，请结合具体企业谈谈这两种成本管理方法的区别，以及各自的适用条件。

项目 8

绩效管理——赏罚分明，四方可行

思政引领

“好善嫉恶，赏罚严明，治之材也。——《潜夫论·实贡》

解释：赞扬好人好事，憎恨坏人坏事，奖赏和惩罚严格分明，这样的人是治理国家的人才。

再好的战略也需要人去执行，再好的目标也要人去实现。从战略管理的起点战略制定，到营运管理、成本管理和预算管理这些管理活动的开展，离不开人员和团队。如何激发人员潜能，建立一支目标一致，具有高度执行力的团队，是绩效管理的研究内容。绩效管理是将企业的目标和计划分解成为部门和个人目标，并定时对部门和个人完成目标的情况进行考核，对完成目标的人进行奖励，对没有完成目标的人进行惩罚。通过这种方式达到企业目标与个人目标相统一，企业行为与个人行为相统一的效果，最终实现企业的战略目标。绩效管理的方法与步骤如图 8-1 所示。

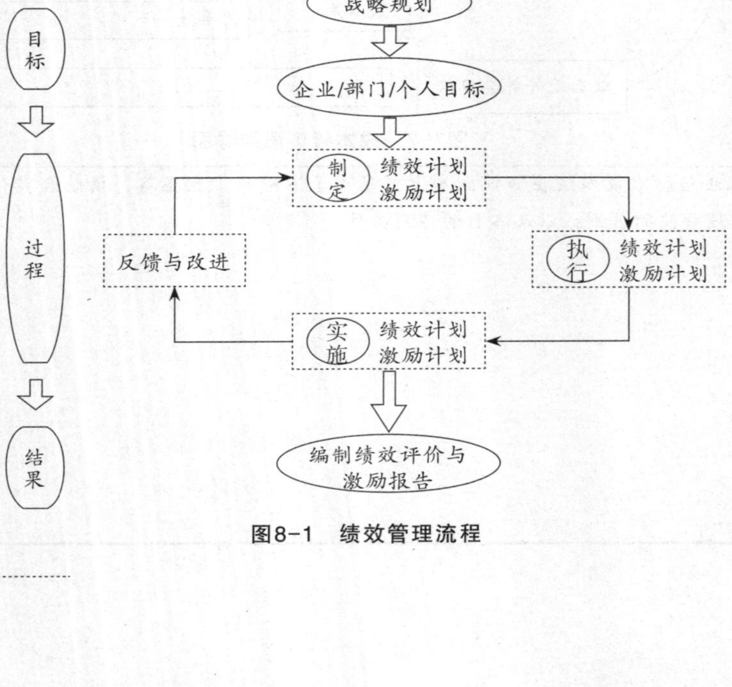

图8-1 绩效管理流程

绩效管理是组织战略实现的保障，任何一个组织想要保证工作效率和工作效果，都必须建立一套完整的绩效考评体系。绩效管理的目标就是追求组织目标与个人职业发展的有机统一。同学们作为未来的职场人，应当志存高远，融入具体的组织单位去规划自己的职业生涯，将自己的个人职业目标与单位的目标乃至国家宏观目标结合起来，爱岗敬业，正视工作岗位对自己的知识、能力、素质需求，树立客观、公正的职业心态，学会团队协作，开发个人潜能，进行公平竞争，做有理想、有情怀的社会主义建设者。

关键词

关键词解析 绩效管理　　关键词解析 关键绩效指标法　　关键词解析 平衡计分卡

重点与难点

1. 掌握绩效管理的概念、原则、应用程序。
2. 掌握责任会计的概念、内容，责任中心的分类及其考核指标。
3. 掌握关键绩效指标法的概念、应用程序及其评价。
4. 掌握平衡计分卡的概念、应用程序及其评价。

项目导图

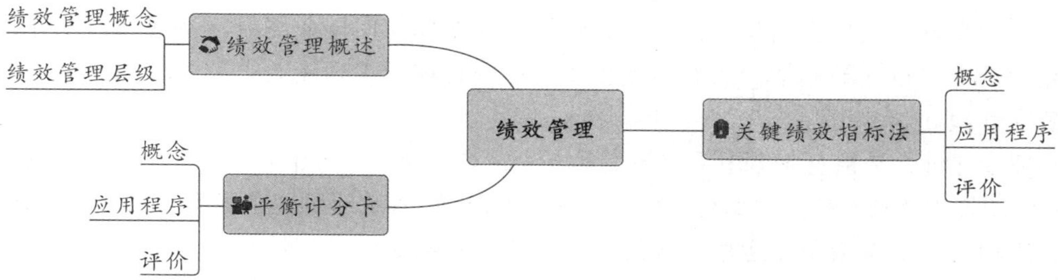

导入案例

新星公司是一家小型公司。创业初期，降低成本、提高销售额成为公司的总目标。由于业务繁忙，公司没有时间制定一套正式的完整的绩效考评制度，只是由公司老板王某兼任人力资源总监，采取了一些补救措施。例如，他会不定期地对工作业务好的员工提出表扬，并予以物质奖励；也对态度不积极的员工提出批评；一旦员工的销售业绩连续下滑，他会找员工谈心，找缺陷，补不足，鼓励员工积极进取。现在公司规模大了，已经由最初的十几个人发展到现在的上百人。随着规模不断扩大，管理人员和销售人员增加，问题也出现了：员工的流失率一直居高不下，员工的士气也不高。王某不得不考虑，是否该建立绩效考评制度，以及如何对管理人员考评等问题。假如你是王某，你认为在该企业建立正式的绩效考评制度是否必要，并说明原因。

就本案例而言，由于新星公司现在已经有了一定的规模，需要一套正式的制度对员工的行为进行约束。在公司的发展中，出现了员工士气不高，员工流失率高的问题，这些问题都可以通过绩效管理的一些功能进行解决。目前对公司来说，稳定销售人员、管理人员的队伍尤为重要，这正是绩效管理的激励功能得以发挥的机会。所以，新星公司需要建立一套正式的绩效管理制度。

绩效管理对企业以及对员工都有着重要的作用。对企业而言，绩效管理的功能有：诊断功能、监测功能、导向功能、竞争功能等；而对员工而言，绩效管理的功能有：激励功能、规范功能、发展功能、控制功能、沟通功能等。绩效管理制度是使企业的绩效管理这些功能能够正常发挥作用的制度性保证。

本单元介绍绩效管理的概念、原则、方法和程序以及绩效管理的层级，重点介绍两种绩效管理工具：关键绩效指标法和平衡计分卡。两种工具的主要区别在于，关键绩效指标法是通过设定关键绩效指标，而不是经营管理的所有指标来激励、引导员工；平衡计分卡指标体系则体现在四个维度的驱动关系上，它通过学习与创新来优化内部流程，使顾客满意，从而提高企业财务绩效。

任务 8.1 绩效管理概述

一、绩效管理的概念

绩效管理，是指企业与员工之间就业绩目标及如何实现业绩目标达成共识，并帮助和激励员工取得优异业绩，从而实现企业目标的管理过程。绩效管理的核心是绩效评价和激励管理。

绩效评价，是指企业运用系统的工具方法，对一定时期内企业营运效率与效果进行综合评判的管理活动。绩效评价是一种专业的技术判断，是企业实施激励管理的重要依据。

激励管理，是指企业运用系统的工具方法，调动企业员工的积极性、主动性和创造性，激发企业员工工作动力的管理活动。激励管理是激励理论在管理中的运用，包含了多种多样的激励内容和激励形式，旨在提高员工的工作效率，激发潜能。激励管理是促进企业业绩提升的重要手段。

二、绩效管理的原则

（一）战略导向原则

绩效管理应为企业实现战略规划服务，支持价值创造能力提升。

（二）客观公正原则

绩效管理应实事求是，评价过程应客观公正，激励实施应公平合理。

（三）规范统一原则

绩效管理的政策和制度应统一明确，应严格执行规定的程序和流程。

（四）科学有效原则

绩效管理应做到目标符合实际，方法科学有效，激励与约束并重，操作简便易行。

三、绩效管理的工具方法和应用程序

（一）绩效管理的工具方法

绩效管理领域应用的管理会计工具方法，一般包括关键绩效指标法、经济增加值法、平衡计分卡、股权激励等。企业可根据自身战略目标、业务特点和管理需要，结合不同工具方法的特征及适用范围，选择一种适合的绩效管理工具方法单独使用，或者选择两种或两种以上的工具方法综合运用。

（二）绩效管理工具方法的应用程序

绩效管理工具方法应用的一般程序，包括制订绩效计划与激励计划、执行绩效计划与激励计划、实施绩效评价与激励、编制绩效评价与激励管理报告等。

1.制订绩效计划与激励计划

企业应根据战略目标，综合考虑绩效评价期间宏观经济政策、外部市场环境、内部管理需要等因素，结合业务计划与预算，按照上下结合、分级编制、逐级分解的程序，在沟通反馈的基础上，制订各层级的绩效计划与激励计划。

（1）制订绩效计划。绩效计划是企业开展绩效评价工作的行动方案，包括构建指标体系、分配指标权重、确定绩效目标值、选择计分方法和评价周期、拟定绩效责任书等一系列管理活动。制订绩效计划通常从企业级开始，层层分解到所属单位（部门），最终落实到具体岗位和员工。

（2）制订激励计划。激励计划是企业为激励被评价对象而采取的行动方案，包括激励对象、激励形式、激励条件、激励周期等内容。

（3）绩效计划与激励计划的审批。绩效计划与激励计划制订完成后，应经薪酬与考核委员会或类似机构审核，报董事会或类似机构审批。经审批的绩效计划与激励计划应保持稳定，一般不予调整，若受国家政策、市场环境、不可抗力等客观因素影响，确需调整的，应严格履行规定的审批程序。

2.执行绩效计划与激励计划

（1）下达计划。审批后的绩效计划与激励计划，应以正式文件的形式下达执行，确保与计划相关的被评价对象能够了解计划的具体内容和要求。

（2）实施计划。绩效计划与激励计划下达后，各计划执行单位（部门）应认真组织实施，从横向和纵向两方面落实到各所属单位（部门）、各岗位员工，形成全方位的绩效计划与激励计划执行责任体系。

（3）监督执行。绩效计划与激励计划执行过程中，企业应建立配套的监督控制机制，及时记录执行情况，进行差异分析与纠偏，持续优化业务流程，确保绩效计划与激励计划有效执行。

①监控与记录。企业可借助信息系统或其他信息支持手段，监控和记录指标完成情况、重大事项、员工的工作表现、激励措施执行情况等内容。收集信息的方法主要有观察法、工作记录法、他人反馈法等。

② 分析与纠偏。根据监控与记录的结果，重点分析指标完成值与目标值的偏差、激励效果与预期目标的偏差，提出相应整改建议并采取必要的改进措施。

③ 编制分析报告。分析报告主要反映绩效计划与激励计划的执行情况及分析结果，其频率可以是月度、季度、年度，也可根据需要编制。

绩效计划与激励计划执行过程中，绩效管理工作机构应通过会议、培训、网络、公告栏等形式，进行多渠道、多样化、持续不断的沟通与辅导，使绩效计划与激励计划得到充分理解和有效执行。

3.实施绩效评价与激励

绩效管理工作机构应根据计划的执行情况定期实施绩效评价与激励，按照绩效计划与激励计划的约定，对被评价对象的绩效表现进行系统、全面、公正、客观的评价，并根据评价结果实施相应的激励。

（1）实施评价。评价主体应按照绩效计划收集相关信息，获取被评价对象的绩效指标实际值，对照目标值，应用选定的计分方法，计算评价分值，并进一步形成对被评价对象的综合评价结果。

（2）结果发布。绩效评价过程及结果应有完整的记录，结果应得到评价主体和被评价对象的确认，并进行公开发布或非公开告知。公开发布的主要方式有召开绩效发布会、企业网站绩效公示、面板绩效公告等；非公开发布一般采用一对一书面、电子邮件函告或面谈告知等方式进行。

（3）绩效反馈。评价主体应及时向被评价对象进行绩效反馈，反馈内容包括评价结果、差距分析、改进建议及措施等，可采取反馈报告、反馈面谈、反馈报告会等形式进行。

（4）激励兑现。绩效结果发布后，企业应依据绩效评价的结果，组织兑现激励计划，综合运用绩效薪酬激励、能力开发激励、职业发展激励等多种方式，逐级兑现承诺。

4.编制绩效评价与激励管理报告

绩效管理工作机构应定期或根据需要编制绩效评价与激励管理报告，对绩效评价和激励管理的结果进行反映。绩效评价与激励管理报告是企业管理会计报告的重要组成部分，应确保内容真实、数据可靠、分析客观、结论清楚，为报告使用者提供满足决策需要的信息。

（1）绩效评价与激励管理报告的分类。绩效评价与激励管理报告可分为定期报告和不定期报告。定期报告主要反映一定期间被评价对象的绩效评价与激励管理情况。每个会计年度至少出具一份定期报告。不定期报告根据需要编制，反映部分特殊事项或特定项目的绩效评价与激励管理情况。

（2）编制绩效评价报告。绩效评价报告根据评价结果编制，反映被评价对象的绩效计划完成情况，通常由报告正文和附件构成。报告正文主要包括以下两部分：一是评价情况说明，包括评价对象、评价依据、评价过程、评价结果、需要说明的重大事项等；二是管理建议。报告附件包括评价计分表、问卷调查结果分析、专家咨询意见等报告正文的支持性文档。

（3）编制激励管理报告。激励管理报告根据激励计划的执行结果编制，反映被评价对象的激励计划实施情况。激励管理报告主要包括以下两部分：一是激励情况说明，包括激励对象、激励依据、激励措施、激励执行结果、需要说明的重大事项等；二是管理建议。报告编制者可以根据需要以附件形式提供其他有关支持性文档。

（4）报告的审批。绩效评价与激励管理报告应根据需要及时报送薪酬与考核委员会或类似机构审批。企业应定期通过回顾和分析，检查和评估绩效评价与激励管理的实施效果，不断优化绩效计划和激励计划，改进绩效管理工作。

四、绩效管理的层级

绩效管理可以分三个层级进行考核。

（一）企业层级的考核

企业层级的考核，目标是企业利润最大化或股东财富最大化。基于利润的业绩考核指标，通常包括营业利润率、成本费用利润率、投资报酬率、权益报酬率、资产报酬率等。基于权益报酬率的考核，通常采用杜邦分析体系。

（二）责任中心层级的考核

责任中心层级的考核可以分为对成本中心、利润中心和投资中心的考核。责任中心的划分来源于分权管理对内部控制的要求。根据企业内部责任单位权责范围以及业务活动特点的不同，可将企业的责任中心划分为成本中心、利润中心和投资中心。

1.成本中心

成本中心是指只着重考核其所发生的成本或费用，而不考核（或不会形成）可以用货币计量的收入的责任中心。这类责任中心大多是指不形成收入、只负责产品生产的生产部门、提供劳务的部门和被规定一定费用控制指标的企业管理部门。成本中心是责任中心中应用最为广泛的一种责任中心形式。只要有费用支出的地方，就可以建立成本中心，上至企业，下至车间、工段、班组，甚至个人都可以划分为成本中心。成本中心的职责，是用一定的成本标准去完成规定的具体任务。

成本中心为发挥责任会计的积极作用，明确成本的“可控性”具有重要意义。责任中心的成本中，能为这个责任中心所控制、可以计量、可以落实到该责任中心的成本，属于“可控成本”；否则，就是“不可控成本”。可控成本必须同时具备以下条件：成本中心能通过一定的途径和方式预知将要发生的成本；成本中心能够对发生的成本进行计量；成本中心能对发生的成本进行调节和控制。

需要注意的是，成本的可控性是相对的，它与责任中心所处管理层次的高低、管理权限及控制范围的大小，以及管理条件的变化有着直接的关系。对整个企业来说，一般不存在不可控成本，几乎所有的成本都是企业可控的。但对于企业内部成本中心来说，有些成本对某个成本中心来说是不可控的，但对另一成本中心却是可控的。如材料采购成本，对采购部门或计划部门来说是可控的，而对生产部门就是不可控的；又如车间主任不能控制自己的薪酬水平（通常计入车间成本），而他的上级主管部门则可以控制。

2.利润中心

利润中心是既能控制成本，又能控制收入，对利润指标负责的责任中心，它是比成本中心高一层次的责任中心。这类责任中心通常是那些具有产品或劳务生产经营决策权的企业内部较高责任层次，如分厂、分公司等，或者是企业内部的有独立经营决策权的某些单位、部门，如商品销售部门等。一个利润中心通常包含若干不同层次的成本中心。

3.投资中心

某些企业内部单位如果不仅在产品的生产和销售上享有较大的自主权，而且能够相对独立地运用其所掌握的资金，并有权购建或处理固定资产，扩大或缩减现有的生产能力，则应进一步将其获得的利润和所占用的资金进行对比，考核资金的利用效果，这一类责任中心，称为投资中心。简单来说，投资中心是既对成本、收入和利润负责，又对资金及其利用效益负责的责任中心，它是比利润中心更高层次的责任中心。

由于投资中心需要对利润负责，因而投资中心同时也是利润中心。但投资中心与利润中心也有区别：利润中心没有投资决策权，需要在企业确定投资方向后组织具体的经营；而投资中心则具有投资决策权，能够相对独立地运用其所掌握的资金，有权购置和处理固定资产，扩大或削减生产能力。

成本中心只考核可控成本，主要考核成本降低额或降低率；利润中心主要考核营业利润或者销售利润率；投资中心不仅需要对部门的利润负责，还需要对所使用资产的机会成本负责。所以，投资中心主要考核投资报酬率、剩余收益和经济附加值。

（三）员工层级的考核

员工层级的考核包括高层管理人员、中层管理人员以及基层员工的考核。实际上，组织内部更多的是对员工个人的考核，员工考核指标占绝大部分。一般情况下，可以根据岗位分类分级的结果，分别对各类各级人员制定出相应的绩效考核指标。

任务8.2　关键绩效指标法

一、关键绩效指标法的概念

关键绩效指标法，是指基于企业战略规划，通过建立关键绩效指标（Key Performance Indicator，KPI）体系，将价值创造活动与战略规划目标有效联系，并据此实施绩效管理的方法。关键绩效指标法的理论基础来自二八原理，即企业在价值创造过程中，每个部门和每位员工的80%的工作任务，是由20%的关键行为完成的。二八原理为绩效考核指明了方向，即考核工作的主要精力要放在关键的结果和关键的过程上。

关键绩效指标，是指最能有效驱动企业价值创造，对企业业绩产生关键影响的指标。关键绩效指标是通过对企业战略规划、关键成果领域的业绩特征分析，识别和提炼出来的。

关键绩效指标法普遍适用于不同性质、不同行业、不同规模的各类企业。关键绩效指标法可单独使用，也可与经济增加值法、平衡计分卡等其他方法结合使用。

二、关键绩效指标法的应用程序

（一）构建指标体系

构建关键绩效指标体系的一般流程如下：

1.制定企业级关键绩效指标

企业应根据战略规划，结合价值创造模式，综合考虑内外部环境等因素，制定企业级关键绩效指标。

2.制定部门级关键绩效指标

根据企业级关键绩效指标，结合部门（单位）关键业务流程，按照上下结合、分级编制、逐级分解的程序，在沟通反馈的基础上，制定部门级关键绩效指标。

3.制定员工级关键绩效指标

根据部门级关键绩效指标，结合员工岗位职责和关键工作价值贡献，制定员工级关键绩效指标。

（二）选取关键绩效指标

企业关键绩效指标的选取是绩效管理的重要环节，在选取关键绩效指标时，需要注意以下几点。

1.关键绩效指标的分类

企业的关键绩效指标可分为结果类指标和动因类指标。结果类指标是反映企业业绩的价值指标，主要包括投资资本回报率、净资产收益率、经济增加值、息税前利润、自由现金流等综合指标；动因类指标是反映企业价值关键驱动因素的指标，主要包括资本性支出、单位生产成本、产量、销量、客户满意度、员工满意度等。

2.关键绩效指标的选取要求

战略规划是确定关键绩效指标体系的基础，关键绩效指标应反映战略规划目标，对战略规划实施效果进行衡量和监控。

企业应清晰地识别价值创造模式，按照价值创造路径识别出关键驱动因素，科学地选择和设置关键绩效指标。关键绩效指标应含义明确、可度量、与战略规划高度相关。指标的数量不宜过多，每一层级的关键绩效指标一般不超过10个。

3.关键绩效指标的选取方法

关键绩效指标的选取方法包括关键成果领域分析法、组织功能分解法和工作流程分解法。

（1）关键成果领域分析法，是基于对企业价值创造模式的分析，确定企业的关键成果领域，并在此基础上进一步识别成功关键要素，确定关键绩效指标的方法。

（2）组织功能分解法，是基于组织功能定位，按照各所属单位（部门）对企业总目标所承担的职责，逐级分解和确定关键绩效指标的方法。

（3）工作流程分解法，是按照工作流程各环节对企业价值贡献程度，识别出关键业务流程，将企业总目标层层分解至关键业务流程所属单位（部门）或岗位（员工），确定关键绩效指标的方法。

（三）分配关键绩效指标的权重

关键绩效指标的权重分配应以企业战略目标为导向，反映被评价对象对企业价值贡献或支持的程度，以及各指标之间的重要性水平。

单项关键绩效指标权重一般设定在5%～30%之间，对特别重要的指标可适当提高权重。对特别关键、影响企业整体价值的指标可设立“一票否决”制度，即如果某项关键绩效指标未完成，无论其他指标是否完成，均视为未完成绩效目标。

（四）确定关键绩效指标的目标值

企业确定关键绩效指标目标值，一般参考以下标准：

（1）依据国家有关部门或权威机构发布的行业标准或参考竞争对手标准。

（2）参照企业内部标准，包括企业战略目标、年度生产经营计划目标、年度预算目标、历年指标水平等。

（3）不能按前两种方法确定的，可根据企业历史经验确定。

三、关键绩效指标法的应用评价

关键绩效指标法将企业战略规划目标转化为被评价对象的日常关键绩效指标和行动目标，确保各层级围绕实现战略规划的关键活动开展工作，有利于战略规划目标的实现。

关键绩效指标法是目前比较常用的绩效管理方法。其优缺点也比较显著。

（一）关键绩效指标法的优点

（1）使企业业绩评价与战略目标密切相关，有利于战略目标的实现。

（2）通过识别的价值创造模式把握关键价值驱动因素，能够更有效地实现企业价值增值目标。

（3）评价指标数量相对较少，易于理解和使用，实施成本相对较低，有利于推广实施。

（二）关键绩效指标法的缺点

关键绩效指标法的主要缺点是存在指标设计风险。关键绩效指标的选取需要透彻理解企业价值创造模式和战略规划，有效识别核心业务流程和关键价值驱动因素，指标体系设计不当将导致错误的价值导向或管理缺失。

任务8.3 平衡计分卡

一、平衡计分卡的概念

长期以来，人们使用财务指标作为业绩评价的依据，如投资报酬率、利润等。这种财务指标评价方法在工业时代发挥了巨大的作用，然而，随着信息经济、知识经济时代的到来，传统财务指标评价方法的缺陷日益显露。一种适应新经营环境的业绩评价体系"平衡计分卡"于20世纪90年代应运而生。平衡计分卡（Balanced-Score Card，BSC），是指基于企业战略规划，从财务、客户、内部业务流程、学习与成长四个维度，将战略规划目标逐层分解转化为具体的、相互平衡的业绩指标体系，并据此进行绩效管理的方法。

平衡计分卡不仅是重要的绩效管理方法，而且是有效的战略管理工具，具有战略规划与实施的功能。平衡计分卡通常与战略地图等其他工具结合使用，适用于战略规划目标明确、管理制度比较完善、管理水平相对较高的企业。

二、平衡计分卡的四个维度及其关系

传统上一般以财务指标作为绩效管理指标，但财务指标仅仅描述了已经完成的事情，而平衡计分卡从另外三个维度：客户、内部业务流程、学习与成长，对传统的财务指标评价体系进行补充。

（一）财务

平衡计分卡仍保留了财务方面的指标，因为这些财务指标高度概括了企业过去的经营成果。典型的财务指标是与获利能力联系在一起的，获利能力的指标有营业收入、利润、投资报酬率等，另外财务指标还有关于企业偿债能力、资产结构、现金流质量、股东价值的增加等的指标。

（二）客户

客户维度业绩的衡量指标包括客户满意度、客户保持程度、新客户的获得情况、客户获利能力以及在目标范围内的市场份额等。这些指标具有一定的普遍性，应该根据企业预计能快速增长并获利的目标客户群而制定。

（三）内部业务流程

内部业务流程就是企业内部经营过程，它是从产品设计和提供服务开始直到售后服务的整个周期。企业内部业务流程是企业管理的关键，它直接决定其是否能满足客户需要，占有相关市场，以及是否能够最终实现经营财务目标。

一般情况下，内部业务流程指标着重于反映那些对客户的满意程度和达到企业的财务目标有重大影响的内部经营过程，具体包括：创新循环、经营过程循环和售后服务循环，如图8-2所示。

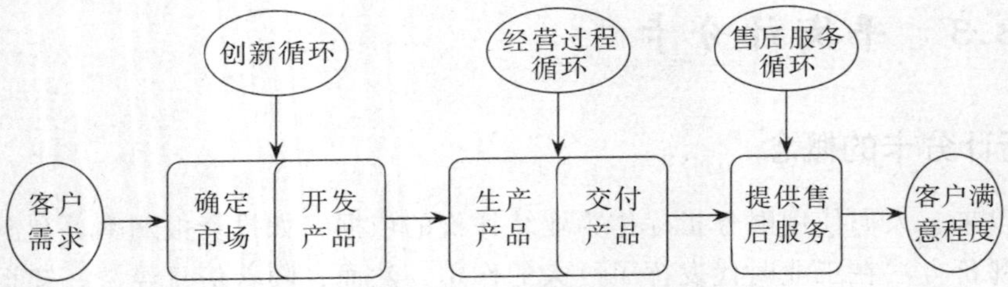

图8-2 企业关键内部流程

1.创新循环

企业探寻客户显露出来的和潜在的需要，然后创造产品和服务来满足这种需要。这一过程中，管理者进行市场调查来确定市场的规模、客户的喜好、目标产品及服务的价格，因此，关于市场规模和客户喜好的准确、有效的信息就变得十分重要。

2.经营过程循环

经营过程是把现有的产品和服务生产出来并支付给客户的过程。它从接受客户订单开始，到把产品和服务提供给客户为止，这个过程强调效率、一致和及时。

3.售后服务循环

售后服务是指在销售产品或提供劳务之后给客户提供的服务，售后服务是影响企业竞争力的重要因素。

（四）学习与成长

学习与成长是企业实现长期持续发展的根本动力，只有通过不断学习和创新，企业才能实现长期发展。平衡计分卡前三个维度的目标，通常显示出现有人员、系统和程序形成的生产能力与实现业绩目标所要求的生产能力之间有巨大差距，为缩小差距，企业必须进行员工培训，完善企业的技术与信息系统，组织管理好企业的经营程序与日常工作。因此，企业学习与成长维度的绩效评价指标，主要来自三个方面：人、信息系统和组织程序。主要衡量指标包括员工满意度、员工培训率、信息系统更新速度等。平衡计分卡四个维度之间的关系，如图8-3所示。

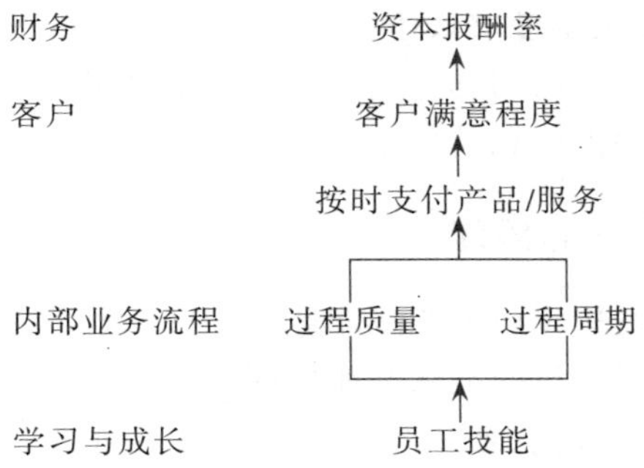

图8-3　平衡计分卡四个维度关系

三、平衡计分卡的应用程序

平衡计分卡应用的一般程序包括：制定战略地图、编制绩效计划和激励计划、制订战略性行动方案、执行绩效计划与激励计划、实施业绩评价与激励、编制业绩评价与激励管理报告。

（一）制定战略地图

企业首先应制定战略地图，即基于企业愿景与战略规划，将战略规划目标及其因果关系、价值创造路径以图示的形式直观、明确、清晰地呈现出来。

（二）编制绩效计划和激励计划

制定战略地图后，应以平衡计分卡为核心编制绩效计划和激励计划。

绩效计划是企业开展绩效评价工作的行动方案，包括：构建指标体系、分配指标权重、确定业绩目标值、选择计分方法和评价周期、签订业绩合同等一系列管理活动。制定绩效计划通常从企业级开始，层层分解到下级单位（部门），最终落实到具体岗位和员工。

激励计划是企业为激励被评价对象而采取的行动方案，包括激励对象、激励形式、激励条件、激励周期等内容。激励计划按激励形式可分为薪酬激励计划、能力开发激励计划、职业发展激励计划和其他激励计划。

（三）制订战略性行动方案

编制绩效计划与激励计划后，企业应在战略主题的基础上，制订战略性行动方案，实现短期行动计划与长期战略规划的协同。

（四）执行绩效计划与激励计划

执行绩效计划与激励计划过程中，企业应持续深入地开展流程管理，及时找出存在问题的关键流程，根据需要对流程进行优化完善，必要时进行流程再造，将流程改进计划与战略规划目标相协同。

（五）实施业绩评价与激励

企业应按照绩效计划执行情况定期实施绩效评价与激励，参照计划约定对评价对象的绩效表现进行系统、全面、公正、客观的评价，并根据评价结果实施相应的激励。

（六）编制业绩评价与激励管理报告

业绩评价与激励管理报告应当确保内容真实、数据可靠、分析客观、结论清楚，为报告使用者提供满足决策需求的相关信息。

四、平衡计分卡指标体系的构建

平衡计分卡指标体系的构建应围绕战略地图，针对财务、客户、内部业务流程和学习与成长四个维度的战略规划目标，确定相应的评价指标。

（一）平衡计分卡体系构建流程

1.制定企业级指标体系

根据企业层面的战略地图，为每个战略主题的战略规划目标设定指标，每个目标至少应有一个指标。

2.制定下级单位（部门）级指标体系

依据企业级战略地图和指标体系，制定下级单位（部门）的战略地图，确定相应的指标体系，使各下级单位（部门）的行动与企业战略规划目标保持一致。

3.制定岗位（员工）级指标体系

根据企业级、下级单位（部门）级指标体系，按照岗位职责逐级形成岗位（员工）级指标体系。

（二）平衡计分卡各维度主要指标

平衡计分卡对企业业绩的考核分为四个维度：财务、客户、内部业务流程、学习与成长。平衡计分卡使财务和非财务指标成为企业各层员工信息系统的一部分，使企业员工能够了解企业的各类财务及非财务的信息。

1.财务维度

财务维度以财务术语描述战略规划的有形成果。企业常用指标有净资产收益率、投资报酬率、息税前利润率、资产负债率、总资产周转率等。

2.客户维度

客户维度界定了目标客户的价值主张。企业常用指标有市场占有率、客户满意度、客户获得率、客户保持率、客户获利率、战略客户数量等。

3.内部业务流程维度

内部业务流程维度确定了对战略规划产生影响的关键流程。企业常用指标有交货及时率、生产能力利用率、产品合格率、存货周转率、单位生产成本等。

4.学习与成长维度

学习与成长维度确定了对战略最重要的无形资产。企业常用指标有员工满意度、员工保持率、员工生产率、培训计划完成率、研发费用增长率、信息系统更新度等。

表8-1给出了制造业企业平衡计分卡四个维度的主要评价指标。

表8-1 **平衡计分卡主要评价指标**

财务维度	客户维度	内部业务流程维度	学习与成长维度
净资产收益率	市场占有率	交货及时率	员工满意度
投资报酬率	客户满意度	生产能力利用率	员工保持率
息税前利润率	客户获得率	产品制造周期	员工生产率
销售利润率	产品交货送货率	工艺改造能力	培训计划完成率
资产负债率	产品退货率	产品合格率	管理水平
总资产周转率	客户保持率	设备利用率	新产品开发能力
产品成本降低率	客户获利率	存货周转率	研发费用增长率
现金流量净额	战略客户数量	单位生产成本	信息系统更新度

平衡计分卡指标体系在构建时，应以财务维度为核心，其他维度的指标都与财务维度的一个或多个指标相联系。通过梳理财务维度目标的实现过程，确定每个维度的关键驱动因素，结合战略主题，选取关键绩效指标。

每个维度的指标通常为4～7个，总数量在16~25个之间，一般不宜超过25个。各指标权重一般设定在5%～30%之间，对特别重要的指标可适当提高权重。对特别关键、影响企业整体价值的指标可设立“一票否决”制度。各维度指标的构建可参考图8-4。

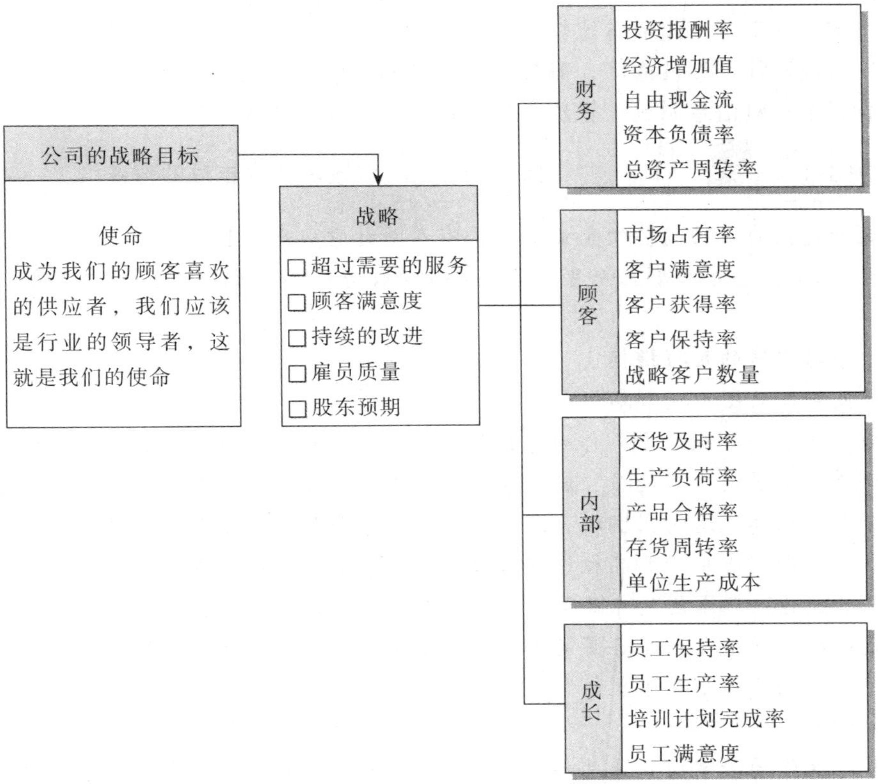

图8-4 平衡计分卡指标体系构建示意图

五、平衡计分卡的应用评价

（一）平衡计分卡的优点

（1）将战略规划目标逐层分解，转化为被评价对象的业绩指标和行动方案，使整个组织协调一致，将战略规划目标层层落到实处。

（2）从财务、客户、内部业务流程、学习与成长四个维度确定业绩指标，平衡了短期目标与长期目标、财务指标与非财务指标、结果性指标与动因性指标、企业内部利益与外部利益，使业绩评价更为全面完整。

（3）将学习与成长作为一个维度，既注重员工技能的提升，满足员工的发展愿望和发展要求，也注重组织资本、信息资本等无形资产的开发利用，有利于增强企业可持续发展的动力。

（二）平衡计分卡的缺点

（1）绘制战略地图、确定战略主题和业绩指标体系的专业技术要求高，工作量比较大，操作难度也较大，实施比较复杂。

（2）涉及大量指标数据的收集和计算，需要持续沟通和反馈，需要投入大量的资源，指标权重在不同层级及各层级不同指标之间的分配比较困难，且部分非财务指标的量化工作难以落实，实施成本比较高。

（3）系统性强、涉及面广，需要专业人员的指导和企业全员的参与，需要长期持续地修正与完善，对信息系统、管理能力有较高的要求，实施门槛高。

典型案例8-1　　海底捞在KPI绩效考核中走过的弯路

海底捞是国内成功的餐饮企业之一，有人总结它成功的秘诀就是两招：一是把员工当家人看，二是把顾客当上帝看。它在KPI绩效考核实践中也走过一些弯路，主要表现为：

一、事与愿违的KPI指标

1.对服务员考核“点台率”

海底捞曾经将“点台率”作为考核服务员的关键指标。根据该指标，客人来店就餐时，点哪个服务员的次数越多，就代表客人的满意度越高，从而那个被点名服务的服务员的奖金也就越高。这听上去挺合理。但是结果事与愿违。很多服务员为了赢得更高的点台率，不惜利用手中的赠品权给客人赠送黄豆、豆浆、小菜等各种食品，服务员之间相互攀比，比谁给客人送的东西多。结果可想而知，以点台率为指标的绩效考核导致了服务员之间的恶性竞争，服务员的点台率是上去了，奖金也多了，但是整个分店的成本也上去了，利润率也下来了。

2.对分店考核“利润”

由于海底捞的管理模式是总部控制选址、装修、菜式、定价和工资等大项，分店为了提高利润，就只能拼命在小项支出上节约成本，结果导致该换的扫把没有换，该送的西瓜没有送，给客户提供的毛巾也没有及时更新。为了短期利润考核指标，导致分店变相地降低了服务质量，短期利润是上去了，但长期来看减少了客人，实际上是“捡了芝麻，丢了西瓜”。

3.对分店考核“翻台率”

后来为了提高客户的满意度，海底捞曾经对分店考核“翻台率”。翻台率越高，证明客户满意度越高。可是这样一来，分店为了追求“翻台率”，又闹出了一些麻烦。海底捞生意火爆，不预订肯定没有位置，但是预订了，客人晚到了几分钟，结果发现还是没位置。因为预订客人晚到，意味着空台，翻台率就会下降，这时候分店就会把预订好的位置让给别的客人。结果这就造成分店考核“翻台率”，反而造成了客户满意度的下降。

二、啼笑皆非的KPI指标

为了提高服务员的服务质量，海底捞曾经在考核服务员时设置了非常细化的KPI指标。比如客人杯子里的水不能低于多少，客人戴眼镜一定要给眼镜布，客人的手机一定要拿套装上，否则就扣分。只要一考核，结果却演变成只要来一个客人服务员都送眼镜布。客户说豆浆我不喝了，不用加了，不行，必须给你加上。最好笑的是手机套。有的客人说不用，服务员说我给你套上吧，客人说真不用，结果服务员会趁客人不注意的时候，把手机抓过去给套上。

三、难以落地的KPI指标

海底捞在给员工提供住宿方面有一个KPI指标：员工从餐厅到宿舍步行不能超过20分钟。因为员工下班很晚，如果走得远的话太累了。我们都知道餐厅一般都设在繁华地段，离繁华地段20分钟的地方都是很贵的小区，而海底捞依然坚持在高档小区给员工租房子。网上很多文章对于海底捞这个指标的设置都是一片赞誉，认为是对员工关怀的管理典范。但是从绩效考核角度来讲，这实在是很奇怪的一项KPI指标。繁华闹市区的房子房租高暂且不谈，而且往往一房难求，海底捞一家分店这么多员工，哪里能找到这么多房源呢？这项指标真的是看上去很美，实则很难落地。

四、走向极端的绩效考核

正因为海底捞在KPI指标设置上走过这么多的弯路，因此海底捞的张勇干脆去掉了所有量化的客观绩效考核指标，走向了极端。它主要选取三个主观评价指标：顾客满意度、员工积极性和干部培养数量。对顾客满意度的考核方式，是派小区经理去分店巡查，询问店长关于客人的满意情况；对员工积极性的考核方式，以上司评价为主，以抽查和派遣“神秘访客”为辅；对干部培养数量的考核方式，是看管理者培养了多少个分店店长和一级店店长。而上述所有的考核，全都是上级的主观评价。这种完全主观的绩效评价，非常容易导致争议，会为企业带来很高的管理成本。

资料来源 佚名. 海底捞在KPI绩效考核中走过的弯路［EB/OL］.（2018-11-25）. http：//www.hrsee.com/? id=867.

要求：

1.海底捞关于KPI走过哪些弯路？

2.设计KPI绩效指标时应该注意哪些问题？

典型案例8-1

参考答案

巩固与练习

一、判断题

1.指标体系的构建应坚持系统性、相关性、可操作性、成本效益原则。各项指标应简单明了，易于理解和使用。（　）

2.企业应用关键绩效指标法，应综合考虑绩效评价期间宏观经济政策、外部市场环境、内部管理需要等因素，构建指标体系。（　）

3.一般绩效目标确定的次序是从上至下，根据公司战略确定组织绩效，根据组织绩效确定个人绩效目标，以确保将公司的目标传递到每个人身上，每个个体目标达成后，可以确保组织绩效目标的达成。（　）

4.绩效考核只是绩效管理的一个环节，只是对绩效管理的前期工作的总结和评价，远非绩效管理的全部。（　）

5.平衡计分卡理论追求的是利润最大化。（　）

6.平衡计分卡指标体系构建时，企业应以战略维度为核心，其他维度的指标都与核心维度的一个或多个指标相联系。（　）

7.平衡计分卡在本质上为目标制定与目标分解提供了与企业总体战略相契合的路径。（　）

8.学习与成长维度确定了对战略最重要的无形资产。（　）

9.财务指标能够揭示出经营问题的动因。（　）

10.非财务指标被认为是能反映未来绩效的指标，良好的非财务指标的设计和应用有利于促进企业实现未来的财务成功。（　）

11.平衡计分卡不仅仅是一个财务和非财务绩效指标的收集过程，还是一个战略业务单元的使命和战略所驱动的自上而下的过程。（　）

12.企业应定期通过回顾和分析，检查和评估绩效评价与激励管理的实施效果，不断优化绩效计划和激励计划，改进绩效管理工作。（　）

13.关键绩效指标应含义明确、可度量、与战略目标高度相关。指标的数量不宜过多，每一层级的关键绩效指标一般不超过5个。（　）

14.绩效管理应为企业实现战略目标服务，如果没有战略目标作为基础，绩效管理体系就没有了依托。（　）

15.薪酬与考核委员会的主要职责有制定绩效管理的政策与制度、审核绩效计划与激励计划、绩效评价结果与激励实施方案、绩效评价与激励管理报告等，协调解决绩效管理工作中的重大问题。（　）

16.企业在编制绩效计划与激励计划时，应当按照上下结合、分级编制、逐级分解

的程序进行。 （ ）

17.审批后的绩效计划和激励计划，可以以正式文件的形式下达执行，也可以口头下达执行。 （ ）

二、单项选择题

1.企业的关键绩效指标一般可分为结果类指标和动因类指标，下列属于结果类指标的是（ ）。

A.自由现金流量 B.资本性支出 C.销量 D.客户满意度

2.在分层次确定关键绩效指标体系的情况下，当确定第一层次即企业级关键绩效指标时，不需要考虑的因素是（ ）。

A.战略目标 B.企业价值创造模式

C.企业内外部经营环境等因素 D.所属单位（部门）关键业务流程

3.下列表述中，不属于关键绩效指标法优点的是（ ）。

A.使企业业绩评价与企业战略目标密切相关，有利于企业战略目标的实现

B.通过识别价值创造模式把握关键价值驱动因素，能够更有效地实现价值增值目标

C.指标体系分层级确定，不会导致错误的价值导向

D.评价指标数量相对较少，易于理解和使用，实施成本相对较低，有利于推广实施

4.按照平衡计分卡，着眼于企业的核心竞争力，解决“我们的优势是什么”的问题时可以利用的考核指标是（ ）。

A.经济增加值 B.顾客满意度 C.交货及时率 D.员工满意度

5.按照平衡计分卡，其目标是解决“我们是否能继续提高并创造价值”的问题的维度是（ ）。

A.财务维度 B.客户维度

C.内部业务流程维度 D.学习与成长维度

6.下列指标中，平衡计分卡财务维度的指标是（ ）。

A.客户保持率 B.资产负债率 C.存货周转率 D.员工保持率

7.平衡计分卡的优点是（ ）。

A.业绩评价更为全面完整 B.实施成本高

C.对信息系统要求高 D.对管理能力要求高

8.不属于绩效评价报告正文的是（ ）。

A.评价对象 B.评价计分表 C.评价过程 D.评价结果

三、多项选择题

1.财政部发布的《管理会计应用指引第600号——绩效管理》中提到，绩效管理领域可使用的管理会计工具有（ ）。

A.关键绩效指标法 B.平衡计分卡 C.经济增加值法 D.项目管理

2.下列各项中，绩效管理领域应用的主要工具方法有（ ）。

A.关键指标法 B.项目管理 C.经济增加值 D.平衡计分卡

3.绩效评价周期有（　　）。

A.年度　　B.每日　　C.季度

D.每周　　E.月度

4.绩效管理工具方法有（　　）。

A.关键绩效指标法　　B.平衡计分卡　　C.经济增加值法

D.股权激励　　E.德尔菲法

5.《管理会计应用指引第600号——绩效管理》规定的绩效管理原则有（　　）。

A.战略导向原则　　B.科学有效原则　　C.客观公正原则

D.权变性原则　　E.及时性原则

6.下列关于关键绩效指标法的表述中，正确的有（　　）。

A.关键绩效指标法的指标体系是基于企业战略目标建立的

B.关键绩效指标法能够将价值创造活动与战略规划目标有效联系

C.关键绩效指标法不能单独使用，应与经济增加值法、平衡计分卡等其他方法结合使用

D.关键绩效指标法是企业绩效评价方法，其缺陷在于难以用于企业内部的部门业绩评价

E.关键绩效指标法可以单独使用，也可以与经济增加值法、平衡计分卡等其他方法结合

7.在分层次构建关键绩效指标体系的前提下，确定员工级关键绩效指标的直接依据包括（　　）。

A.战略目标　　B.员工岗位职责和关键工作价值贡献

C.企业级关键绩效指标　　D.部门级关键绩效指标

E.企业价值创造模式

8.下列有关企业的关键绩效指标的表述中，正确的有（　　）。

A.企业的关键绩效指标主要是由反映企业绩效的价值指标构成的

B.企业确定关键绩效指标目标值既可以采用行业标准，也可以参照企业内部标准，但不应该根据企业历史经验确定

C.关键指标的数量不宜过多，每一层级关键绩效指标一般不超过10个

D.对特别关键、影响企业整体价值的指标可设立“一票否决”制度

E.企业确定关键绩效指标目标值一般情况下都参考企业内部标准

9.平衡计分卡的目标和指标来源于企业的愿景和战略，这些目标和指标考查企业的业绩需要考虑的维度有（　　）。

A.财务维度　　B.客户维度　　C.内部业务流程维度

D.学习与成长维度　　E.文化维度

10.平衡计分卡中的“平衡”包括（　　）。

A.外部评价指标和内部评价指标的平衡

B.成果评价指标和导致成果出现的驱动因素评价指标的平衡

C.财务评价指标和非财务评价指标的平衡

D.收益评价指标和风险评价指标的平衡

E.财务评价指标和风险评价指标的平衡

11.平衡计分卡与传统业绩评价系统的区别体现在（　　）。

A.传统的业绩考核注重对员工执行过程的控制，平衡计分卡则强调采取纠正措施

B.传统的业绩评价只是企业战略执行的基础架构，而平衡计分卡把企业战略和业绩管理系统联系起来

C.平衡计分卡在财务、客户、内部业务流程以及学习与成长四个维度建立企业的战略目标

D.平衡计分卡能够帮助企业有效地建立跨部门团队合作，促进内部管理顺利进行

E.平衡计分卡是传统业绩评价系统的简单升级

12.为了使平衡计分卡同企业战略更好地结合，必须做到（　　）。

A.平衡计分卡的四个维度应互为因果，最终结果是实现企业的战略

B.平衡计分卡中不能只有具体的业绩衡量指标，还应包括这些具体衡量指标的驱动因素

C.平衡计分卡应该最终和非财务指标联系起来，因为企业的最终目标是顾客满意

D.平衡计分卡仅是各种业绩衡量指标的有机结合

E.平衡计分卡应最重视财务维度

项目8

自测

项目自测

请扫码完成项目8自测，并填写项目自测表，自行评价成绩，见表8-2。

表8-2　项目自测表

题型	分值	自测成绩	错题编号
一、判断题（12题）	36		
二、单选题（8题）	24		
三、多选题（10题）	40		

项目8学习报告

班级：　　　　　　　姓名：　　　　　　　学号：　　　　　　　成绩：

学习目标	学习要点	
知识目标	学完本单元后，你应该掌握以下几点： 1.什么是绩效管理 2.什么是关键绩效指标法 3.什么是平衡计分卡	知识点列示： 1. 2. 3.
技能目标	请阐述关键绩效指标法与平衡计分卡的异同，以及其各自适用条件。	
素养目标	在今后的职业生涯中，我们将接受企业的绩效考评，如果我们成为企业中的中高层领导，我们也将考评下属。请谈谈你认为在绩效考评中，个人应该把握哪些原则？	

项目 9

管理会计信息系统与报告——书写报告，塑造未来

思政引领

不积跬步，无以至千里；不积小流，无以成江海。——《劝学》

解释：不积累一步半步的行程，就没有办法达到千里之远；不积累细小的流水，就没有办法汇成江河大海，说明做事要脚踏实地，才能最终达到目的。

信息时代背景下，各种软件的使用，使得当前各企业一般都拥有庞大的电子数据，例如客户数据、业务运转数据、财务数据等。大量的数据是构建管理会计信息系统的基础保障。信息化技术为管理会计提供了新的发展机遇，利用当前的互联网、云计算、大数据等新信息技术，围绕管理会计建立一套有效的信息系统，对整个企业运营相关数据进行统一整理、分析、规划，实现业务财务有效融合，将有效化解管理会计各种工具有效运用的障碍，实现战略与企业业绩的不断改善，为企业创造更大价值。

管理会计信息系统的建设应用，包括系统建设与系统应用两大步骤，管理会计系统建设，包括系统规划、系统设计实施、系统维护等环节；管理会计信息系统应用，包括信息输入、信息处理、信息输出三大环节。整个管理会计信息系统框架，具体可分为基础设施层、基础数据层、分析应用层、综合报告层四个层级。管理会计信息系统的建设与应用流程如图9-1所示。

管理会计信息系统的建设应用，对管理会计人员综合素质的要求进一步提高。在大数据信息化管理会计时代，作为肩负企业价值创造与价值增值使命的一名合格的管理会计人才，必须具备以下能力素质。

1.精通专业

精通专业知识，精于管理会计各种工具方法及其应用与创新，能运用战略地图、本量利分析、平衡计分卡等合适的管理会计工具“处理”信息。

2.精通业务

管理会计是个性化会计，熟悉生产流程及业务市场，熟悉业务、精通业务、业财融合是管理会计信息化背景下管理会计人员必备的技能。如果分析的环境都没

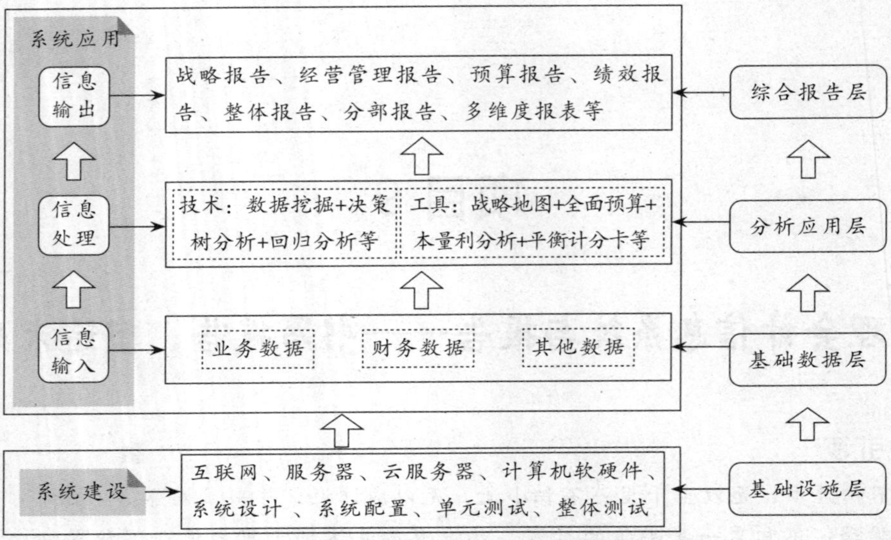

图9-1　管理会计信息系统的建设与应用流程

搞清楚，一切的数据分析都将是无效的。

3.具备数据分析能力与信息系统操作能力

管理会计本质上属于量化管理，管理会计必须拿数据说话，管理会计信息系统的建设应用，对管理会计人员信息系统操作能力，以及数据统计、数据归纳、数据分析能力都有更高的要求。

4.具备良好的沟通能力

这里的沟通能力，不仅包括语言沟通能力，还包括文字沟通能力与多媒体制作演示能力。管理会计的应用需要全公司上下的共同努力，沟通能力不可或缺。管理会计报告是管理会计信息系统的最终输出产品，管理会计人员撰写的各种管理会计报告，务必做到逻辑清楚、脉络清晰、有说服力。此外，管理会计人员还应具备多媒体制作与演示能力，善于利用多媒体等手段，向总经理及各层次管理人员演示相关数据、模型与报告。

关键词

关键词解析

管理会计信息系统

关键词解析

管理会计报告

重点与难点

1.掌握管理会计信息系统的内容模块。

2.掌握管理会计报告的概念、特征与分类。

3.了解管理会计报告的工作流程。

项目导图

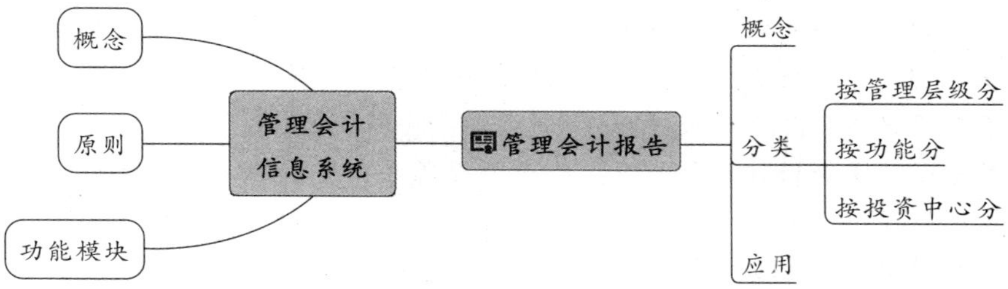

导入案例

A企业生产甲、乙两种产品，共同耗用一种材料10 400千克，材料价格2.5元/千克。甲、乙产品相关资料见表9-1和表9-2。

表9-1　**产品相关资料**

产品名称	重量（千克）	体积（立方米）	产量（个）
甲产品	4 400	220	4 500
乙产品	6 000	300	8 500

表9-2　**材料费用分配表**

材料分配方法	产量比例分配法	预算值
材料费用分配率		
甲产品应负担的材料费用（元）		8 000
乙产品应负担的材料费用（元）		16 000

要求：采用产品产量比例分配法分别计算甲、乙两种产品各应负担的上述材料费用，将计算结果填入表格，分析材料费用消耗超出预算值原因，并编制管理会计报告。

本案例中，实际耗用材料费用10 400×2.5=26 000元，甲产品与乙产品按产量比例分配的实际材料费用，甲产品应负担26 000×4 500÷（4 500+8 500）=9 000（元）；乙产品应负担26 000×8 500÷（4 500+8 500）=17 000（元），填入表9-2进行比较，两种产品各超出预算值1 000元。财务部门管理会计人员与生产车间及人力资源部门分析发现，以下原因导致材料费用消耗超出预算值：

（1）供应商供应的原材料质量参差不齐，尤其是B企业供应的材料，虽然通过了采购质检环节，但是使用B企业的材料，领料数量较其他家企业增加5%。

(2) 生产流程效率不高，生产工作工人重复投料情况时有发生。生产工人待遇不高，跳槽情况比较多，离职率每年约20%，生产不熟练造成废料较多。

财务部门预计如果还是按照以前的采购和领料情况，下一年继续使用B企业供应的原材料会使材料费用增加7%；如果离职率还是保持20%的话，下一年因为废料将导致材料费用增加5%。

财务部门会同生产部门、质检部门、采购部门和人力资源部门编制了一份管理会计报告上交总经理。报告中解决方案大体如下：

(1) 采购部门与B企业协商，提高原材料的品质。如果协商没有效果，采购部门应该减少甚至不再采购B企业的原材料。

(2) 质检部门重新修订质量标准，检查是否还存在质量标准低，造成企业用料增加的现象。

(3) 人力资源部门重新评价薪酬结构，提高一线工人待遇，降低离职率，对于新工人应该加强培训。

(4) 建立全面预算制度，考评各部门的预算执行情况，查找费用浪费的源头，控制成本。

构建管理会计信息系统，编制管理会计报告，对于提升企业的管理水平、实现企业战略至关重要。本单元将系统介绍管理会计信息系统的构建，以及管理会计报告的编制。

任务9.1 管理会计信息系统

一、管理会计信息系统

管理会计信息系统，是指以财务和业务信息为基础，借助计算机、网络通信等现代信息技术手段，对管理会计信息进行收集、整理、加工、分析和报告等操作处理，为企业有效开展管理会计活动提供全面、及时、准确信息支持的各功能模块的有机集合。

管理会计信息系统的定义强调：

(一) 以财务和业务信息为基础

财务会计信息和业务活动信息，是管理会计信息生成的基础。

(二) 以现代化信息技术为手段

管理会计信息系统的建设需要充分利用现代信息技术的发展成果，并考虑技术迭代的影响。

(三) 以管理会计信息的处理为根本

管理会计本质是信息系统，对管理会计信息进行收集、整理、加工、分析和报告等操作是管理会计的核心工作。

（四）以提供有用信息为目标

管理会计信息系统目标是提供决策支持信息，全面、及时、准确是其提供信息的质量要求。

二、建设和应用管理会计信息系统应遵循的原则

企业建设和应用管理会计信息系统，一般应遵循以下原则：

（一）系统集成原则

管理会计信息系统各功能模块应集成在企业整体信息系统中，与财务和业务信息系统紧密结合，实现信息的集中统一管理，以及财务和业务信息到管理会计信息的自动生成。

（二）数据共享原则

企业建设管理会计信息系统应实现系统间的无缝对接，通过统一的规则和标准，实现数据的一次采集，全程共享，避免产生信息孤岛。

（三）规则可配原则

管理会计信息系统各功能模块应提供规则配置功能，实现其他信息系统与管理会计信息系统相关内容的映射和自定义配置。

（四）灵活扩展原则

管理会计信息系统应具有灵活扩展性，通过及时补充有关参数或功能模块，对环境、业务、产品、组织和流程等的变化及时做出响应，满足企业内部管理需要。

（五）安全可靠原则

企业应充分保障管理会计信息系统的设备、网络、应用及数据安全，严格权限授权，保证系统的正常运行并确保信息的安全、保密、完整。

三、管理会计信息系统建设和应用程序

（一）管理会计信息系统的规划和建设

在管理会计信息系统的规划环节，企业应将管理会计信息系统规划纳入企业信息系统建设的整体规划中，形成清晰的管理会计应用需求。

在管理会计信息系统实施环节，企业应制订详尽的实施计划，清晰划分实施的主要阶段、有关活动和详细任务的时间进度。企业应做好管理会计信息系统的运行维护和支持，实现日常运行维护支持及上线后持续培训和系统优化。

（二）管理会计信息系统的应用程序

管理会计信息系统应用程序一般包括输入、处理和输出三个环节。

1.输入环节

输入环节，是指管理会计信息系统采集或输入数据的过程。管理会计信息系统需提供已定义清楚数据规则的数据接口，以自动采集财务和业务数据。同时，系统还应支持本系统其他数据的手工录入，以利于相关业务调整和补充信息的需要。

2.处理环节

处理环节，是指借助管理会计工具模型进行数据加工处理的过程。管理会计信息系统可以充分利用数据挖掘、在线分析处理等商业智能技术，借助相关工具对数据进行综合查询、分析统计，挖掘出有助于企业管理活动的信息。

3.输出环节

输出环节，是指提供丰富的人机交互工具、集成通用的办公软件等成熟工具，自动生成或导出数据报告的过程。数据报告的展示形式应注重易读性和可视化。最终的系统输出结果不仅可以采用独立报表或报告的形式展示给用户，也可以输出或嵌入其他信息系统中，为各级管理部门提供管理所需的相关、及时的信息。

四、管理会计信息系统的模块

管理会计信息系统的模块包括成本管理、预算管理、绩效管理、投资管理、管理会计报告以及其他功能模块。

（一）成本管理模块

成本管理模块应实现成本管理的各项主要功能，一般包括对成本要素、成本中心、成本对象等参数的设置，以及成本核算方法的配置。从财务会计核算模块、业务处理模块以及人力资源等模块抽取所需数据，进行精细化成本核算，生成分产品、分批次（订单）、分环节、分区域的多维度的成本信息，以及基于成本信息进行成本分析，实现成本的有效控制，为企业成本管理的事前计划、事中控制、事后分析提供有效的支持。

（二）预算管理模块

预算管理模块应实现的主要功能包括对企业预算参数设置、预算管理模型搭建、预算目标制定、预算编制、预算执行控制、预算调整、预算分析和评价等全过程的信息化管理。

预算分析和评价的输入信息一般包括预算指标及预算执行情况，以及业绩评价的标准与考核办法等数据。企业应建立差异计算模型，实现预算差异的计算，辅助差异成因分析，最终输出部门、期间、层级等多维度的预算差异分析报告。

（三）绩效管理模块

绩效管理模块主要实现业绩评价和激励管理过程中各要素的管理功能，一般包括业绩计划和激励计划的制订、业绩计划和激励计划的执行控制、业绩评价与激励实施管理等，为企业的绩效管理提供支持。

绩效管理模块应提供企业各项关键绩效指标的定义和配置功能，并可从其他模块中自动获取各业务单元或责任中心相应的实际绩效数据，进行计算处理，形成绩效执行情况报告及差异分析报告。

（四）投资管理模块

投资管理模块主要实现对企业投资项目进行计划和控制的系统支持过程，一般包括投资计划的制订和对每个投资项目进行的及时管控等。

投资管理模块应与成本管理模块、预算管理模块、绩效管理模块和管理会计报告模块等进行有效集成和数据交换。

（五）管理会计报告模块

管理会计报告模块应实现基于信息系统中财务数据、业务数据自动生成管理会计报告，支持企业有效实现各项管理会计活动。

任务9.2 编制管理会计报告

一、管理会计报告的概念

管理会计报告，是指企业运用管理会计方法，根据财务和业务的基础信息加工整理形成的，满足企业价值管理和决策支持需要的内部报告。

管理会计报告的目标是为企业各层级进行规划、决策、控制和评价等管理活动提供有用信息。除报告使用者和目的不同以外，管理会计报告在报告主体、报告格式与内容、报告时间以及流程等方面也与财务会计报告存在一定的差异。表9-3列举了财务会计报告与管理会计报告的主要区别。

表9-3 财务会计报告与管理会计报告的主要区别

项目	管理会计报告	财务会计报告
报告主体	企业内各级管理部门	企业
格式	不统一	统一
内容	根据需要，既有财务信息，又有非财务信息	根据法律，仅有财务信息
时间	无约束，根据企业战略需要决定报告时间与周期	受企业会计准则和政府约束
流程	与企业组织结构相一致	与法律要求一致
范围	分解的数据，关于部门决策和行为的报告	整体数据，关于整个企业的财务报告

二、管理会计报告分类

管理会计报告可按照多种标准进行分类，包括但不限于：

（1）按照管理会计报告使用者所处的管理层级，管理会计报告可分为战略层管理会计报告、经营层管理会计报告和业务层管理会计报告。

（2）按照管理会计报告的内容，管理会计报告可分为综合管理会计报告和专项管理会计报告。

（3）按照管理会计报告的功能，管理会计报告可分为管理规划报告、管理决策报告、管理控制报告和管理评价报告。

（4）按照责任中心，管理会计报告可分为投资中心报告、利润中心报告和成本中心报告。

（5）按照报告主体整体性程度，管理会计报告可分为整体报告和分部报告。

三、管理会计报告的工作流程

管理会计报告的工作流程包括报告的编制、审批、报送、使用、评价等环节。

（一）编制

管理会计报告由管理会计信息归集、处理并报送的责任部门编制。

（二）审批

企业应根据报告的内容、重要性和报告对象等，确定不同的审批流程。经审批后方可报送。

（三）报送

企业应合理设计报告报送路径，确保管理会计报告及时、有效地送达报告对象。管理会计报告可以根据报告性质、管理需要进行逐级报送或直接报送。

（四）使用

企业应建立管理会计报告使用的授权制度，报告使用人应在权限范围内使用管理会计报告。

（五）评价

企业应对管理会计报告的质量、传递的及时性、保密情况等进行评价，并将评价结果与绩效考核挂钩。

企业应当充分利用信息技术，强化管理会计报告及相关信息集成和共享，将管理会计报告的编制、审批、报送和使用等纳入企业统一信息平台。企业应定期根据管理会计报告使用效果以及内外部环境变化对管理会计报告体系、内容以及编制、审批、报送、使用等流程进行优化。管理会计报告属内部报告，应在允许的范围内传递和使用。相关人员应遵守保密规定。

四、战略管理层下的管理会计报告体系

（一）战略层管理会计报告

战略层管理会计报告是为战略层开展战略规划、决策、控制和评价以及其他方面的管理活动提供相关信息的对内报告。战略层管理会计报告的报告对象是企业的战略层，包括股东大会、董事会和监事会等。

战略层管理会计报告包括战略管理报告、综合业绩报告、价值创造报告、经营分析报告、风险分析报告、重大事项报告、例外事项报告等。这些报告可独立提交，也可根据不同需要整合后提交。

战略管理报告的内容一般包括内外部环境分析、战略选择与目标设定、战略执行及其结果，以及战略评价等。

综合业绩报告的内容一般包括关键绩效指标预算及其执行结果、差异分析以及其他重大绩效事项等。

价值创造报告的内容一般包括价值创造目标、价值驱动的财务因素与非财务因素、内部各业务单元的资源占用与价值贡献，以及提升公司价值的措施等。

经营分析报告的内容一般包括过去经营决策执行情况回顾、本期经营目标执行的差异及其原因、影响未来经营状况的内外部环境与主要风险分析、下一期的经营目标及管理措施等。

风险分析报告的内容一般包括企业全面风险管理工作回顾、内外部风险因素分析、主要风险识别与评估、风险管理工作计划等。

重大事项报告是针对企业的重大投资项目、重大资本运作、重大融资、重大担保事项、关联交易等事项进行的报告。

例外事项报告是针对企业发生的管理层变更、股权变更、安全事故、自然灾害等偶发性事项进行的报告。

战略层管理会计报告应精炼、简洁、易于理解，报告主要结果、主要原因，并提出具体的建议。

（二）经营层管理会计报告

经营层管理会计报告是为经营管理层开展与经营管理目标相关的管理活动提供相关信息的对内报告。经营层管理会计报告的报告对象是经营管理层。

经营层管理会计报告主要包括全面预算管理报告、投资分析报告、项目可行性报告、融资分析报告、盈利分析报告、资金管理报告、成本管理报告、绩效评价报告等。

全面预算管理报告的内容一般包括预算目标制定与分解、预算执行差异分析以及预算考评等。

投资分析报告的内容一般包括投资对象、投资额度、投资结构、投资进度、投资效益、投资风险和投资管理建议等。

项目可行性报告的内容一般包括项目概况、市场预测、产品方案与生产规模、厂址选择、工艺与组织方案设计、财务评价、项目风险分析，以及项目可行性研究结论与建议等。

融资分析报告的内容一般包括融资需求测算、融资渠道与融资方式分析及选择、资本成本、融资程序、融资风险及其应对措施和融资管理建议等。

盈利分析报告的内容一般包括盈利目标及其实现程度、利润的构成及其变动趋势、影响利润的主要因素及其变化情况，以及提高盈利能力的具体措施等。企业还应对收入和成本进行深入分析。盈利分析报告可基于企业集团、单个企业，也可基于责任中心、产品、区域、客户等。

资金管理报告的内容一般包括资金管理目标，主要流动资金项目如现金、应收票据、应收账款、存货的管理状况，资金管理存在的问题以及解决措施等。

成本管理报告的内容一般包括成本预算、实际成本及其差异分析，成本差异形成的原因及改进措施等。

绩效评价报告的内容一般包括绩效目标、关键绩效指标、实际执行结果、差异分析、考评结果，以及相关建议等。

经营层管理会计报告应做到内容完整、分析深入。

（三）业务层管理会计报告

业务层管理会计报告是为企业开展日常业务或作业活动提供相关信息的对内报告。其报告对象是企业的业务部门、职能部门以及车间、班组等。

业务层管理会计报告应根据企业内部各部门、车间或班组的核心职能或经营目标进行设计，主要包括研究开发报告、采购业务报告、生产业务报告、配送业务报告、销售业务报告、售后服务业务报告、人力资源报告等。

业务层管理会计报告应做到内容具体、数据充分。

五、管理会计报告的应用

因为管理会计报告通常根据要解决的问题可以灵活多样，本身并没有形成统一的格式规范。以下仅就企业内部责任中心业绩报告，介绍管理会计报告的应用。

企业内部责任中心，可以划分为成本中心、利润中心和投资中心。责任中心的业绩报告中应当传递出三种信息：关于实际业绩的信息；关于预期业绩的信息；关于实际业绩与预期业绩之间差异的信息。这也意味着合格业绩报告的三个主要特征：报告应当与个人责任相联系，实际业绩应该与最佳标准相比较，重要信息应当予以突出显示。

1.成本中心业绩报告

成本中心的业绩指标通常为该成本中心所有可控成本，即责任成本。成本中心的业绩报告，通常是按成本中心可控成本的各明细项目列示其预算数、实际数和成本差异数的三栏式表格。由于各成本中心是逐级设置的，所以其业绩报告也应自下而上，从最基层的成本中心逐级向上汇编，直至最高层的成本中心。每一级的业绩报告，除最基层只有本身的可控成本外，都应包括本身的可控成本和下属部门转来的责任成本。

例如，某企业生产部是一个成本中心，下属两个分厂，每个分厂设有三个车间。其成本业绩报告的编制及相互关系见表9-4。

从表9-4可以看出，从生产部看，一分厂产生了不利差异，且数额较大；从一分厂内部看，其不利差异主要是A车间引起的：从A车间看，引起不利差异的主要原因是原材料成本超支。成本中心的各级经理人，就其权责范围编制业绩报告并对其负责部分的成本差异负责。级别越低的成本中心，从事的经营活动越具体，其业绩报告涉及的成本项目分类也越详细。根据成本绩效报告，责任中心的各级经理人可以针对成本差异寻找原因对症下药，以便对成本费用实施有效的管理控制，从而提高业绩水平。

表9-4　　成本中心业绩报告　　金额单位：元

生产部一分厂A车间业绩报告

项目	预算成本	实际可控成本	差异
直接材料	52 000	53 500	1 500不利差异
直接人工	35 000	35 020	20不利差异
管理人员薪酬	13 500	13 600	100不利差异
折旧费	5 000	5 000	0
维修费	2 100	1 990	110有利差异
保险费	1 000	1 000	0
合计	108 600	110 110	1 510不利差异

生产部一分厂业绩报告

项目	预算成本	实际可控成本	差异
管理费用	10 500	10 600	100不利差异
A车间	108 600	110 110	1 510不利差异
B车间	167 000	166 800	200有利差异
C车间	160 000	160 030	30不利差异
合计	446 100	447 540	1 440不利差异

生产部业绩报告

项目	预算成本	实际可控成本	差异
管理费用	19 500	19 700	200不利差异
一分厂	446 100	447 540	1 440不利差异
二分厂	241 600	241 620	20不利差异
合计	707 200	708 860	1 660不利差异

2. 利润中心业绩报告

利润中心的考核指标通常为该利润中心的边际贡献、分部经理边际贡献和该利润中心部门边际贡献。利润中心的业绩报告，分别列出其可控的销售收入、变动成本、边际贡献、经理人员可控的可追溯固定成本、分部经理边际贡献、分部经理不可控但高层管理部门可控的可追溯固定成本、部门边际贡献的预算数和实际数，并通过实际与预算的对比，分别计算差异，据此进行差异的调查，分析产生差异的原因。利润中心的业绩报告也是自下而上逐级汇编的，直至整个企业的息税前利润。利润中心的业绩报告的基本形式见表9-5。

表9-5 **利润中心业绩报告** 金额单位：元

项目	预算	实际	差异
销售收入	245 000	245 100	100有利差异
减：变动成本	111 000	112 000	1 000不利差异
边际贡献	134 000	133 100	900不利差异
经理人员可控的可追溯固定成本	23 000	22 500	500有利差异
部门可控边际贡献	111 000	110 600	400不利差异
分部经理不可控但高层管理部门可控的可追溯的固定成本	17 900	18 700	800不利差异
部门边际贡献	93 100	91 900	1 200不利差异

从表9-5可以看出，无论边际贡献、分部经理边际贡献，还是部门边际贡献都是不利差异，都没有完成预算目标。

3. 投资中心业绩报告

投资中心的主要考核指标是投资报酬率和剩余收益，补充的指标是现金回收率和剩余现金流量。投资中心不仅需要对成本、收入和利润负责，还要对所占的全部资产（包括固定资产和营运资金）的经营效益承担责任。投资中心的业绩评价指标除了成本、收入和利润指标外，还有投资回报率、剩余收益等指标。因此，对于投资中心而言，它的业绩报告通常包含上述评价指标。

例如，假定某公司A分公司为一投资中心，该公司规定最低报酬率为14%。现根据A分公司的有关原始凭证等资料，编制出该投资中心的业绩报告，见表9-6。

从表9-6可知，A分公司的实际投资报酬率与剩余收益均超过了预算数，说明该投资中心在本年度的经营业绩较好。

总之，管理会计报告需要根据企业（或组织）所面临的管理问题，运用管理会计的工具和方法，融合业务与财务，整合财务信息和非财务信息，形成对企业（或组织）内部管理决策有用的报告信息。

表9-6　**投资中心业绩报告**　金额单位：元

项目	预算	实际	差异
销售收入	458 600	473 000	14 400有利差异
变动成本	196 800	200 960	4 160不利差异
边际贡献	261 800	272 040	10 240有利差异
可控固定成本	112 000	113 120	1 120不利差异
部门可控利润	149 800	158 920	9 120有利差异
分配的共同成本	9 600	12 000	2 400不利差异
经营净利润	140 200	146 920	6 720有利差异
经营资产：			
货币资金	12 400	13 600	1 200
应收账款	88 000	104 800	16 800
存货	72 000	74 000	2 000
固定资产（原值）	360 000	360 000	0
总计	532 400	552 400	20 000
投资回报率（%）	26.33%	26.60%	0.27%有利差异
要求的最低报酬率	14%	14%	
要求的最低投资收益	74 536	77 336	
剩余收益	65 664	69 584	3 920有利差异

典型案例9-1　YS公司管理会计信息系统的构建

YS公司是第三方支付公司，主要依靠信息系统处理第三方支付类交易获取交易手续费。2019年YS公司构建了管理会计信息系统，该系统2020年上线运行后，成效显著。YS公司管理会计信息系统模块功能规划如下。

1.需求模块

该模块是该套系统的初始模块，需要运用战略地图、价值链分析识别筛选项目是否符合公司战略，运用预算分析、本量利分析判断是否值得投入。该模块由业务部门人员在项目管理系统中，根据内嵌的标准化表单提出客户需求，业务部门设专岗，对需求进行分析，区分出是个性的需求还是共性的需求，分析共性需求的市场空间，市场规模、收入、毛利，投入产出、投资回报等信息。对于共性的、有市场空间、复用性较高的需求转入产品部设计专门产品满足；个性的需求采用收费模式解决，放弃没有复用价值且客户不愿意付费的需求；避免公司各个环节的无效劳动、节省无效成本投入。

2.产品方案模块

在产品方案模块中，产品部设计产品方案时，需要运用作业成本管理、优化约束性资源，提升产品方案的经济效益。产品部根据市场部提交的需求分析总结后，研究综合性解决方案，形成标准化产品，在产品设计阶段，会反复斟酌，应用作业动因分析，作业成本优化，力争只保留增值作业，消除非增值作业，通过方案本身的实施成本最小化，节约后续研发、运营、市场投放等一系列的成本，通过最前端的设计环节管理，避免后续资源的无效投入，磨刀不误砍柴工，降本增效。

3.项目方案评估立项模块

产品部设计的项目方案在项目评估模块中，除了需要使用预算预测、本量利分析进一步分析投资回报情况外，还需要进行方案风险评估、可行性评估等多方面、多维度的评估工作，这就需要使用内部控制和营运管理等管理会计工具。

产品部在项目管理系统内提交产品解决方案，由各个职能部门对产品方案进行审核，比如，风控部对产品方案的风险性、合规性，以及是否违反反洗钱法，是否符合监管机构要求，是否存在客户数据、隐私泄露风险等方面进行审核；财务部对产品方案投资回报情况进行评估，对预算、采购等事项实施管理；还有诸如研发部、运营部、资金清算部等职能部门分别就自己部门管辖的职责对产品方案进行审核和优化。

4.验收上线

根据闭环管理和风险闭环原则，研发完成经过测试后，由产品部对研发实施的结果进行验收。验收通过后，形成标准化的产品，由产品部将产品维护进产品系统内，向业务部门整体输出，市场人员根据客户需求在线上申请模块调用该产品。验收环节实现了项目的闭环管理。

5.归档跟踪及绩效应用

以上各模块产生的所有数据都自动归档，标准化后的产品与支付业务主信息系统连通，主信息系统会实时记录交易数据、交易收益情况，做到对项目效益的自动跟踪，按月生成每个研发项目的收益情况。该项目参与人，如产品经理、项目经理、研发人员当月绩效均与项目效益挂钩，用奖金激励关联研发项目成果的方式，确立市场导向机制，激发研发人员的积极性，确保研发项目的市场应用性，保证研发目标与公司发展整体目标的一致性。

典型案例9-1

要求：YS公司管理会计信息系统模块功能规划的内核是管理会计思维及管理会计工具的应用，请指出该管理会计信息系统的功能模块设计用到了哪些管理会计思维与管理会计工具？

参考答案

巩固与练习

一、判断题

1.管理会计报告是根据财务和业务的基础信息加工整理形成的。（　　）

2.管理会计报告是一种企业价值管理和决策支持所需要的内部报告。（　　）

3.战略层管理会计报告是为战略层开展战略规划、决策、控制和评价以及其他方面的管理活动提供相关信息的对内报告。（　　）

4.因管理会计报告属于对内报告，很少对外提供，因此责任者编制完成即可报送。（　　）

5.经营层管理会计报告的报告对象是企业的业务部门、职能部门以及车间、班组等。（　　）

6.同财务报告一样，管理会计报告的形式、内容等，全部由会计准则来确定。（　　）

7.管理会计报告按照报告主体整体性程度可分为整体报告和分部报告。（　　）

8.管理会计报告由财务会计信息归集、处理并报送的责任部门编制。（　　）

9.管理会计报告的编制、审批、报送、使用等应与企业组织架构相适应。（　　）

10.监事会不属于战略层管理会计报告的报告对象。（　　）

二、单项选择题

1.下列关于管理会计报告工作流程的说法中，正确的是（　　）。

A.管理会计报告工作流程是由法律规定的

B.管理会计报告工作流程与企业的组织框架相适应

C.管理会计报告的工作流程由管理者确定

D.各企业的管理会计报告内容不同，但工作流程相同

2.下列属于企业战略管理报告内容的是（　　）。

A.内外部环境分析　　　　B.价值分析

C.价值创造目标　　　　D.重大事项

3.按企业使用报告的层级，可以将管理会计报告分为（　　）。

A.战略管理报告、战略层报告和分部报告

B.战略层报告、经营层报告和业务层报告

C.战略层报告、经营层报告和整体报告

D.战略层报告、业务层报告和专项报告

4.下列关于管理会计报告的说法中，正确的是（　　）。

A.管理会计报告是一种企业价值管理和决策支持所需要的内部报告

B.管理会计报告是一种为利益相关者提供决策支持的报告

C.管理会计报告很少对内报告，主要是对外提供信息

D.管理会计报告是对内的一种报告，因而它在报告的形式要件上没有什么规定性

5.下列属于管理会计信息的是（　　）。

A.财务与非财务信息　　B.财务与人力资源信息
C.非财务与环境信息　　D.业务基础与非财务信息

6.下列项目中，不属于经营层管理会计报告的是（　　）。
A.全面预算管理报告　　B.采购业务报告
C.盈利分析报告　　D.融资分析报告

7.下列项目中，属于业务层管理会计报告的是（　）。
A.资金管理报告　　B.投资分析报告
C.成本管理报告　　D.人力资源报告

8.下列属于管理会计信息系统安全可靠原则的是（　　）。
A.授权　　B.设置功能模块　　C.补充参数　　D.统一标准

9.下列说法中，正确的是（　　）。
A.数据处理就是数据挖掘
B.数据处理就是在线分析
C.数据处理就是通过商业智能技术对数据进行加工处理，并能提供综合查询和分析统计的过程
D.数据处理就是综合查询和分析统计

10.下列不属于管理会计信息系统应用程序环节的是（　　）。
A.输入　　B.处理　　C.实施　　D.输出

11.管理会计信息系统，是指以（　　）为基础，借助计算机、网络通信等现代信息技术手段，对管理会计信息进行收集、整理、加工、分析和报告等操作处理，为企业有效开展管理会计活动提供全面、及时、准确信息支持的各功能模块的有机集合。
A.财务信息　　B.业务信息
C.财务和业务信息　　D.会计信息

12.下列项目中，不属于预算编制的输入信息的是（　　）。
A.业绩评价的标准　　B.关键绩效指标　　C.考核办法　　D.制造费用标准

三、多项选择题

1.全面预算管理报告的内容有（　　）。
A.预算目标制定　　B.预算目标分解
C.预算执行差异分析　　D.预算考评

2.管理会计报告的工作环节有（　　）。
A.编制　　B.审批　　C.报送　　D.使用与评价

3.按报告内容分，管理会计报告可分为（　　）。
A.综合报告　　B.专项报告　　C.整体报告　　D.分部报告

4.企业的成本管理报告中主要包括的信息有（　　）。
A.成本预算　　B.实际成本及其差异
C.成本差异形成原因　　D.改进措施

5.管理会计报告按其功能可分为（　　）。

A.管理规划报告　　B.管理决策报告

C.管理控制报告　　D.管理评价报告

6.下列项目中，属于战略层管理会计报告的有（　　）。

A.综合业绩报告　　B.全面预算管理报告

C.融资分析报告　　D.价值创造报告

7.下列项目中，属于经营层管理会计报告的有（　　）。

A.成本管理报告　　B.全面预算管理报告

C.融资分析报告　　D.盈利分析报告

8.下列项目中，属于业务层管理会计报告的有（　　）。

A.资金管理报告　　B.研究开发报告　　C.采购业务报告　　D.售后服务业务报告

9.下列项目中，属于业务层管理会计报告对象的有（　　）。

A.总经理　　B.业务部门　　C.职能部门　　D.生产车间或班组

10.下列项目中，属于业绩评价报告内容的有（　　）。

A.绩效目标或关键绩效目标　　B.实际执行结果

C.差异分析与考评结果　　D.相关建议

11.从信息论的角度看，下列属于管理会计信息系统信息模块的有（　　）。

A.成本模块　　B.预算模块　　C.绩效模块　　D.报告模块

12.企业建设和应用管理会计信息系统，一般应遵循的原则有（　　）。

A.系统集成原则　　B.数据共享原则　　C.规则可配原则　　D.灵活扩展原则

13.管理会计信息系统规划和建设过程一般包括（　　）等环节。

A 系统规划　　B.系统实施　　C.系统维护　　D.系统升级

14.预算管理模块应实现的主要功能包括（　　）。

A.预算参数设置　　B.预算管理模型搭建

C.预算目标制定　　D.预算执行控制

项目自测

项目9

自测

请扫码完成项目9自测，并填写项目自测表，自行评价成绩，见表9–7。

表9–7　**项目自测表**

题型	分值	自测成绩	错题编号
一、判断题（10题）	30		
二、单选题（10题）	30		
三、多选题（8题）	40		

项目9学习报告

班级：　　　　　　　　姓名：　　　　　　　　学号：　　　　　　　　成绩：

学习目标	学习要点	
知识目标	学完本单元后，你应该掌握以下几点： 1.管理会计信息系统的模块内容 2.管理会计报告的概念与特征 3.管理会计报告的分类 4.管理会计报告的体系与应用	知识点列示： 1. 2. 3. 4.
技能目标	请阐述管理会计报告的书写要点和逻辑。	
素养目标	请阐述为企业各级经营管理者撰写对决策有用的管理会计报告，个人应具备哪些能力、素质、素养？	

主要参考文献

[1] 胡玉明. 管理会计应用指引详解与实务 [M]. 北京：经济科学出版社，2018.

[2] 毛付根，王光远. 管理会计国际惯例 [M]. 北京：中国人民大学出版社，1997.

[3] 卡普兰，阿特金森. 高级管理会计 [M]. 吕长江，译. 3版. 大连：东北财经大学出版社，2007.

[4] 丁增稳，牛秀粉. 管理会计实务 [M]. 北京：高等教育出版社，2019.

[5] 陈兴述，李勇，陈祥碧. 管理会计 [M]. 北京：高等教育出版社，2019.

[6] 邵永为，许建德. 从零开始做管理会计 [M]. 北京：中国铁道出版社有限公司，2020.

[7] 徐克勤，吴道珍. 管理会计指引体系——导向价值创造的“孙子兵法”[J]. 中国农业会计，2018 (9).

[8] 冯巧根. 对管理会计基本指引、应用指引的解读 [J]. 财会月刊，2019 (1).

[9] 温素彬，屠后圆. 目标成本法：解读与应用案例 [J]. 会计之友，2020 (9).

[10] 温素彬，郭昱兵. 关键绩效指标法：解读与应用案例 [J]. 会计之友，2020 (10).